U0728639

内 容 提 要

　　服装设计大师巴伦西亚加是世界著名服饰品牌巴黎世家的创始人，一直在时尚圈享有盛名，被赞誉为时装设计领域的毕加索，其作品是服装设计师与制板师学习的范本。本书围绕巴伦西亚加的生平、职业发展、时装屋、创作作品、设计风格、发布会、客户等方面进行展开，有利于读者了解高级时装设计师与时装屋的发展历程。

　　全书内容丰富，图文并茂，并配有大量珍贵的图片与设计案例及分析，极具启发性与借鉴性，不仅适合高等院校服装专业师生学习，也可供相关从业人员、研究者和爱好者参考使用。

原文书名：Balenciaga: Shaping Fashion

原作者名：Lesley Ellis Miller

The moral rights of the authors have been asserted

English edition © The Victoria and Albert Museum, London Chinese edition produced under licence by China Textile & Apparel Press Arranged with Andrew Nurnberg Associates International Limited

本书中文简体版经 The Victoria and Albert Museum 授权，由中国纺织出版社有限公司独家出版发行。

本书内容未经出版者书面许可，不得以任何方式或任何手段复制、转载或刊登。

著作权合同登记号：图字：01-2020-6592

图书在版编目（CIP）数据

　　型风塑尚：服装设计大师巴伦西亚加 /（英）莱斯利·埃利斯·米勒著；张慧琴，马誉铭译. -- 北京：中国纺织出版社有限公司，2021.8

　　书名原文：Balenciaga: Shaping Fashion

　　ISBN 978-7-5180- 3466-6

　　Ⅰ.①型… Ⅱ.①莱… ②张… ③马… Ⅲ.①设计师—人物研究—法国 ②服装设计—鉴赏—法国 Ⅳ.① K815.72 ② TS941. 2

　　中国版本图书馆 CIP 数据核字（2021）第 084788 号

责任编辑：李春奕　　特约编辑：籍　博　苗　苗　谢冰雁　谢婉津
责任校对：王蕙莹　　责任印制：王艳丽

中国纺织出版社有限公司出版发行
地址：北京市朝阳区百子湾东里 A407 号楼　邮政编码：100124
销售电话：010—67004422　传真：010—87155801
http://www.c-textilep.com
中国纺织出版社天猫旗舰店
官方微博 http://weibo.com/2119887771
北京雅昌艺术印刷有限公司印刷　各地新华书店经销
2021 年 8 月第 1 版第 1 次印刷
开本：889×1194　1/16　印张：12
字数：260 千字　定价：298.00 元

凡购本书，如有缺页、倒页、脱页，由本社图书营销中心调换

封面插图：海若（Hiro），阿尔伯塔·蒂伯兹（Alberta Tiburzi），身着宽翼燕尾裙，杂志《时尚芭莎》（*Harper's Bazaar*，1967年6月）
请参见本书第73页。

封底插图：塞西尔·比顿（Cecil Beaton），身着饰有蕾丝的真丝硬纱晚礼服，这是巴黎世家品牌1962年2月发布会上的作品，1971年
V&A博物馆馆藏号：T.28-1974。请参见本书第45页。

第4页插图：白色机织面料，搭配丝质华达呢长裤套装的衬衫面料细节图，巴黎世家品牌，约1966年作品
服装由莫娜·俾斯麦伯爵夫人（Mona, Countess Bismarck）穿着并提供。
V&A博物馆馆藏号：T.37-1974。

第6页插图：真丝塔夫绸面料，束身外衣面料细节图，饰有亮片，形成粉红色渐变效果，巴黎世家品牌，1967年夏季作品
V&A博物馆馆藏号：T.38-1974。请参见本书第148页。

V&A博物馆出版
支持世界顶级艺术与设计博物馆——英国伦敦维多利亚和艾尔伯特博物馆（Victoria and Albert Museum，简称V&A博物馆）

目录

作者注

作者将法文和西班牙文译成英文。

地名

1978年西班牙各地区取得自治地位时，巴斯克地区（Basque Country）和加泰罗尼亚（Catalonia）的地名开始使用当地语言（巴斯克语和加泰罗尼亚语）作为通用语言，而不再使用卡斯蒂利亚语（Castilian）。在本书中，若是没有相应的英语词汇，还将使用卡斯蒂利亚语，例如，英语中的圣塞巴斯蒂安（San Sebastián），对应的巴斯克语为多诺斯蒂亚（Donostia），对应的西班牙语为圣塞巴斯蒂安（San Sebastián）；吉塔里亚（Guetaria），对应的西班牙语为吉塔里亚（Getaria）；伊格尔多（Igueldo），对应的西班牙语为伊格尔多（Igeldo）。由于佛朗哥（Franco）独裁统治时期（1939～1975年）的官方语言是卡斯蒂利亚语，所以在巴伦西亚加的生活中，用的也多是卡斯蒂利亚语。参考书目使用出版时所在地的文字拼写形式。

货币

由于本书原版是英文，为了方便读者阅读，书中大多数价格也相应地转换为了英镑。英国在采用十进制货币系统之前，所有的收入、薪水、价格或汇率以十进制前的货币单位来表示，即英镑（pounds）、先令（shillings）、便士（pence）或£ s.d.（£=pound, s=shilling, d=penny）。其中1英镑（£1）=20先令（20s），1先令（1s）= 12便士（12d），1基尼（1 guinea）=1英镑1先令（£1 1s）。采用十进制货币后，英镑保留下来，新便士（new pence）替换了先令和旧便士，且20先令=100新便士，而1先令（12旧便士）=5新便士；1基尼会换算成1.05英镑，2基尼会换算成2.10英镑，依此类推。

在这本书中，法郎、比塞塔和美元的汇率均参照B.R.米切尔（B.R. Mitchell）的《英国历史统计》（*British Historical Statistics*，剑桥，1988年）以及《经济学家》（*The Economist*）。想要了解当时流行服装的价格，将它们和当时的生活水平进行比较，比与之后2016年的货币价值进行比较更重要。

英国的工资

对于本文提到的流行服装的花费，为了方便读者理解，提供了战后人员工资收入作为参考依据。尽管存在通货膨胀，但平均工资的增长率仍高于零售价格的增长率（1955～1960年，平均工资增长了25%，而零售价格增长了15%）。在20世纪50～60年代，21岁以上男性平均每周工资都有所上升（换算成十进制货币）：

1951年，每周工资收入8.30英镑（年平均工资431.60英镑）

1961年，每周工资收入15.65英镑（年平均工资813.38英镑）

1966年，每周工资收入20.30英镑（年平均工资1055.60英镑）

1968年，每周工资收入23.00英镑（年平均工资1196.00英镑）［资料来源：阿瑟·马克威克（Arthur Marwick），《1945年以来的英国社会》（*British Society since 1945*），伦敦，1986年，第117～118页］

使用大写字母

原书为了区分设计师巴伦西亚加的名字、企业名称以及巴黎世家品牌商标名称，人名和企业名称使用了小写字母Balenciaga，而商标名称使用了大写字母BALENGIACA或EISA（他母亲姓氏Eisaguirre的简称）。

V&A博物馆物品的照片

本书选用了V&A博物馆物品的新照片。更多信息请关注V&A博物馆网站（www.vam.ac.uk）。

导言

在当今的制衣界，设计师巴伦西亚加（Balenciaga）独具一格……如果说迪奥（Dior）是时装界的翘楚——作品精巧、别致、高雅且富含时代感，那么巴伦西亚加就是时装设计领域的毕加索。正如画家毕加索一样，巴伦西亚加在其一生的时尚创作中，对传统和纯粹的古典线条有着深深的敬意。[1]

—

塞西尔·比顿（Cecil Beaton），1954年

图1（第8页图） 塞西尔·比顿摄影作品，克里斯托伯尔·巴伦西亚加，1953年

克里斯托伯尔·巴伦西亚加（Cristóbal Balenciaga，1895—1972），是20世纪最著名的西班牙时装设计师，他于1917年在西班牙北海岸的圣塞巴斯蒂安［又名多诺斯蒂亚（Donostia，巴斯克语）］开设了第一家精品时装屋，并经过一步步的发展，于1937年在巴黎成功开设了更为出名的高级时装店。2017年，V&A博物馆通过举办展览"型风塑尚：服装设计大师巴伦西亚加"（Balenciaga: Shaping Fashion）并出版本书来庆祝这两个周年纪念日。[2]博物馆珍藏了大约120件巴黎世家的古董和配饰，其中大部分产自20世纪50～60年代的巴黎，少数产于马德里（Madrid）。英国摄影师和设计师塞西尔·比顿（1904—1980），极其喜爱这些艺术珍品，并对其大肆赞扬。这促使该博物馆在20世纪70年代收购了许多藏品。展览主要围绕设计师巴伦西亚加的精湛技艺、光辉成就和对时尚界的深远影响而展开，而本书则基于其历史背景，全面概述了巴伦西亚加的职业生涯。

可以说，巴伦西亚加几乎是从在巴黎站稳脚跟的那一刻起，就收获了国际时尚界的赞誉，并将这一殊荣延续到31年后

他退休的那一天，要知道巴伦西亚加当时生活的社会、经济和时尚氛围都与现在截然不同。塞西尔·比顿是巴伦西亚加的仰慕者，在20世纪50年代的纽约，他就与女装设计师巴伦西亚加结下了终生的友谊，而这源于1950年比顿的母亲从巴伦西亚加位于巴塞罗那（Barcelona）的时装屋购买了一件衣服。[3]他们的友谊跨越了时间与空间，比顿不仅为巴伦西亚加和他的家人以及朋友创作了一些最亲密的摄影肖像，还为巴伦西亚加及其作品做过早期的文学介绍，并于1954年发表在《时尚之镜》（The Glass of Fashion）上。在这本出版物中，比顿对巴伦西亚加的性格、出身、设计风格以及他对时尚和女性的看法进行了精辟的描述。因此，从1954年开始，那些渴望深入了解高级时装运作方式的读者，可以由此知晓巴伦西亚加的基本生活细节；他们了解到巴伦西亚加出生于西班牙巴斯克海岸的小渔村——吉塔里亚，身世背景相对卑微，先在圣塞巴斯蒂安做裁缝，然后在巴黎创业，在日新月异的时装设计圈中获得了具有独立设计精神的美誉。[4]比顿将巴伦西亚加创作的精致服装描述为艺术，并将其与长期居住在法

国的西班牙当代著名艺术家巴勃罗·毕加索（Pablo Picasso，1881—1973）的多种作品相提并论。

比顿不仅将巴伦西亚加介绍给大众读者，还将其介绍给了伦敦博物馆的参观者。1969年，他在纽约的一次晚宴上与约翰·波普－轩尼诗（John Pope-Hennessy，1967—1973，V&A博物馆策展人）偶然相遇，两人就巴伦西亚加时装设计的优点展开了一场对话，并对博物馆没有收藏相关艺术品而感到惊讶。这次对话激励了比顿，他在同年10月声明，他将"收集最好的当代女装……在他的上流社会朋友的支持下，寻求自己看过并欣赏的独特时装"。[5]馆长欣然接受了比顿的提议，并促使了博物馆对当代时装的集中收藏和展示。比顿的努力带来了1971～1972年他的第一场展览——"时尚：选集"（Fashion: An Anthology），在这场盛大的展览中，他收集的405套服装，有265套被展出。比顿那个时期的收藏品，成为之后博物馆关于20世纪50～60年代服饰时尚展览的重要组成部分，例如，2007年的展览"黄金时代高级时装"（The Golden Age of Couture），就专门强调了巴伦西亚加和比顿在战后时装中所做的贡献。[6]

在比顿1971年的展览中，比顿为了将巴伦西亚加与西班牙血统及现代主义建筑风格相联系，特意选取了一张由加泰罗尼亚（Catalan）建筑师安东尼·高迪（Antoni Gaudí，1852—1926）设计的巴塞罗那圣家族大教堂（Sagrada Família in Barcelona）的未完工的照片，作为巴伦西亚加时装展的背景。1971年，博物馆展出了31套巴伦西亚加设计的服装，服装由其珍藏者捐赠给博物馆，这些都是最具代表性的作品，巴伦西亚加战后的主

要竞争对手是克里斯汀·迪奥（Christian Dior，1905—1957）[7]。与此同时，巴黎世家的香水"四对舞"也参加了展览，周一早晨被喷入画廊。[8]展览作品中包含比顿的照片和素描，第一张是唯一的彩色作品，展示了巴伦西亚加设计的一件亮粉色的弗拉门戈风格的连衣裙，其作品还出现在另外五张照片中（展示了三件服装，有两件都有前后照）。恰好，最后一张是该作品的背面，形成审美对比，[9]从展出数量上讲，其他设计师从未获得如此殊荣。同当代展览"型风塑尚：服装设计大师巴伦西亚加"一样，此次"时装：选集"展览展出的都是巴黎世家的服装，从整洁的日用小西装到精致的鸡尾酒会礼服或晚礼服都有，服装采用各种纺织材料制成，如传统毛织物、新开发的厚重丝绸等；服装或朴素大方，或饰以精致奢华的刺绣，或选用闪闪发光的塑料亮片以产生别致的效果。这些服装都来自富有的女性，她们对女装设计师和摄影师都非常了解，例如，莫娜·俾斯麦、保琳·德·罗斯柴尔德（Pauline de Rothschild）和格洛丽亚·吉尼斯（Gloria Guinness）等。至于巴伦西亚加的作品是否激发了比顿的创新精神或者在这场作品集中的支配性作用，目前还不得而知，但巴伦西亚加的朋友拉蒙·埃斯帕扎（Ramón Esparza）显然参观或者了解了这场展览，之后巴伦西亚加也对比顿的成就表示了赞赏。[10]1972年夏天，比顿在索尔兹伯里（Guildhall）艺术节期间，在市政厅展示了这些服装，之后并以他的名义来到V&A博物馆举办展览（请参见本书第15页）。[11]

在比顿的V&A博物馆展览关闭后，1972年巴伦西亚加去世，从此巴伦西亚加作品展大量出现，关于其产品制作、销售

图 2（本页图） 塞西尔·比顿摄影作品，樱桃色的弗拉门戈风格的丝绸晚礼服，由亚伯拉罕（Abraham）设计，来自巴黎世家 1961 年 2 月作品系列，1971 年

服装由斯塔夫罗斯·尼亚科斯夫人［Stavros Niarchos，娘家姓尤金妮亚·利瓦诺斯（née Eugenia Livanos），1927—1970］穿着并提供。

V&A 博物馆馆藏号：T.26-1974。

图 3（对页图） 塞西尔·比顿摄影作品，晚礼服——黑色丝质绸缎长袍，来自巴黎世家 1967 年秋冬作品，1971 年

服装搭配黑色斗篷，由洛厄尔·吉尼斯夫人（Loel Guinness）提供（请参见本书第 28、29 页）。

V&A 博物馆馆藏号：T.39-1974。

和穿着的文献资料也越来越多，这增加了人们对其作品和生活的了解，巴伦西亚加在高级时装业颇有建树，人们对其服装的结构和实践有了更广泛的认识。[12] 1973 年，在纽约大都会艺术博物馆（The Metropolitan Museum of Art）举办了这位设计师去世后的第一次回顾展，策展人是令人敬畏的前时尚编辑戴安娜·弗里兰（Diana Vreeland），她强调了巴伦西亚加的根在西班牙。[13] 她把重要的西班牙艺术品挂在服装旁边，并以西班牙响板乐为背景音乐。她在自传中，强调了西班牙赋予巴伦西亚加创作的灵感，她写道：

他的声音很低，你必须集中注意力才能听到，他的名字叫克里斯托伯尔·巴伦西亚加。巴伦西亚加的创作灵感来自斗牛场、弗拉门戈舞者、渔民穿的宽松上衣、肃穆的修道院……他汲取其造型和颜色，调配出属于他的独有风格，并为钟情于此的人设计着装约 30 年。[14]

图4（对页左图） 粗花呢夹克
和裙子，厚重的灰色丝绸衬里，
巴黎世家，1954年
服装由利奥·德厄兰格夫人
[Leo d'Erlanger，娘家姓埃
德温娜·普鲁（née Edwina
Prue），1907—1994]穿着，
德厄兰格赠送塞西尔·比顿。
V&A博物馆馆藏号：T.7&A-
1977。

图5（对页右图） 晚礼服——
黑色绉纱连衣裙，V形绣花装
饰丝带，可能是雷贝（Rébé）
作品，巴黎世家，1967年秋冬
作品
与黑色博莱罗夹克（bolero
jacket）搭配，法国版《时尚》
（Vogue，1967年10月，第
103页）。这件服装经由塞西
尔·比顿，由巴伦西亚加的同
事拉蒙·埃斯帕扎提供。
V&A博物馆馆藏号：T.27-
1977。

随后的1973年和1974年，在西班牙马德里和巴塞罗那两地举办了规模较小的展览，1985年，法国里昂的提苏斯历史博物馆［Musée Historique des Tissus，现提苏斯博物馆（Musée des Tissus）］首次为巴伦西亚加的作品举办了大型活动，服装展品高达200套，还有许多工作室的临时材料。最后一次展出由玛丽–安德里·朱弗（Marie-Andrée Jouve）策划，她是巴黎世家工作室1980～2003年间的档案保管员。除了策划这次展览，她同时还致力于编目和研究的工作，为世界各地的博物馆收藏品的文献记录做出了贡献。[15] 工作室保存的档案十分壮观，它包括巴黎世家约600件服装、400件配饰（帽子和珠宝）、一些薄棉麻织物（1960～1968年）、40000幅工作室草图（1930～1968年）、15部模特走秀影片（1960～1968年）和巴黎世家图书馆的书籍。它现在是一个活的档案馆，引用数字化技术处理照片从而减少照片磨损程度，同时为访问提供方便。与此同时，所有这些都可供继任的工作室设计师使用，可激发灵感，也有利于时装秀系列的创作。

工作室以收藏和主办多场巴黎世家展为目标，聚焦不同主题，以不同的方式诠释内容。其中一些概述了巴伦西亚加的全部作品和运营状况；[16] 其他则专注于其作品的某一方面，例如，服装的材料——采用里昂、加莱（Calais）丝绸和蕾丝织造中心的纺织品；[17] 服装的构成——巴伦西亚加的服装与瓦尔拉多利德（Valladolid）和毕尔巴鄂（Bilbao）艺术机构的雕塑或建筑具有相似的构成特征；[18] 服装的现代性及对安特卫普和伦敦后世的影响；服装对地域和历史的提取，对黑色的运用以及扎根西班牙本土文化。[19] 此外，某些特定的客户，她们的衣橱以及其与巴伦西亚加

的关系，也会被人们从博物馆或者她们捐赠的丰富藏品中探索出来，比如，在巴黎的莫娜·俾斯麦基金会（Mona Bismarck Foundation）；在吉塔里亚的巴黎世家博物馆（Cristóbal Balenciaga Museoa）；在得克萨斯州（Texas）达拉斯（Dallas）的梅多斯博物馆（Meadows Museum）；在亚利桑那州（Arizona）菲尼克斯（Phoenix）的美术馆。[20]

各展览推出了相应的出版物，此外，米伦·阿尔扎卢兹（Miren Arzalluz）对巴伦西亚加的生活和他在巴黎前半阶段的职业生涯进行了细致研究，消除了许多以前被误解的问题；安娜·巴尔达（Ana Balda）对巴伦西亚加及其与新闻媒体的关系进行了透彻分析，密切关注其传播策略并研究了他工作中的民族文化背景；玛丽·布鲁姆（Mary Blume）以员工的视角对巴伦西亚加的工作室进行了深入调研，揭秘了时装"团队"是如何工作的。这些主要来源于巴伦西亚加的家人、朋友和前雇员对过去的回忆口述。[21] 现在，有充分的证据表明了这位大师的专注、观点以及他取得卓越成绩背后的激励因素，这些都通过那些熟悉他的人的证词传达出来，他们中的一些人至今仍然记得巴伦西亚加所讲过的话。显然巴伦西亚加不是许多记者暗喻的隐居者，他是一个与朋友和同事亲密交往的人，但反对夸大和自我宣传。

本书遵循了2007年由V&A博物馆出版的《克里斯托伯尔·巴伦西亚加（1895—1972）：高级定制时装设计师》［Cristóbal Balenciaga（1895—1972）：The Couturiers' Couturier］一书第2版的结构，借鉴了其最新研究成果，纠正或扩充了之前著作中的论点与事实根据，并极大扩展了视觉内容，书中特别提到了维多利亚和艾尔伯特博物

馆收藏系列及其大力支持者塞西尔·比顿。各章引用了塞西尔·比顿对巴伦西亚加的第一印象，分别聚焦巴伦西亚加漫长而多样的时尚生活的某一层面。为了强调其不同层面的内容，在各章的章尾专门设置了"要点"部分，有意反映该领域的新学术成果，或提供一些信息。

这些信息可能不属于新时代巴伦西亚加粉丝的文化体验，他们从未见过其时装屋制作的任何一件衣服。在本书中，作者试图避开许多关于巴伦西亚加成长的传奇。

而事实上，没有人生来就是设计师，也可以说设计师的成长离不开一定的审美和价值观。本书第一章介绍了巴伦西亚加的正规和非正规教育（"文化资本"）、成长背景以及对西班牙的热爱，为讨论他的作品奠定了基础。第二章探讨了巴伦西亚加如何适应竞争激烈的法国时装界。第三章介绍了其业务形式和经营管理。第二、三章着重描述了巴伦西亚加的独特之处，特别是与同行——巴黎女装设计师的不同之处，这主要源于他相继指导了三家西班牙时装屋，并避开成衣系列的创作。最后两章阐述了巴伦西亚加对两大群体产生了巨大影响力：第一，是他的客户，在巴伦西亚加的职业生涯中，这些客户始终忠于他，他们选择适合其生活方式的服装，有时还会表达自己对品牌服装及设计师的无限依恋；第二，是在巴伦西亚加手下学习或了解巴伦西亚加的设计师，后来的几代设计师虽然不具备巴伦西亚加卓越的能力，但他们从巴伦西亚加对服装细节与廓型的专注中深受启发。

*

原版英文书中提到巴伦西亚加时，有几个英文术语显然可以互换使用：dressmaker（女装裁缝、裁缝师）、tailor（制衣师、成衣裁缝）、fashion designer（时装设计师）和couturier（女装设计师、时装设计师、高级时装设计师）。因为裁剪制作服装的方法和高级定制服装的规则已不再普遍，故需要在这里解释一下。[22]dressmaking，指裁缝女装，即专为女性量身定做服装；而tailoring，指制衣，即为男性或女性制作服装；两者都可以在家里或专业时装屋里进行。直到20世纪中叶，欧洲主要城市的大多数百货商店都有大型的裁缝制衣工作室。所涉及的技能不包括原创设计，只包括裁剪、缝纫和试衣。裁缝师和制衣师的区别在于所用材料的类型以及使服装合身的方式不同。裁缝师倾向于立体裁剪和缝合精细的面料，而制衣师则是裁剪、处理和缝制较为结实的面料，如厚重的羊毛织物。相较之下，时装设计师则是在纸上进行设计。一些时装设计师知道如何裁剪、缝制并使服装合身，或者对这些技能有足够的了解，并能够说明如何将其设计转化为真正的服装。换句话说，他们可能掌握了绘画技能和制作工艺，并用其为私人或专业客户设计制作服装。而巴伦西亚加既是设计师又是裁缝师，比顿甚至在他成为一名高级时装设计师后称他为裁缝师，可能因为这是当时英国女装制作者最常用的称呼。

高级时装（haute couture，字面意思是"高级缝纫"）本身是一个独立的系统，具有设计、缝纫和裁剪技术。在巴伦西亚加的生活中，高级定制时装只与巴黎有关，从19世纪中期开始，巴黎就形成了一套专门生产和传播女性时装的体系。[23]到1868年，巴黎高级时装公会（the Chambre Syndicale de la Couture Parisienne，以下简称CSCP）已有很大的影响力，在巴伦西亚加去世一年后，于1973年被纳入法国高级时装设计师联合会（the Fédération Française de la Couture，du Prêt-à-Porter des Couturiers et des Créateurs de Mode），它鼓励在设计和技术方面进行创新，保持高标准的手工缝纫技术和个性化量身定制，特别是在机器生产方兴未艾和成衣质量越来越好的时候。第二次世界大战后，为了获得高级时装设计师的称号，获得巴黎高级时装公会认定，裁缝师必须填写一份年度问卷，证明自己的业务遵循高级定制的规则和惯例。这些文件随后会被提交给工业部批准。[24]

高级时装设计师，包括时装屋聘请、雇用的常驻设计师，必须在其工作室创作一定数量的原创设计（或样品），必须雇用至少20人（包括工作室主管、裁缝师、学徒、管理人员），必须根据时装流行按季节推出新设计，每年至少雇用3名模特，展示发布的新作不少于75套。[25]针对私人客户需求，高级时装采用特定的面料制成，每个私人客户的服装都是量身做的（用美国术语来说，即定制的），整个过程至少需要3次试衣，化妆则是在内部进行。这一过程将私人客户与商业买家区分开来，商业买家也是时装设计的购买者，他们对时装设计师很重要。他们购买设计以便可以在私人服装制作店或百货公司的服装制作车间生产服装，从而满足个体顾客需要，或者在工厂批量生产服装以迎合成衣市场需求。这使高级时装的设计能够"渗透"到那些既没有时间也没有财力购买时装的消费者手中。

除了这些关于在何地、何时以及如何进行原创设计的规定之外，设计师们还必须在每场发布会的至少前一天向CSCP提供发布会的日期和时间，遵守CSCP的薪金规定，并在首次展示后的两周内保存他们的设计。面对日益发展的成衣，这一制度确保了在定制设计、量体裁制的服装中存在某些标准。巴伦西亚加一直是这一制度积极参与者和受益者，直至1968年退休。

图6 黑色绉绸晚礼服的细节，1967秋冬作品
在这件晚礼服的前身内有一个标签，上面有"DOUANE"（法语，"海关"）的标记，表明这件服装曾离开法国。在本书第15页有整件服装的插图。这件服装经由塞西尔·比顿，由巴伦西亚加的同事拉蒙·埃斯帕扎提供。
V&A博物馆馆藏号：T.27-1977。

第一章

在巴黎的
西班牙人

巴伦西亚加是一个五十七岁的男人，但实际上，他看起来比实际年龄年轻得
多。他的鼻子有西班牙人的特点，有点鹰钩鼻，那张薄薄的嘴上带着一丝幽默，有
时会略带讽刺的微笑，好似暗示着一种埋藏已久的苦涩，或者可以说是对人性的刻
意嘲讽。[1]

—

塞西尔·比顿，1954年

图7（第18页图） 弗朗索瓦·科拉尔（François Kollar）摄影作品，克里斯托伯尔·巴伦西亚加，巴黎，1937年

图8（对页图） 1936~1937年西班牙宣传部在法国发行的海报

在西班牙内战时期，佛朗哥的民族主义叛军正在接受纳粹德国和法西斯意大利的军事援助。这张海报向西班牙邻国法国提出了一个问题："您靠做什么来阻止这一切？"这些图像是从马德里的一次爆炸和随后的葬礼中整理出来的。巴伦西亚加告诉朋友们，他在一次爆炸中，在圣塞巴斯蒂安的一个庇护所遇到了未来的搭档比兹卡隆多（Bizcarrondo），战争驱使他搬到巴黎。

V&A博物馆馆藏，来自美国朋友莱斯利（Leslie）、朱迪思（Judith）、加布里·施雷尔（Gabri Schreyer）和爱丽丝·施雷尔·巴特科（Alice Schryer Batko）的馈赠。

V&A博物馆馆藏号：E.171-2004。

比顿得益于其与巴伦西亚加之间的友谊，不仅能亲耳聆听巴伦西亚加的故事，而且能在他与同伴和周围环境互动时观察到他的细节。而大多数时尚记者就没那么幸运了，似乎巴伦西亚加在退休后才决定与他们进行正式的交谈。虽然普鲁登斯·格林（Prudence Glynn）声称自己在1971年8月才得到采访他的许可，实现了时尚记者的终极成就，实际上她是一位来自《巴黎竞赛画报》（Paris Match）的法国记者，对巴伦西亚加一路追随。大约3年前（约1968年），巴伦西亚加在靠近奥尔良（Orleans）附近的拉雷内里（La Reynerie）乡间别墅接待了这名记者。她所撰写的关于巴伦西亚加的背景陈述与1954年比顿的描述非常相似。[2]尽管如此，《泰晤士报》（The Times）还是把格林的文章标榜为"世界独家"，这标题显然是针对英文报业的。[3]

在采访的早期，格林谈到了巴伦西亚加回避媒体的问题，说出了他保持沉默的两个主要原因。首先，他"热情地"告诉她，他发现向任何人解释他的职业都是不容易的。这是第一个原因，采访时，时装设计正在经历一场彻底的变革。在20世纪60年代时尚体系发生变化之前介绍他的职

业会更简单，也会让那些热衷于购买20世纪50~60年代初传统高级定制服装设计师的传记和自传的读者感到高兴。然而，这样的宣传会让巴伦西亚加放弃一定的决定权——他强调这是他避开媒体的第二个原因。他被卷入讨论中，几乎不可避免地被其他设计师批评，但他很自然地选择了沉默。然而，到了1971年，巴伦西亚加退休3年后，其采访者得到负面回应的可能性降低了。那时，巴黎乃至全世界都将巴伦西亚加视为高级时装界的领军人物，他的影响深入人心，但他已不再是积极的参与者。在格林的一次采访中，巴伦西亚加巧妙地回避了批评他以前的竞争对手。

有趣的是，巴伦西亚加的沉默使他得到了回报，因为这让同时代的人专注于巴伦西亚加作品的完美，而不是抨击他的个性或媒体对他的关注。战后新时代设计师、他的主要竞争对手——迪奥向他致敬："高级时装就像一个管弦乐队，指挥官是巴伦西亚加。我们其他时装设计师是音乐家，我们遵循他的指示。"[4]甚至和巴伦西亚加有过争执的设计师香奈儿（Chanel）也承认："只有巴伦西亚加是真正意义上的高级时装设计师。只有他能够

裁剪材料、组装作品并手工缝制。其他人仅仅只是时装设计师。"[5]

其他同事提出了巴伦西亚加保持沉默的深层原因。珀西·萨维奇（Percy Savage，1926—2008）在20世纪40年代末认识了他，后来为巴伦西亚加时装屋设计了围巾和薄软绸，他表示："巴伦西亚加最初之所以成为隐士，是因为他必须努力工作。这被视为是一个极佳的策略，符合他巴斯克人的气质——独立、坚定、缺乏幽默感。"[6]在谈话中，珀西·萨维奇进一步指出围绕巴伦西亚加的神秘事件，也提到他在1956年后拒绝与其他时装设计师同时展示自己的时装系列，这些反而导致对他的媒体报道不降反升。《时尚》（Vogue）和《时尚芭莎》杂志，派遣记者回到巴黎报道休伯特·德·纪梵希（Hubert de Givenchy）和巴伦西亚加的时装发布会。在CSCP精心策划的演出月份中，所有其他设计师都必须共享每本杂志的版面。但是巴伦西亚加和纪梵希更倾向于在下个月的发布中独立策划，最终这两本杂志增加了特刊进行销售，而两位时装设计师获得了更多的宣传版面。1958年出版了一本有关巴黎高级时装的著作，该书的作者安妮·拉图尔（Anny Latour）谈到了这项策略的有效性："这位西班牙个人主义者身上笼罩着一种神秘的气氛，气质冷淡，无论是有意的还是无意的，每一位记者都能感受到并被其吸引，这与响亮的鼓声一样宣传有效。"[7]

西班牙政治

尽管巴伦西亚加对政治的闭口不谈可能是出于个人的寡言少语，也可能是精心策划的商业行为，但他1937年抵达法国的时机也可能是影响他对媒体态度的关键。多年来，西班牙政治一直是欧美的头条新闻。1931年，西班牙君主制终结，随之而来的是西班牙内战（1936～1939年）和弗朗西斯科·佛朗哥将军（General Francisco Franco，1882—1975）的右翼独裁统治。

这种独裁统治持续到20世纪50年代，直到佛朗哥去世才宣告结束。共和党的宣传海报上到处都张贴着战争带来的灾难，流亡的艺术家们公开批评这种好战行为。也许对这场恐怖灾难最著名且最有力的再现就是毕加索令人痛心的立体派绘画作品——《格尔尼卡》（Guernica），描绘了巴斯克重镇的格尔尼卡轰炸，画面令人痛心，这幅画于1937年第一次在巴黎的世界博览会展出。[8]佛朗哥独裁统治下的审查制度延伸到所有公开或秘密批评政权的人士，包括各行各业的西班牙人。[9]结果形成了一个彻底保守的政权，女性角色受到严格限制，她们的活动范围仅限于家庭。

在内战期间以及内战之后，欧美各国对西班牙的态度因国家政治信仰的不同而有所差异。当时的意大利和德国政府在政治上属于右翼，他们支持佛朗哥，而英国、法国和美国则向国际纵队提供非官方的资金援助和志愿兵，国际纵队帮助共和党的反对派并接收难民。内战结束的同时，第二次世界大战开始，在这期间，西班牙仍然保持中立，在筋疲力尽中饱受内乱之苦。经济的重建最初依靠稀缺的国家资源。1945年之前，欧洲处于战争状态，盟国还对西班牙实施了经济和外交制裁，直到20世纪50年代，美国的金融贷款才促进了西班牙的经济增长。换句话说，无论是意识形态还是战争，西班牙都被孤立了15年之久。1951年，法国版《时尚》杂志对此发表了评论，试图再次将西班牙作为度假胜地。[10]只有当国内经济战略发生变化，并且欧美开始看到西班牙更强大、更加国际化的优势时，巴伦西亚加的祖国才开始对外开放。20世纪50年代，旅游运营商托马斯·库克（Thomas Cook）推广了与内战前一样的文化旅游地——巴斯克地区的圣塞巴斯蒂安、马德里和塞维利亚（Seville），与此同时，法国版《时尚》杂志也认为，西班牙圣周（Holy Week，Semana Santa）和斗牛季节期间的活动丰富多彩，非常适合他们的读者前来度假。[11]20世纪60年代，西班牙成为北欧人的主要旅游目的地，也是北欧工厂工人的主要来源地。[12]西班牙在国外的整体形象随之改变，为了强调布拉瓦海岸（Costa Brava）和太阳海岸（Costa del Sol）取代北部和南部更传统的精英聚集地，一些旅游组织还提供了弗拉门戈之旅。

*

1931年西班牙君主制的瓦解导致设计师巴伦西亚加的服装生意受损，1935～1936年，当西班牙处于血腥动荡之际，巴伦西亚加决定离开这个国家。[13]战争开始的前几个月，马德里和巴塞罗那都受到围攻，而圣塞巴斯蒂安在1936年9月也落入佛朗哥的军队手中，并在此后成为西班牙境内佛朗哥政权追随者们的首都，那里有许多来自马德里和加泰罗尼亚的新秩序支持者。他们帮助城市发展，进行社会和商业秩序的重构。[14]国内局势动荡不安，人们生活贫困艰难，这不利于巴伦西亚加的事业发展。他动身去了伦敦，又从伦敦移居巴黎。时尚记者和教育家马吉·加兰（Madge Garland）表示，巴伦西亚加之所以去巴黎，是因为他接触的宫廷王室设计师或牛津街商店都没有给他提供工作。珀西·萨维奇则声称，巴伦西亚加是因为无法获得留在英

国工作的许可证才去了巴黎。只是萨维奇对于巴伦西亚加为什么一开始选择伦敦而不是巴黎也心存困惑，原因是巴伦西亚加虽然长期和伦敦当地的时装设计师一起工作，但他的英文水平却不尽人意。[15]无论是什么情况，巴黎都热情地接受了他，1937年他在巴黎开创了自己的事业，几乎立即取得了成功。

1940年纳粹占领巴黎，但是巴伦西亚加并没有因此而回到西班牙，很可能是因为西班牙内战给他回国带来了诸多困难。并且，回国这样的举动可能会导致其国际客户的流失。巴伦西亚加自1937～1938年发布第一批服装系列起，就开始积累国际客户。相较于西班牙的实际面积，1940年的西班牙人口相对较少（约2590万）。[16]只有一小部分人有资格成为巴伦西亚加业务的潜在客户，在马德里可能有2000名女性，在巴塞罗那也是如此。[17]无论如何，不管巴伦西亚加是否留在法国，西班牙都成了他的垄断市场。[18]内战结束后，他在西班牙的时装屋重新开张，更改了马德里时装屋的位置，并在一年后即1941年4月，在巴塞罗那展出了战后的第一批服装系列。[19]看来巴伦西亚加可能已提前回到了巴斯克地区，由于他有西班牙护照，无论法国是被占领还是独立自由，他都可以自由地经法国进入西班牙；他的家人也在那里；圣塞巴斯蒂安地区的生活在1936年底就已经和战前几年一样了。因此，尽管巴伦西亚加将总部设在巴黎，但在整个第二次世界大战期间，巴伦西亚加仍为元首佛朗哥的夫人卡门·波罗女士（Doña Carmen Polo de Franco）、萨特鲁斯泰吉·马塔女士（Señora Satrústegui de Mata）、普埃布拉·梅斯特雷伯爵夫人（Condesa de Puebla del Maestre）和兰佐尔侯爵夫人（Marquesa de Llanzol）等西班牙女性提供服装。尽管西班牙在战争中并不活跃，但佛朗哥政府倾向于支持轴心国，而不是同盟国。

巴伦西亚加移居巴黎并不代表他的政治立场。他从未就此发表过自己的观点，尽管西班牙政治确实影响了他在20世纪30年代的生活，但是他并不支持纳粹占领者。[20]当然，他热爱自己的职业，渴望事业成功，对他而言，这似乎是最重要的。巴伦西亚加在巴黎成就一番事业之后，就要求国际客户每年来巴黎两次，参加系列服装发布（即使是在战争期间，巴伦西亚加也拥有许多居住在巴黎的国际客户，这些客户因各种原因留在了巴黎，例如，流亡在外的西班牙富豪、德国军官夫人，可能还有法国黑市商人的妻子）。[21]这些人不太可能放弃去经验丰富的高级女装设计师的时装屋，转而跟随一位西班牙裁缝去西班牙。对巴伦西亚加政治倾向的唯一直接评论来自珀西·萨维奇，她声称巴伦西亚加是一个君主制度拥护者。[22]考虑到这位时装设计师最初的社交关系、内战后他在西班牙的贵族客户，以及他与兰佐尔侯爵夫人和比利时法比奥拉王后（Queen Fabiola）之间有据可查的友谊，这似乎是一个合乎逻辑的论断。

然而，西班牙政治和经济形势表明，从20世纪30年代中期到50年代末，巴伦西亚加一直举步维艰。他是居住在巴黎的西班牙人，客户主要是美国人、英国人和法国人。他还在西班牙拥有三家时装屋，用以养活他的大部分家人。采访询问他对佛朗哥政权的态度肯定不明智。而保持沉默则是一种解决办法。

巴黎的氛围

巴黎还为巴伦西亚加提供了利于事业发展、个人成长的理想环境，这种环境在西班牙并不具备。巴伦西亚加曾与时尚记者普鲁登斯·格林谈话时提到："巴黎有一种特殊的时尚氛围，因为这里有许许多多致力于制作纽扣、花朵、羽毛及各种奢华饰物的工匠，这是其他地方所不具备的。"[23]在这次采访中，巴伦西亚加的秘书杰勒德·奎卡（Gérard Cueca）在谈及巴黎以外的其他地方时，他眉毛高挑、无可奈何地说道："一次大师去纽约时，居然一朵手工制作的玫瑰都无法找到。"在巴黎被占领期间，希特勒提出要将法国的高级时装的地位转移到柏林。对此，巴伦西亚加的反应同样令人难以置信。当面对"六个高大的德国人"时，巴伦西亚加说："他（希特勒）还应该把所有公牛都运到柏林，在那儿训练斗牛士。"值得提及的是，巴伦西亚加的类比借鉴了他家乡的习俗。

尽管巴黎成百上千的手艺人是当地传统的一部分，也是成就法国时装界地位的一个必要因素，但巴黎的特殊氛围不仅源于这些手艺人。法国政府为时装设计创造了有利的发展条件，时装业曾被视为一种重要的民族工业。直至1929年华尔街股市崩盘，时装及其附属行业一度曾是法国第二大出口产业。到1939年，时装业下降到第二十二位，但在1947年，时装业很快又上升到第三位。[24]政府通过补贴来鼓励设计师使用法国纺织品，以促进里昂等老牌纺织面料中心的发展。[25]反过来，纺织品生产商也会专为时装设计师生产小批量面料。[26]代表服装设计师的官方机构CSCP还为就业条件提供指导，在校内为未来的时装设计师提供培训，并有效协调每年两次的作品发布与时装秀。

正是在这样的扶持下，在20世纪50年代之前，巴黎一直都是业内公认的呈井喷式发展的国际时尚中心。此后，来自英国、意大利、美国和日本的竞争者逐渐挑战巴

135. - SAN SEBASTIAN. - *Paseo y Playa de la Concha*

黎时尚中心的地位。私人客户和商业买家每年两次前往巴黎观看作品发布，并且在事先都会认真做好各项计划。他们合理安排时间，随心所欲地看秀，关注时装设计师，确保不会错过任何有价值的细节。对巴伦西亚加自己而言，早年作为一名年轻设计师，也曾前往巴黎朝圣，但在巴黎工作十年之后，已经完全融入其时尚氛围，他最终选择留下来，并与西班牙保持联系，并且常去瑞士，这可能是因为他与纺织生产商古斯塔夫·扎姆斯泰格（Gustav Zumsteg，1905—2005）的深厚友谊，还有他与商业伙伴尼古拉斯·比兹卡隆多（Nicolas Bizcarrondo）及其妻子的滑雪之旅。[27]

显然，巴伦西亚加很快便适应了巴黎，这意味着一个由非法籍设计师引领时装界的时期的到来。事实上，在40名高级时装设计师中，极负盛名的是意大利人艾尔莎·夏帕瑞丽（Elsa Schiaparelli）、爱尔兰人慕尼丽丝（Molyneux）、瑞士人皮盖特（Piguet）、美国人曼波彻（Mainbocher）。[28]毋庸置疑，巴伦西亚加很快成为立足巴黎的西班牙人，尽管巴黎还有其他西班牙设计师。比如，设计师拉斐尔·洛佩兹·塞布莱恩（Rafael López Cebrian，1900—1984）出生于西班牙马德里，1924年左右来到巴黎，把自己的名字也完全法国化，并在乔治五世大道3号（3 Avenue Georges V）独立创业，其经营场所与巴伦西亚加1939年的新业务场所仅隔一小段路，他在那里一直工作到1956年，之后便把其经营场所转让给纪梵希。[29]又如安娜·德·庞波（Ana de Pombo，

图9 贝壳海滩（Paseo y Playa de la Concha）景况，圣塞巴斯蒂安，20世纪初

这张明信片显示了巴伦西亚加工作时的城市面貌。港口距假日海滩有一段距离，而且一派繁忙景象。建筑物坐落在海湾的一侧，令人印象深刻，类似于邻近城市比亚里茨（Biarritz）的建筑物，这些都表明这座城市自19世纪60年代起就不断发展，已成为高端度假胜地。这里配备了所有必要的便利设施，例如，浴房、赌场、斗牛场、剧院和商店。

图10　安娜·德·庞波为帕康时装屋绘制的速写，1939年冬

第二次世界大战前，巴伦西亚加的同胞安娜·德·庞波在巴黎的帕康时装屋工作。在1939~1940年后期，大约288幅水彩速写在V&A博物馆中保存下来，其中几幅展示了设计师的创作激情，绘制的是西班牙的弗拉门戈连衣裙，具有强烈的色彩对比和荷叶边。其别出心裁的设计让人联想到设计师巴伦西亚加20世纪40年代末~50年代初设计的作品。

作品由沃斯（Worth）时装屋提供。

V&A博物馆馆藏号：E.9212-1957。

1900—1985），自1928年起就在巴黎创业，致力于时装创作，1932~1934年在香奈儿公司工作，之后进入帕康（Paquin）时装屋，1936年成为帕康时装屋首席设计师［这一年珍妮·帕康（Jeanne Paquin）夫人去世］。1942年安娜·德·庞波返回西班牙，1945年她的前助手——另一位西班牙人安东尼奥·卡诺瓦·德尔·卡斯蒂略（Antonio Cánovas del Castillo，1908—1984）开始接手掌舵，安东尼奥自1936年以来一直居住在巴黎，其间在纽约待过很短的一段时间，1950年又返回巴黎，进入朗万（Lanvin）在法国的时装屋，得到赏识并更名为Lan-vin-Castillo。在20世纪50~60年代初，安东尼奥经常出现在各种时尚杂志上。开设自己

的时装屋后，他便沉寂了下来，前后不超过4年（1964~1968年）。最终他和巴伦西亚加在同一年隐退了。[30]

因此，巴伦西亚加不是唯一一位在西班牙内战前夕或期间被迫迁往巴黎的西班牙时装设计师。然而，在1937~1968年的这31年中，从各种角度来看，特别是基于巴伦西亚加在时尚媒体的突出地位，都一再证明他确实是唯一一位在巴黎的西班牙高级时装设计师。时尚媒体一致支持他，吹捧他在1938年春夏系列中的新作。吸引人的头条新闻和评论接踵而至，有时会出现在高端时尚杂志上，也有时出现在迎合中端市场的杂志上。《时尚芭莎》巧妙地表达了自己的观点："巴伦西亚加赋予高级时装新的品质，在争议中展现了鲜明的个性。他的系列作品都带有西班牙的气息。"[31]《妇女杂志》（Woman's Journal）更大胆地写道："巴伦西亚加的灵感来自西班牙！他年轻，是西班牙人，刚到巴黎。他设计的服装漂亮，具有西班牙式的温暖、多姿多彩的戏剧感。"[32]

仅仅一年后，即1939年4月，在日内瓦举行了一次西班牙艺术的大型展览，毫无疑问，它提高了人们对西班牙珍品和风格的认识。这次展览展出的是收藏于马德里普拉多博物馆（Museo Del Prado）的画作，这些画作自17世纪起就被作为皇室藏品开始收藏，其画家从埃尔·格雷科（El Greco）到祖巴兰（Zurbarán），从委拉斯开兹（Velázquez）到戈雅（Goya），几乎涵盖了所有的西班牙绘画大师。同时记者们注意到，这些画作与巴伦西亚加及其在巴黎的设计同胞的作品有一些共同之处：据《纽约时报》（New York Times）报道，作品仿佛是"色彩丰富的全景画卷"，其中既有"国王与婴儿，也有乞丐与矮人，僧侣与圣母，还有圣徒、天使与圣人们"。[33]这

类画作既反映了旧时代严谨的宫廷服饰，也反映了下层社会的工作服；既有戏剧性的色彩组合，表明选取了西班牙帝国时期的昂贵染料，也有朴实无华的色调，而这正是普通百姓常使用的服装色调；服装不乏宝石装饰，华丽无比，而面料材质则多种多样，有的光滑、精致，有的则粗糙、朴素。毫无疑问，这些特点可以简单地用20世纪的时尚词汇来概括，即注重编织带、串珠和蕾丝花边的巧妙使用，以及各种鲜艳和柔和的色彩组合。

即使巴伦西亚加在巴黎住了好几年，他作品中的西班牙风格依然会在时尚界和商业媒体上被提及。第二次世界大战结束后不久，也就是1948年，《时尚芭莎》杂志指出："在他的作品发布中，总是能看到其祖国的影子，总能让人想起西班牙的色彩绚丽、珠子、亮片、绒球以及斗牛士的短上衣。"[34]就在一年后的1949年11月，行业杂志《丝绸与人造丝》（Silk and Rayon）报道了他的秋季系列，称巴伦西亚加在一件"浅灰色塔夫绸、侧面加宽松嵌片的连衣裙上，巧妙地运用编织带"，这显示了他的西班牙血统。[35]1962年，Elle杂志写道："在我们的时装设计师中，最神秘、最饱受争论（也是最受人喜爱）的设计师是巴伦西亚加，它是西班牙的时尚之王。"与此同时《时尚芭莎》的7月刊也选择了巴伦西亚加的西班牙风格刺绣夹克作为其封面图片（请参见本书第39页）。[36]同时巴伦西亚加的有些系列设计较为鲜明地折射出西班牙人的生活方式，例如，华丽的弗拉门戈连衣裙和1951年朴素的黑色羊毛紧身连衣裙，但其他系列则没有那么明显的西班牙风格。

他曾经是西班牙人……

巴伦西亚加与西班牙之间既有个人联系，又有职业联系，正是由于这种联系，极大地促使他在其一生的时装设计生涯中，创作了很多与西班牙相关的主题设计。在巴黎之外的地方，巴伦西亚加的生活以家族为中心，家人们在他的家庭和商业事务中扮演了重要的角色。他和他的兄弟胡安（Juan）合伙经营了西班牙的时装屋，而且曾经还雇用过他的几个侄子和侄女。他的姐姐玛丽亚·阿古斯汀娜（María Agustina）会帮忙照看他在伊格尔多的家（1985年被烧毁）。当马德里和巴塞罗那的制衣工作室开业时，圣塞巴斯蒂安的忠诚员工被派去管理。[37]在巴伦西亚加的一生中，他始终都与这些同事保持着密切联系。

即使在巴黎，巴伦西亚加也与很多西班牙人保持联系。他在乔治五世大道10号与瓦拉齐奥·佐罗罗夫斯基·达瓦维尔（Wladzio Zawrorowski d'Attainville）和尼古拉斯·比兹卡隆多合伙创办了自己的公司。达瓦维尔是一个有俄罗斯血统的法国人，他对西班牙有一定的了解，在随同巴伦西亚加去巴黎之前，曾是巴伦西亚加的同事。比兹卡隆多与巴伦西亚加一样，也是从西班牙（巴斯克）移民过去的，他在内战之前就加入了共和党，因此战争爆发时不得不逃离西班牙。[38]虽然巴黎时装屋的工作人员主要是法国人，但有时也会加入西班牙人或拉丁人，增加新的"血液"。1948年，达瓦维尔在马德里去世，之后西班牙人拉蒙·埃斯帕扎（Ramón Esparza）加入公司，接管了帽类设计工作。费尔南多·马丁内斯·赫雷罗斯（Fernando Martínez Herreros）来协助设计其他作品，并根据巴伦西亚加的模式画了很多草图（有些会用西班牙语标注），而裁缝萨尔瓦多（Salvador）则是在1948年从巴塞罗那的时装屋调到巴黎工作。显然，巴黎世家品牌的许多重要

图 11（左图） 雕塑家佩德罗·德·梅纳（Pedro de Mena，1628—1688）之后的作品，阿西西（Assisi）的圣方济各（St Francis），西班牙安达卢西亚（Andalusia），1700~1750年

这是刻画圣方济各的彩色木雕，是托莱多大教堂（Toledo Cathedral）财政部雕塑家佩德罗·德·梅纳创作的一件大作的众多版本之一。这种宗教形象在西班牙的各种大小教堂、主教座甚至私人住宅中无处不在。这种代表圣方济各的宗教服装在大街上也很常见，因为男修道士还继续穿着这种古老的服装，服装由简单的长方形和 T 字形裁片构成，材料为普通的家纺羊毛。巴伦西亚加从其造型的体量和简单的结构中获得了灵感。
V & A 博物馆馆藏号：331-1866。

图 12（右图） 斯塔龙（Staron）的黑色晚礼服——亮面长绒呢披肩和长袍，巴黎世家，1967年秋冬

披肩与修道士服装和红衣主教的斗篷在形状和体量上类似，织物的硬挺度和重量使雕塑和织物之间存在一定的相似之处，服装整体别具一格：它远离人体而不是紧贴人体。整件服装只有一条接缝线，可见，巴伦西亚加是裁剪高手。开领结构处理巧妙，经过精心塑形，硬挺度较好；而长袍为无袖设计，袍裙从肩部向下展开，前面直达膝盖，后面则拖曳至地面。由洛厄尔·吉尼斯夫人穿着并提供（请参见本书第140~144页）。
V & A 博物馆馆藏号：T.39-1974。

职位都由会说西班牙语的人士担任。

美国版《时尚》杂志的时尚编辑贝蒂娜·巴拉德（Bettina Ballard）指出，该公司的主要工作用语是西班牙语。1951年2月，她看到了巴伦西亚加在里昂火车站与其同事分离时的场景："火车鸣笛后，有一个人上了火车，向站台上的另一个人用西班牙语传达了一系列指示"[39]。纺织品生产商皮埃尔·杜查恩（Pierre Ducharne）也记得，在挑选纺织品时，巴伦西亚加会用西班牙语低声地与同事说话。[40] 也许巴伦西亚加发现用自己的母语表达更方便，而且他即使在说法语时，也带有西班牙的口音。[41] 萨尔瓦多至今还记得巴伦西亚加在时装屋时是多么的惬意，因为他在那里可以自由地表达，这可能就是为什么像伊曼纽尔·温加罗（Emanuel Ungaro）这样前途无量的服装设计天才也会被送到马德里接受几个月培训的缘故。[42] 简尼·珍妮特（Janine Janet，1913—2000）是一名橱窗设计师，她对巴伦西亚加在退休后没有定期与自己保持

联系而感到失望，但她知道，这是因为他不喜欢用法语写东西。[43] 由于他确实无法做到与身边的同事们同时用西班牙语和法语顺畅交流，所以他本人没有完全适应巴黎的生活环境，这也全在情理之中。

贝蒂娜·巴拉德是受邀前往巴伦西亚加在西班牙居住地的朋友之一，在那里，巴伦西亚加缓解了服装季设计的紧张与压力，身心得到了放松。在巴伦西亚加生命的最后岁月里，他在西班牙拥有三处房屋，在法国拥有两处：他的家人住在伊格尔多，他还有三处公寓（一处在巴塞罗那，一处在马德里，另一处在巴黎），另外在靠近奥尔良的地方还有一处房产，是1943年购买的。[44] 他最终选择的安息地是其出生的村庄吉塔里亚的墓地。贝蒂娜·巴拉德介绍了巴伦西亚加的住所以及他的好恶。巴蒂娜·巴拉德曾在巴黎度过了几个月，她对周围的西班牙环境感到震惊，她想起了1951年2月在乘坐火车旅行之后，他们曾在一间厨房吃饭的情景：

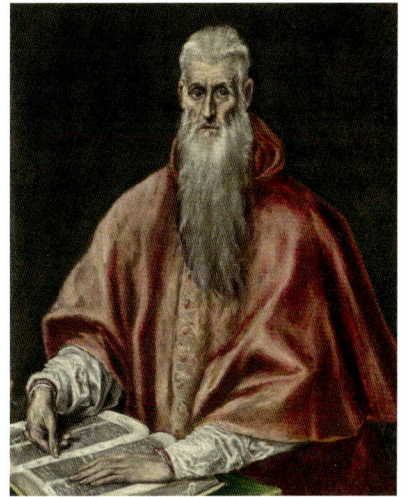

图13（左图） 斯塔龙的黑色晚礼服，为图12服装的正面

图14（右图） 画家可能是埃尔·格雷科，别名特奥托科普洛斯·多梅尼科（Theotokopulos Domenico，1541—1614），作为红衣主教的圣杰罗姆（St Jerome，1590—1600）

圣杰罗姆在这幅画中穿着红衣主教的装束：猩红色的斗篷和白色法衣，其衣着显而易见。他所穿着的那件衣服一直到今天仍然被人们穿着。斗篷的前面用一列纽扣固定。红色丝绸和白色细亚麻布都是高品质的纺织面料，与僧侣或修道士服装中采用的家纺羊毛面料相去甚远。

位于伦敦的英国国家美术馆（National Gallery）收藏。

"我们坐在一张泛着蜡光的大桌子边上，桌上摆放着漂亮的西班牙银器。我们品尝着浓郁的西班牙菜，饮着浓烈的西班牙红酒，一直聊天，直到紧张的心情得以放松，才回到房间睡觉。"[45]她发现，巴伦西亚加至今还保留着吃得晚、吃得简单的老习惯——以法国人的饮食习惯来看，这可谓是典型的西班牙人风格。正如巴伦西亚加从未精通法语一样，他也从未改变过他的饮食习惯。

在这种西班牙的环境中，巴拉德还发现了巴伦西亚加性格的其他方面，比如，他在艺术的某些方面还不够成熟：

巴伦西亚加唯一的一次观光之旅是与他的西班牙朋友（大概是比兹卡隆多）及其夫人一起去意大利。他们为巴伦西亚加的第一个设计系列提供了微薄的资金赞助。他们知识渊博且有教养，从他们那里巴伦西亚加了解了意大利的珍宝，这给巴伦西亚加留下了深刻的印象，但同时也让他有点胆怯……他对自己的国家及其艺术知之甚少。我永远无法将巴伦西亚加拖进马德里普拉多博物馆，但是……他已成为一名狂热的古董收藏家，多年来他一直珍藏着一套西班牙青铜钥匙和一套象牙材质棒接球器物（bilboquet，属于西班牙宫廷游戏用品）……他把大部分时间都花在马德里的跳蚤市场淘古董，日复一日收藏了越来越多的家具、西班牙老式地毯和珍贵的物件。[46]

巴伦西亚加尤其喜欢收集黑珍珠，这一爱好和他的朋友、同胞毕加索一模一样。[47]他收藏了大量的服装和纺织品，他去世后，巴黎世家的合伙人费尔南多·马丁内斯将其中约250件收藏品捐赠给了巴黎时尚博物馆（Musée Galliera）。[48]

按照巴拉德的设想，巴伦西亚加的知识面应该主要集中于西班牙本土艺术，特别是17、18世纪的西班牙本土艺术。然而，巴伦西亚加的很多作品又与这一假设相互矛盾。很明显，巴伦西亚加对委拉斯开兹、祖巴朗和戈雅都很熟悉——这并不奇怪，因为他的赞助人卡萨·托雷斯侯爵夫人（Marquesa de Casa Torres）收藏颇丰，旅游指南上还提到，在圣塞巴斯蒂安当地的主要博物馆里珍藏了许多这样的西班牙艺术家作品；巴伦西亚加住在距离该博物馆仅几英里的海边，这个博物馆里专门陈列他的同胞伊格纳西奥·苏洛阿加（Ignacio Zuloaga，1870—1945）的作品和收藏品，苏洛阿加的女儿恰是他的客户。[49]需要说明的是，受剧院所托，也因设计化装舞会服装所需，巴伦西亚加需要直接考察原始资料，或借助复制品来获取二手资料。[50]或许，巴伦西亚加的很多知识并非源于他年轻时通过阅读书籍或参观画廊所得，而更多得益于其丰富的实践经历与强烈的求知欲望。如果我们把这一切都归因于他的纯真感性，那么或许可以解释，为什么他的一些灵感来源，对于非西班牙人来说，总感觉雾里看花。实际上巴伦西亚加本人更喜欢收集自己熟悉的西班牙手工艺品。

在巴黎，巴伦西亚加的熟人圈中有大量的艺术家，其中很多都是在艺术品经纪商夫妇艾梅（Aimé）和玛格丽特·梅格（Marguerite Maeght）的家里结识的朋友，例如，布拉克（Braque）、夏加尔（Chagall）、贾科梅蒂（Giacometti）以及他的西班牙同胞奇利达（Chillida）、米罗（Miró）、帕拉苏埃洛（Palazuelo）和毕加索。在比顿给巴伦西亚加巴黎公寓拍摄的照片中（请参见第154页），我们可以看到，巴伦西亚加的公寓里有很多巨大的图书，其中可能夹藏着他收藏的时装图样，此外还有一些画作。巴伦西亚加喜欢海景，他有一幅布拉克绘制的油画，画面是灰色的大海和一艘小渔船，唤起了人们对坎塔布里亚（Cantabrian）海岸、恶劣的气候和巴伦西亚加本人故乡的回忆。

家庭背景

巴伦西亚加并未接受过正规的艺术教育，这与他的家庭背景息息相关。巴伦西亚加儿时的家庭环境比较普通，但并不贫穷，他在一个航海社区长大。他的父亲是渔民，也是水手。巴伦西亚加出生时，他的父亲还在担任吉塔里亚船长，并直至1898年；1901～1906年，他的父亲去世前一直受雇于当地政府，在海关管理的快艇中担任船长。夏季时节，巴伦西亚加的父亲会带着贵宾乘船旅行，其中不乏皇室成员。父亲去世时，巴伦西亚加年仅11岁，他的母亲玛蒂娜·埃萨吉尔（Martina Eisaguirre）只能靠裁缝手艺来养活一家三口。同时，他母亲还在吉塔里亚开了一个小作坊，教年轻的姑娘们缝纫，并为卡萨·托雷斯侯爵夫人等私人客户做针线活。现存最早的订单是她丈夫去世那一年，也就是1906年的订单。[51]巴伦西亚加母亲的经历使巴伦西亚加对缝纫有着特殊的感情，他后来一直珍藏着母亲当年用过的缝纫机，谁曾想这竟然成为巴伦西亚加与他未来的赞助人的会面缘由。在结束了免费的义务教育后，巴伦西亚加12岁就开始在邻近的圣塞巴斯蒂安学做裁缝。他虽然具备基本的阅读、写作、算术和教义问答能力，但确实在正规艺术教育或艺术鉴赏教育方面相对欠缺。[52]

吉塔里亚位于巴斯克地区的基普斯夸省（Guipúzcoa），是巴伦西亚加的出生地，这里也许无法提供专业艺术学习的条件。

但是，恰恰是这样一个地方，却能让他与充满国际时尚气息的大千世界紧密联系。吉塔里亚是一个不折不扣的小渔村，1897年（也就是巴伦西亚加出生后两年）其人口也不过1300人。这里的居民主要依靠传统工业（包括纺织业、造纸业、食品业和建筑业）为生，其生计还依赖渔业及其相关产业——直至20世纪50年代末依然如此，只是产值略有增长而已。[53]然而19世纪末时，吉塔里亚因其美丽的海岸线吸引了众多游客，由此产生了许多新的就业机会。来此观光的游客很多来自富有的西班牙家庭（包括王室成员），他们推动了当地旅游业的发展，使圣塞巴斯蒂安成为了沿着比斯开湾（the Bay of Biscay）比亚里茨沿线的一个温泉度假小镇。许多富有的家族因此而扎根于吉塔里亚，巴伦西亚加未来的赞助人卡萨·托雷斯侯爵夫人的家族就是其中之一，其家族宅邸（现在是巴黎世家博物馆）位于山坡之上，可以俯瞰村庄和大海。就在巴伦西亚加出生的那一年，位于吉塔里亚的圣萨尔瓦多教堂（the Church of San Salvador，请参见本书第32页）变成了国家纪念馆，对于那些注重体验当地人文风俗的游客来说，圣萨尔瓦多教堂成了必去之地。到20世纪20年代初，圣萨尔瓦多教堂成了向游客推荐的海岸沿线旅游胜地，这意味着游客首先要经过扎劳兹（Zarauz，一个迅速扩张的度假村），然后再游览苏马亚［Zumaya，画家苏洛阿加曾于1921年在苏马亚开设了一座博物馆，专门用来展示他的个人艺术收藏，苏洛阿加的工作室位于埃瓦尔（Eibar）地区，早在19世纪80年代就已远近闻名］，最终到达旅途目的地——圣萨尔瓦多教堂。[54]

圣塞巴斯蒂安是距离吉塔里亚最近的大城市，1897年人口只有3.6万人，但是到

图 15（上图） 圣萨尔瓦多教堂的内部，格塔利亚，20 世纪初期
阳光透过窗户照射进来，令人回想起巴伦西亚加年轻时参观的教堂，他的叔叔是那里的教区牧师。

图 16（下图） 吉塔里亚的坎塔布里亚渔民旅馆开业照片，1919 年 7 月 20 日
这张照片拍摄于吉塔里亚港口旁的圣萨尔瓦多教堂附近，通过照片中的乡村街道景象，可以看出当地较为贫困，但是牧师们在为新旅馆祈福时穿着的法衣却奢华无比，两者形成鲜明的对比。神父中有巴伦西亚加的叔叔朱利恩（Julián），他穿戴达尔玛提卡法衣（dalmatic）、蕾丝装饰的长袍和四角帽，这三件服饰都成为巴伦西亚加时尚女装的设计灵感。

图 17（对页图） 时尚摄影师路易丝·达尔-沃尔夫（Louise Dahl-Wolfe）摄影作品，黑色塔夫绸的连衣裙搭配杜查恩紫色天鹅绒的外套，这张未发表的照片是为《时尚芭莎》（1951 年 11 月）准备的
戴安娜·弗里兰针对巴黎世家服饰中的华丽紫色和粉色，发表了令人感慨的评论。照片中大衣的色彩就非常华丽鲜明。这件大衣采用里昂最昂贵的丝绒制成，令人想起了红衣主教和教皇的长袍，而不是卑微的修道士穿戴的服装。此外，这件大衣也是参照斗牛士的斗篷设计而成。

1950 年人口已增至 11.3 万人。[55] 圣塞瓦斯蒂安以其高档商店、酒店和娱乐场所而渐渐闻名于世。1893 年，皇室重建米拉马尔宫（Palace of Miramar），圣塞巴斯蒂安也因此成了宫廷的官方度假胜地，到 1900 年夏季，其外来人口超过 11.6 万人。随着第一次世界大战的爆发、1931 年君主制的瓦解、共和国时期赌博禁令的实施以及随后的西班牙内战，圣塞巴斯蒂安曾一度萎靡不振，但是从 1936 年末开始它又重新焕发生机，成了西班牙实质上的首都，并在战后最终成为佛朗哥政府的夏季官邸所在地。[56] 在巴伦西亚加所在的时代，每年 6 ~ 10 月来自不同国家、阶层的游客会涌入小镇，人们已经习以为常，游客中不乏法国人、英国人、阿根廷人和西班牙人［主要来自邻近省份和卡斯提尔（Castile）］……这对巴伦西亚加的一生影响深远。

因为靠近法国，所以这里有大量的法国消费者，甚至还有一些法国店主，他们中的一些人在这个城市有季节性的生意。1913 年，从法国边境乘火车到这里只需要 20 分钟，从巴黎出发则需要 11 个小时；换句话说，这里离法国比离西班牙首都更近，时间上可以少花 3 个小时。[57] 巴黎百货商店的罗浮宫百货（Les Grands Magasins du Louvre）和春天百货（Printemps），在当时的旅游指南和报纸上都被作为其西班牙的"分店"广为宣传，一些服装供应商在其媒体广告中采用英语、法语和西班牙语进行推广。[58] 巴伦西亚加在卡萨·戈麦斯（Casa Gómez）当过学徒，之后 1911 ~ 1914 年在罗浮宫百货公司工作，1913 年升任制衣部门主管。[59] 在西班

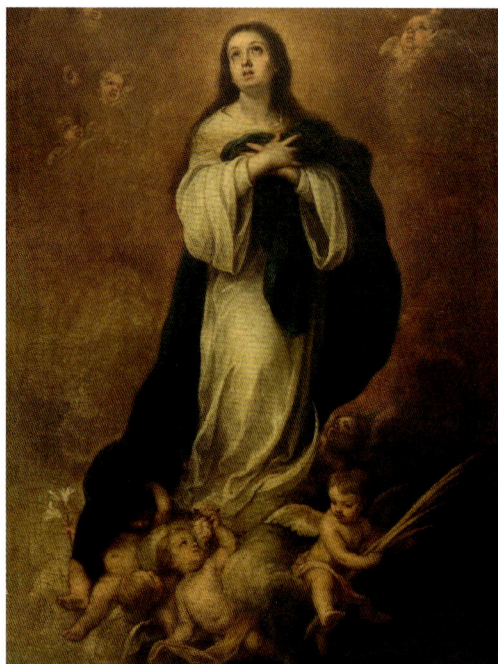

图18（本页图） 画家巴托洛梅·埃斯特万·牟利罗（Bartolomé Esteban Murillo, 1618—1682）之后，画作《圣母无原罪》（The Immaculate Conception），17世纪末～18世纪初
牟利罗是一位高产画家，创作了许多关于圣母无原罪的画作。他的工作室、追随者和后来的复制者对诸多这类图像给予了解释。在西班牙帝国，许多世代的教徒都有机会接触到这些画作，在后来的几个世纪里，这些画作成了收藏家的藏品。而圣母玛利亚身上披挂悬垂的面料，流畅飘逸，对现代时装设计具有一定的启发作用，现代时装中也再现了这种披挂悬垂的效果。
约翰·琼斯（John Jones）遗赠。
V&A博物馆馆藏号：532-1882。

图19（对页图） 菲利普·波蒂埃（Philippe Pottier）摄影作品，《巴黎时装公报》（L'Offciel）的封面，第349-350号，1951年4月4日
这套服装是对许多宗教画作，特别是对17世纪的宗教画作中衣料披挂悬垂的现代诠释。这里列举了一个案例，其服装采用了最负盛名的制造厂生产的高级丝绸，紧身裙的白色罗缎来自拉约尼（Lajoinie），外衣的红色塔夫绸则来自杜查恩。然而，巴伦西亚加通常喜欢黑色紧身裙，外搭浅色或醒目的彩色面料。
V&A博物馆馆藏号：NAL。

斯克风格，体验西班牙风情习俗……小镇居民一般会在晚上7点左右，结伴在林荫道或海滨长廊漫步。[61]

传统工艺中所蕴含的巴斯克风格、奢侈品消费的提升和国际化社会的发展，都不同程度地促进了巴伦西亚加的发展。他的家庭以传统手工艺为生，并从节日贸易中获益，巴伦西亚加的母亲甚至为那些在巴黎购物的西班牙贵族提供缝纫服务。[62]这给了巴伦西亚加学习的机会，可以学习并欣赏国际流行时尚与优秀服装作品，了解商业成功，掌握相关技能。他甚至很快得到了来自卡萨·托雷斯侯爵夫人的赞助，开始了他的职业培训。[63]

巴伦西亚加逐渐具备了对艺术的鉴赏力。在西班牙，无论是步入教堂，还是走在街上，绘画和雕塑处处可见，同样，在艺术画廊和博物馆里绘画和雕塑也比比皆是。宏伟的巴洛克教堂使小小的村庄相形见绌，教堂的内部通常有精美的礼堂和繁复的祭坛装饰。即使有些室内相对简朴，也不乏圣徒和圣母玛利亚的雕像或画作。其中一些人物形象的衣料华贵、装饰精美，如带有金属线的丝绸面料、精细的亚麻布和蕾丝。祭坛有时也会用同样的布料进行装饰，力求洁净。整个布景沉重、灰暗、复杂。当地的牧师习惯穿黑色，但在做弥撒时却衣着华丽，他们会根据礼仪日历，选用不同的颜色——白色、黑色、紫色、绿色。

在这种环境氛围中成长起来的巴伦西亚加，后来又把这些"感受"和他的朋友们分享，如好友贝蒂娜·巴拉德。当巴伦西亚加驱车带着巴拉德从圣塞巴斯蒂安南下到马德里时，巴拉德作为一个局外人，注意到了庄严与宏伟的融合。当他们经过布尔戈斯（Burgos）时，特意停下来欣赏

牙内战和第二次世界大战前后，英国游客通过海路或铁路来到圣塞巴斯蒂安，他们发现圣塞巴斯蒂安符合他们的品位。旅游运营商托马斯·库克一直把这座城市宣传为高端度假胜地，与巴利阿里群岛（Balearics）的新兴的旅游胜地相比，来这旅游的费用相当昂贵，可以从南安普敦（Southampton）、迪耶普（Dieppe）海路抵达这里，也可以从陆路抵达这里。[60]

圣塞巴斯蒂安的美丽景观、气候和休闲娱乐设施是其广受欢迎的原因。在1928年，英国的一本旅游指南曾对其这样描述：

圣塞巴斯蒂安是一个迷人的地方，海洋、山脉、小镇交织在一起。在夏季的几个月里，游泳最为适宜。宫廷人员在这里居住时，娱乐场所常常提供多元化的游玩活动。事实上，你可以在圣塞巴斯蒂安享受一流的酒店服务，逛漂亮的商店，感受里维埃拉（Riviera）度假胜地奢华迷人的巴

大教堂："风在布尔戈斯歌唱，大教堂传递出别样的温暖——不是物质上的温暖，而是源自众多身着红衣的资深神职人员，他们漫步在这座石筑的天主教堂下，气势磅礴，仿佛一起被流放。"[64]

吉塔里亚的圣萨尔瓦多教堂也有一些小规模的宏伟建筑，其外观与精美的镀金大教堂形成对比，但是给人庄严之感。教堂坐落在靠近海滨的主街道尽头，是神圣日和奉献日游行的中心（请参见本书第32页），侧面的祭坛装饰着雕塑，如悲伤痛苦的圣母雕塑，她身着黑色带风帽的长斗篷，7把银剑刺穿了心脏。显而易见，其整体氛围与布尔戈斯教堂的宏伟富丽截然不同——不难看出，当年的祭坛侍者是何等的庄严肃穆。

媒体经常引用"西班牙宗教裁判所的阴影"来类比巴伦西亚加时装屋简朴严肃、不苟言笑的氛围[65]。这种形象的描述其实具有戏剧化、夸张的成分，是为了吸引大众，激发大众的想象，难免会对西班牙有先入之见和刻板印象。当然，巴伦西亚加似乎一生都信奉天主教，曾想过追随他的叔叔朱利恩·巴伦西亚加（Julián Balenciaga）成为一名神父[66]。然而，他发现适合自己的职业应当是制作服装。他在伊格尔多家中的卧室摆放了一个巨大的彩色十字架，旁边是圣母与圣约翰。根据他的朋友、教区牧师、告解神父罗伯特·皮耶普鲁（Robert Pieplu）的说法，巴伦西亚加是一位"苦恼的男士，被人生计划、外在看法和工作观念所困扰"。[67]设计师安德烈·库雷热（André Courrèges）记得，每天至少可以听到一次巴伦西亚加办公室大门的开启与关闭的声音，说明此刻他正离开工作室前往马尔索大道（the Avenue Marceau）的教堂祈祷[68]。巴伦西亚加在巴斯克地区伊格尔多居住时，积极参与教会活动，并会为当地的神父至少制作一件法

衣[69]。他还代朋友玛格丽特·梅格为普罗旺斯高地（Haute-Provence）的一座小教堂里的圣罗斯琳（St Roseline）雕像制作了一件长袍，并向梅格基金会（Maeght Foundation）捐赠了一件可追溯至12世纪的罗马—西班牙基督像[70]。为了教会的利益，巴伦西亚加利用自己作为服装设计师和古董收藏家的身份，为他所熟知和崇敬的宗教艺术做出贡献。在轶事趣闻方面，巴伦西亚加曾用幽默的方式讲述自己想与设计师香奈儿见面。香奈儿在她那个时代以"花枝招展的女性"而闻名。巴伦西亚加袒露过这种想法，但神父曾警告过他不能有此举措，但是他无视了这个警告[71]。

一种宗教气氛弥漫在巴伦西亚加的工作场所，正如时尚编辑巴拉德所报道的："乔治五世大道上的高级时装屋有一种修道院的气氛，由身为女修道院院长的董事蕾妮小姐（Mademoiselle Renée）主持事务。"[72]设计师库雷热将这种工作室描述为"纯白、朴实无华且非常安静。人们窃窃私语，踮着脚尖走路，甚至客户也低声细语"[73]。珀西·萨维奇（Percy Savage）回忆道：

"巴伦西亚加看上去不是很快乐，他是非常安静的人……是的，他相当严厉，也相当虔诚。他总待在时装屋，穿着白色的罩衫。他几乎不见任何私人客户，客户只和女售货员打交道。他会在受邀参加的宴会上与私人客户见面，例如，西班牙文化专员曾邀请巴伦西亚加参加晚宴，参会者是六对西班牙或南美的夫妇或情侣。巴伦西亚加只和他们见面，不一定要卖他们服装。这不是他的工作，他只是设计和制作服装。他也是裁缝高手，其裁剪、缝纫技术无可挑剔。"[74]

从照片中可以明显看出，店铺重新设计后于1948年在巴黎开业，比工作室装饰更为精致却有些令人望而却步：深红色西班牙高背皮革椅子，深色木桌与橱柜，镀金壁灯和大吊灯，黑白相间的瓷砖地面，临时铺上的西班牙地毯。在这座典型的法国建筑内可以感受到西班牙风情（请参见本书第三章）。参加过沙龙的人都记得，电梯尤其让人紧张不安。1960年，记者艾莉森·阿德伯汉姆（Alison Adburgham）写道，"巴伦西亚加的古董电梯吱吱作响地上升"（请参见本书第99页），巴黎高级时装公会如果汇集所有的演出，那么人们将会非常怀念这部电梯。30年后，阿德伯汉姆仍清晰地记得去那所房子的经历："非常简朴。电梯（入口处铺着黑白瓷砖，里面有几张沉重的西班牙大理石台面桌子）缓慢升降，电梯内铺有红色皮革，像维多利亚时代的扶手椅一样。"[75]事实上，这是装饰大师克里斯托·贝洛斯（Christos Bellos）以一辆18世纪轿车的座椅为灵感而设计的。[76]

根据巴拉德的说法，巴伦西亚加的所有住处都是"简朴的，几乎是朴实无华的"[77]。位于伊格尔多的房屋照片证实了这种说法：墙壁是白色的，较少的绘画作品；为数不多的几幅画由厚重的镀金画框装裱而成；家具皆由深色木制作；锻铁、银质的烛台与多彩厚重的宗教图像表明巴伦西亚加偏爱立体艺术品。正如休伯特·德·纪梵希所言，巴伦西亚加的法国住宅和乔治五世大道10号一层的高级定制时装沙龙完全是法国品位，展示了他喜欢的装饰和收藏。[78]。简而言之，巴伦西亚加对环境的选择如其作品一样，兼顾法国与西班牙的美学模式。

塞西尔·比顿指出巴伦西亚加的悲观情绪："从巴伦西亚加对女性、时尚和现代社会的评论后面，人们可以感受他那坚定、鲜明的悲观情绪。事实上，这可能是巴伦西亚加具备独特创作能力的基石。因为根植于悲观主义的设计能力不会消亡。"[79]巴伦西亚加的悲观主义和宗教信仰可能给人留下一种印象——他没有幽默感。记者与他的朋友对这个问题有不同的看法。他的设计搭档费尔南多·马丁内斯·赫雷罗斯表示，他是一个爱笑的人，但情绪波动较大，是一位严厉的领导者。普鲁登斯·格林曾惊讶地发现巴伦西亚加非常有趣：他的眼睛神采奕奕，乐于讲述自己的故事，对自己说三道四。其设计作品大气流畅，但也不乏古怪奇特，有时还具有冷酷、幽默感。从许多方面可以看出，巴伦西亚加是一位工作努力勤奋的设计师。对大多数人而言，他严肃又认真。伴随巴伦西亚加不断发展的事业和逆流而上的能力，表明他是一位独立、果敢的人。

对巴伦西亚加的生活背景巴斯克地区进行的简要评述，突出了他一直受益于故土及其传统，强调了他早年对遥远世界的认识。虽然他对巴黎的适应并不像一些作家所暗示的那样激进，也没有与西班牙彻底决裂，但是这并没有改变他对勤奋工作的痴迷，也没有阻碍其在所选择的职业上的不断进步。事实上，巴伦西亚加对新环境的适应能力和对时代的认识与其设计能力的逐步提升密切相关。巴斯克地区不是他唯一的设计灵感来源，西班牙也不是。正如同"环球巴斯克"那样，巴伦西亚加在时空层面看得更远。[80]在探索不同文化的过程中，他遵循着16世纪探险家胡安·德尔·卡诺（Juan del Cano）所确立的传统，后者的雕像俯瞰吉塔里亚村。两人的住址都位于伊比利亚半岛（the Iberian Peninsula）北部海岸，两人也都得益于此并从西班牙向外探索，追寻美洲、北欧的财富。

在艺术与现实之间：
斗牛士夹克、马尼拉披肩和曼蒂拉纱巾

巴伦西亚加的作品体现了设计师对各种材料和视觉文化的迷恋，其中包括三件典型的西班牙节日服饰——斗牛士夹克（chaquetillas）、马尼拉披肩（mantones de Manila）和曼蒂拉纱巾（mantillas）。每一件都展示了他对织物的喜爱：丰富的刺绣、轻盈的蕾丝、色彩的明暗对比，也表明了他将西班牙传统文化转化为国际化现代时尚的天赋。有时他的转化很直接大胆，而有时则很微妙——就像他的一些设计灵感来源一样。

虽然巴伦西亚加一生都被与这三件节日服饰相关的绘画、图形和摄影所包围，但是他知道这些服饰的实际情况，理解它们在西班牙的文化意义。它们引起了20世纪早期本地和海外民族志学者、摄影师和画家的极大兴趣，随着现代城市的社会习俗影响农村地区，这些人开始记录和收集一些而正在消失的物质文化。并以书籍形式出版，还在新建的博物馆展出相关的照片和绘画，如圣塞巴斯蒂安的圣泰尔莫博物馆（the Museo San Telmo）和美国纽约的西班牙裔协会博物馆（the Hispanic Society of America）。[1]

斗牛士夹克

巴伦西亚加在其整个职业生涯中都在对西班牙斗牛士表演套装的短夹克进行改造、诠释及反复演绎。尽管如此，他还是对这项运动表示反感，[2]在他出生前的几年间，这项运动已有了很大的发展。[3]那时，斗牛已经成为一项全国性运动，按照季节、日历（4~10月）进行组织，人们付费参加。它的主角通常出身卑微，有的渴望财富和名望。在君主制下，国家支持斗牛，佛朗哥政权鼓励斗牛者庆祝国家节日和活动，例如，1906年阿方索十三世（Alfonso XIII）的婚礼和1937年毕尔巴鄂的解放。[4]

苏洛阿加等成功的艺术家描绘了斗牛运动中的色彩和戏剧效果，也刻画了身着套装的著名斗牛士。斗牛士的装饰性海报张贴在公共竞技场，据说圣塞巴斯蒂安是第一个在1883年以这种方式做广告的城市。[5]他们还通过

图20（对页图）工作室设计草图，款式编号：99，1962年秋冬位于巴黎的巴黎世家档案馆（Archives Balenciaga）收藏。

图21（左图）　海报广告，宣传1964年在巴塞罗那托罗斯纪念碑广场（the Plaza de Toros Monumenta）举办的斗牛表演
作品由约翰·贝茨（John Bates）的遗孀提供。
V&A博物馆馆藏号：722-1984。

图22（右图）　蓝色天鹅绒的波莱罗上衣（Bolero，前胸敞开的女用短上衣），黑色毛毡与天鹅绒贴花装饰，镶嵌着黑色珠子
服装由巴伦西亚加的西班牙缪斯、客户和朋友——玛丽亚·松索尔·德伊卡萨·德莱昂（María Sonsoles de Icaza y de León）、兰佐尔侯爵夫人穿着。
兰佐尔侯爵夫人收藏，感谢巴黎世家基金会。

图23（对页图）　刺绣丝绸披肩，带有打结的丝绸流苏，中国广州，1880~1920年
这是一件精细的披肩，其尺寸适合缠绕人体，它几乎呈正方形，140 cm×148 cm，由N.伊里夫人（Mrs N. Iliffe）提供。这是她母亲匹克索恩夫人（Lady Pickthorn）的收藏品。
V&A博物馆馆藏号：FE.29-1983。

明信片、雪利酒瓶标签、香烟纸包装以及国家和专业的斗牛媒体，进入西班牙（和其他）家庭。甚至连《时尚》杂志也对他们刮目相看。[6]到了20世纪50年代末，电视将斗牛场面展现给西班牙各地的家庭；到了20世纪60年代，彩色摄影已经取代了黑白摄影，当时，艾娃·加德纳（Ava Gardner）是巴黎世家的客户，她的情人路易斯·米格尔·多明古（Luis Miguel Dominguín，1926—1996）仍然是竞技场上的明星，而埃尔·科多贝（El Cordobés，生于1936年）则是一位年轻的希望之星。

如巴黎世家的服装一样，表演套装光明衣是定制的，像手套一样合身，保护穿戴者，给观众留下深刻印象。表演套装由18世纪的礼服演变而来，包括紧身及膝马裤（taleguillas）、短夹克（chaquetilla）、斗篷

（capote）和独特的黑色斗牛士帽子（montera）。[7]奢华的刺绣和流苏与鲜艳的丝绸面料形成对比。短夹克、斗篷和帽子服饰装饰，都被认为是西班牙文化中典型的男性元素，这些都被巴伦西亚加融入设计中，经过重新诠释以适合其女性客户，作为各大上流社会的晚会着装。

马尼拉披肩

妇女们作为观众身着节日盛装，参加斗牛表演，其盛装通常由两种西班牙服饰组成：马尼拉披肩和曼蒂拉式蕾丝纱巾。这两种服饰在西班牙各地都很流行。在巴伦西亚加年轻的时候，这种搭配并不特别，一般用于节日、舞会和成人仪式，如婚礼和洗礼。马尼拉披肩是一种有刺绣装饰的流苏披肩，壁画《塞维利亚：舞蹈》（*Seville: The Dance*）因有马尼拉披肩而极富神韵和活力。这幅壁画是1915年瓦伦西亚·乔昆·索罗拉（Valencian Joaquín Sorolla，1863—1923）为美国纽约的西班牙裔协会博物馆绘制的。马尼拉披肩是西班牙首都马德里当地的传统服饰，非常典型。[8]

马尼拉一词源于菲律宾首都马尼拉（Manila），1565～1898年，马尼拉一直是西班牙的殖民地，也是中国和西班牙之间的一个重要中转站。18世纪末～19世纪初，菲律宾皇家公司从马尼拉带来了刺绣品。[9]马尼拉披肩（字面意思是"大斗篷"）是长80～180cm的大方块面料，沿对角线折叠，可用来包裹女性身体。马尼拉披肩选用白色或亮色的丝绸制成，上面装饰各种图案，如中国风格的人物、花卉、龙和亭台楼阁，此外还

图24（本页左图） 华金·索罗拉·亚巴斯蒂达（Joaquín Sorolla y Bastida，1863—1923）绘画作品，《西班牙的愿景：塞维利亚之舞》（Visions of Spain：Sevilla, The Dance），1914年
西班牙裔协会博物馆收藏。

图25、图26（本页右图及对页图） 丝绸短款晚礼服或鸡尾酒会礼服，由法国巴黎莱萨基刺绣工坊绣制，1962年
这件礼服是巴伦西亚加1960年夏季系列（款式编号：220号）中一件长款晚礼服的改版。原长款晚礼服上刺绣了繁复的图案，素色的未绣花的饰带飘逸垂下，整体搭配和谐。相比之下，这件礼服看起来较短，好像有意缩短。然而，里面的装饰符合高级定制的标准，刺绣格外凸显。
服装由贝琳达·布莱沃·琼斯（Belinda Blew Jones）穿着并提供。
V&A博物馆馆藏号：T. 27-1974。

有西班牙的花卉图案。其图案的刺绣是在中国完成，通常被送往广州制作，力求符合市场需求。当送达西班牙时，常常会在安达卢西亚（Andalusia）补上长流苏。然而，在20世纪20年代这种披肩的刺绣也在塞维利亚的博尔达多斯·福隆达（Bordados Foronda）完成。近年来这种披肩在时尚圈里特别受欢迎，将披肩沿对角线折叠后包裹人体，其着装方式类似于巴伦西亚加的导师、时装设计师玛德琳·维奥内特（Madeleine Vionnet，1876—1975）斜裁的连衣裙。

巴伦西亚加在1960年夏天为一件合体的晚礼服设计了贴身图案，其中采用了法国巴黎莱萨基（Lesage）刺绣工坊绣制的色彩鲜艳的中国风格花卉刺绣图案。两年后，同样的独家设计运用于兰姆顿子爵夫人（Viscountess Lambton，1921—2003）的短鸡尾酒会礼服或午后礼服。

曼蒂拉纱巾

从16世纪开始，曼蒂拉纱巾（字面意思是"小披肩"）就已经成为头部和肩部的覆盖物。它们通常由进口的昂贵蕾丝制成，可以将它们平整地戴在头发上或用

图27（左图） 弗朗西斯科·德·戈雅绘画作品，《多娜·伊莎贝尔·波塞尔》（*Doña Isabel de Porcel*），1805年
位于伦敦的英国国家美术馆收藏。

图28（右图） 安娜·图杜兹（Anaïs Toudouze）绘画作品，《女士顾问》（*Le Conseiller des Dames*）手工着色版画，约1850年
作品由沃斯时装屋提供。
V&A博物馆馆藏号：E.22396：399-1957。

图29（对页图） 塞西尔·比顿摄影作品，采用丝织物与蕾丝制作的晚礼服，源自巴黎世家1962年2月系列作品，1971年
V&A博物馆馆藏号：T.28-1974
（细节详见本书第45页）。

梳子固定。最初，它们被视为天主教谦逊的标志，受到特定礼仪的约束，可以将纱巾蒙在脸部和披在肩上，借助特定的面部表情和手势（包括通过整理披肩）来体现优雅。纱巾是女人衣橱的重要服饰，它是女性从孩子到成人、从未婚到已婚的成长过程中收到的礼物之一，并成为重要仪式和社交活动中的必备品。[10]巴伦西亚加的家人和朋友都披戴曼蒂拉纱巾，从巴伦西亚加的设计中可以看到，无论是选用透孔织物与鲜明的纯色，还是束紧、悬垂轻盈的织物，他对其组合效果都具有敏锐的认识。

19世纪中期，在西班牙以外的地方，曼蒂拉纱巾已成为西班牙戏剧服饰、化装舞会服饰或时髦服饰的代名词，这可能是由于北欧人对西班牙绘画比较熟悉，这些绘画早在拿破仑战争（1803～1815年）时期就传到了英国和法国，其中包括弗朗西斯科·德·戈雅（Francisco de Goya，1746—1828）创作的西班牙贵族肖像，他的贵族侍从经常穿着改良的玛雅服饰，这种服饰很流行，是18世纪晚期西班牙身份的一种象征。[11]这种服饰以黑色蕾丝为特色，搭配对比鲜明的颜色或腰带，同时，与曼蒂拉纱巾相组合，并且这种纱巾以不同的形式出现在巴伦西亚加的晚装中。

西班牙的伊莎贝尔二世（Isabel Ⅱ，1830—1904）就十分喜爱曼蒂拉纱巾，直至1870年她流亡法国。20世纪30年代，何塞·奥尔蒂斯·埃查格（José Ortiz Echagüe）在巴斯克地区拍摄的许多照片中，都能看到曼蒂拉纱巾。[12]当时作家伊恩·佛莱明（Ian Fleming）的夫人、英国客户安·查特里斯（Ann Charteris，1913—1981）穿了一件长及地面的晚礼服，这是巴伦西亚加在1962年创

造性地使用黑色蕾丝的缩影。这件礼服有撑架结构，上面使用了三种不同质地的面料：哑光奶油色丝织物、机织透孔的曼蒂拉蕾丝纱巾和黑色缎带。晚礼服下面是束腰褶裥裙，裙子的体积和质地与祖巴朗绘制的僧侣束身服装相似，但是上身的蕾丝却非常精致，让人不禁想起戈雅绘制的女侍从的装束。装饰性褶边突出了身形，显现出头部、颈部和肩部的优美线条。再搭配一条黑色缎带，刚好遮住腰部的连接处，此外，还采用相同的闪亮缎带制作了三个蝴蝶结，并按照水平高低位置装饰在上身，透过蕾丝，里面的面料或隐或现。

图30～图32（本页图、对页图） 采用丝织物与蕾丝制作的晚礼服，巴伦西亚加作品，1962年2月

这件晚礼服采用了轻盈透气的蕾丝，将其覆在较为结实的哑光丝织物上，表明了巴伦西亚加对于不同材质对比情有独钟，同时，也乐于借鉴不同画作与材料。

服装由伊恩·弗莱明夫人（娘家姓安·查特里斯）穿着并提供。

V&A博物馆馆藏号：T. 28-1974。

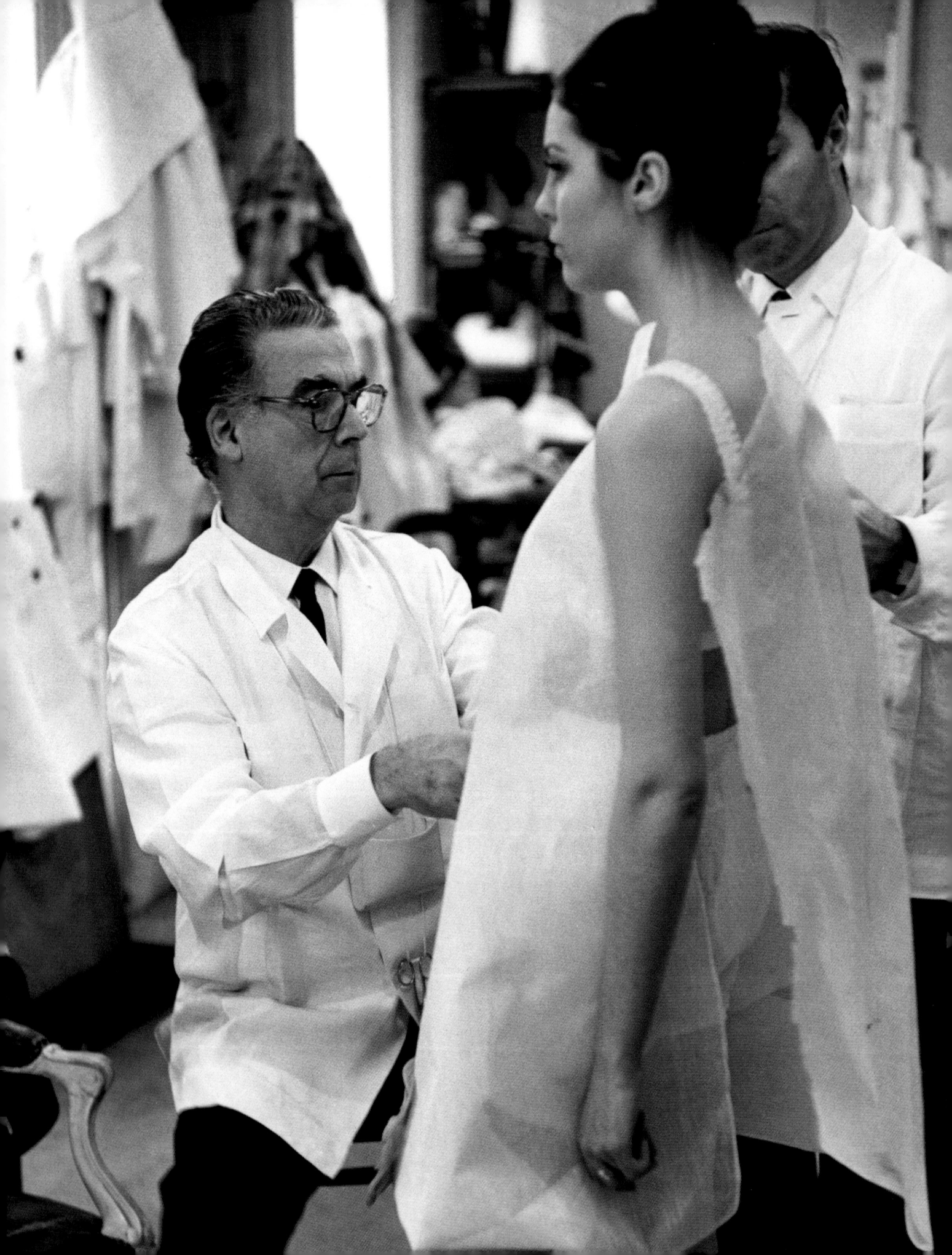

第二章

从面料到
收藏品

巴伦西亚加在其作品中展示了法国的精致和西班牙的力量。他的服装既优雅又稳重：像它们的创造者一样，既有王者风范，又平易近人。巴伦西亚加没有展示任何令人震惊的变化过程。他缓慢而又细致地推动事业发展。[1]

—

塞西尔·比顿，1954年

工作室里简单地摆放着普通的木制家具；架子上挂着记录模特与面料的表格，并存放了成卷的面料。其他工作人员同巴伦西亚加一样，在制作服装或试衣时，会穿着白色的防护外衣，但女主管和女店员则穿着黑色的服装。在这张照片中，巴伦西亚加正在一位时装屋的模特身上调试连衣裙，使其合身，他的助手拉蒙·埃斯帕扎（1918—2005）则在一旁观看。

根据比顿对巴伦西亚加设计过程本质的观察——巴伦西亚加长期酝酿构思，通过动手进行材料实验，确认其与时装设计师自己的观点相符，并经常向他的朋友、合作者瑞士纺织生产商——古斯塔夫·扎姆斯泰格（来自亚伯拉罕家族）阐述这些观点。其实，扎姆斯泰格比比顿了解得更为深入，他强调了必备技能：一个好的服装设计师必须同时是建筑师、雕塑家、画家、音乐家和哲学家，知道如何规划、塑型、选色、使各部分之间保持和谐与恰当的比例，能处理各种不同的问题。[2]

在实践过程中，巴伦西亚加在工作上面面俱到，可以胜任诸多工作，如绘制草图、挑选、裁剪、缝制、搭配配饰、监督每一季系列作品的完成，甚至训练指导时装模特，对人体模型也有很高的要求。他在比例、合体性、制作和展示上力求完美，对服装有严格的标准，只要不达标就拆开重做。巴伦西亚加沉浸在设计过程的点点滴滴中，其结果是——正如比顿所暗示的那样——他的产品线呈渐进式发展，而不是突飞猛进，但是能抓住每一季的亮点。

在巴黎的三十年间，巴伦西亚加去繁就简，塑造了如雕塑一般的简洁形式。他

从19世纪的传统建筑技术中获得灵感，进行创新和实验，并于1967～1968年采用轻薄的真丝面料制作婚礼服和晚礼服，达到了创作的新高度。[3]其礼服裁剪巧妙，接缝和省道极少。

许多服装创新取决于纺织技术。由于巴伦西亚加常选用较为硬挺结实而非柔软飘逸的材料，故服装显出力量感，这也许源于他接受过裁缝方面的学习训练。在其整个职业生涯中，尽管巴伦西亚加在逐渐改变，但其设计中的某些特征仍然经久不变，如他对法国时装、英国裁缝、西班牙服饰、历史服装和教会法衣的借鉴与依赖。本章立足于时尚记者对巴伦西亚加创新的赞誉，从中捕捉其设计演变过程中的主要发展脉络，梳理其时尚哲学、设计来源与设计成品之间的联系。我们没有办法绘制巴伦西亚加一个系列到另一个系列的渐变过程或全部毕生之作，但可以根据文中V＆A博物馆的藏品找到一些关键因素。[4]

线的演变

时尚记者们的诀窍是将超过200件的服装系列归纳为一些具有革新性或适销性的亮点和款式。他们意识到了巴伦西亚加

图34（左图） 羊毛罗缎定制套装，1912年
该套装包括夹克、紧身胸衣、黑色羊毛裙以及一件黑色真丝绉衬衫，配以带褶边的蕾丝硬领。套装完全采用手工制作，是已知的时间最早的巴伦西亚加服装，也是当时套装定制的典型代表。这是萨尔瓦多·埃加尼亚·巴伦西亚加（Salvadora Egaña Balenciaga）在她蜜月时的着装。
位于吉塔里亚的巴黎世家博物馆收藏（博物馆馆藏号：CBM 1998.01 adef）。

图35（右图） 黑色塔夫绸晚礼服，EISA B.E.商标，约1935年
这是仅存的几件带有EISA商标的服装之一。这让人想起巴黎女装设计师维奥内特的设计，巴伦西亚加在20世纪20～30年代曾从维奥内特那里购买服装。图中的这件晚礼服从剪裁、结构和后整理上都显示出巴伦西亚加掌握了精湛的服装制作技术。设计师利用两块大的斜裁嵌布塑造出丰满感，利用从颈部到胸部的垫衬营造出空间感。以前这件作品归塞诺拉·多明格斯·德·阿尔比德（Señora Dominguez de Arbide）所有。
位于吉塔里亚的巴黎世家博物馆收藏（博物馆馆藏号：CBM 2006.85）。

的价值，但经常发现很难将其作品归类，因为巴伦西亚加的风格不会随季节而显著变化，他也不给自己的服装款式起时髦的名称。正如西莉亚·伯廷（Celia Bertin）在1956年指出的那样：

这位西班牙裔服装设计师的风格呈现为一个封闭的世界，与日常生活没有明显的联系，他甚至不太注意巴黎人的外形和面貌，但却总是稍稍领先于流行时尚……从一个系列到另一个系列，巴黎世家似乎保持不变。每一次，当你认识到并重新发现他的风格的连续性时，它都是如此令人印象

深刻，以至于一开始你就忘了看是什么改变了。但他肯定已经进步了。[5]

总的来说，巴伦西亚加戏剧性的色彩组合和纹理效果吸引了人们的注意。在20世纪30年代末和整个第二次世界大战期间，他的服装表现出与同时代人的服装非常相似的特征。就日装而言，他早期系列中的西服和外套剪裁精巧，平肩、腰身合体，与当时流行风格保持一致，同样，其蓬裙风格的晚礼服［源于法国第二帝国（1852—1870）时期］与苗条纤瘦的模特也符合当时的潮流。战争期间和战后，尽管纳粹占领了巴黎，并限制人们使

图36（左图）亨利·克拉克（Henry Clarke）摄影作品，简型套装，刊载于《费加罗报专辑》（*Album du Figaro*），1950年，第25页

简型系列于1947年问世，在接下来的12年里一直在巴伦西亚加的作品系列中占有一席之地。这是巴伦西亚加1950年秋冬早期作品，采用H.莫罗（H.Moreau）的面料制成。H.莫罗是"二战"后巴黎的一家精细毛织物供应商，向服装设计师提供面料。

用面料和装饰，但是巴伦西亚加仍然继续设计经典的日装和引人注目的晚礼服。[6] 他的一些作品照片展示了实用的定制套装，特点是平肩、腰身合体、裙摆刚好在膝盖以下。与饰带或腰带相比，纽扣和装饰更好地体现了服装的细节和差异。从1946～1947年，其服装的肩线开始变斜，而裙长也同时开始变长。

20世纪40年代后期的服装风格预示着20世纪50年代巴黎时装将分为两大阵营。第一阵营支持迪奥的季节性生产线，强调将女性身体塑造成奇怪的几何形态，甚至借助不断变化的紧身衣来塑型，从而产生各种造型，如倾斜型（the Oblique，1950年）、郁金香型（the Tulip，1953年）和纺锤型（the Spindle，1957年）等。这一阵营受到日益增长的商业主义的影响，新技术促进了战后的发展，使成衣生产商能够仿制高级时装作品，加速生产。第二阵营以巴伦西亚加和香奈儿（1954年后）的日装为代表，这一阵营更乐于逐渐拓展产品线，创造经典、永恒的款式。他们的服装更便于穿着，可以随身体移动而移动且不会呈现不自然的形态。然而，这些设计师的晚礼服往往掩盖了其日装更实用的本质，并与两个阵营设计风格完全不同的观点相矛盾。巴伦西

图37（对页右图） 马塞尔·弗罗门蒂（Marcel Fromenti）绘画作品，巴黎世家的灰色羊毛定制套装，为《女士》（The Lady）杂志所做的原创艺术作品，1953～1954年

这幅图很好地展示了青果领、配腰带的套装剪裁，不仅表现了纤细苗条的廓型、七分袖，而且还展现了具有塑型作用的省道和分割线：省道从腰至胸，分割线从肩至袖口。

由《女士》杂志编辑提供。

V&A博物馆馆藏号：E.1542-1954。

图38（本页图） 亨利·克拉克摄影作品，鲜红色亚麻布丘尼克束腰外衣，法国版《时尚》杂志（1955年4月）

丘尼克束腰外衣系列于1955年春季首次亮相，面料采用适合夏季穿着的轻薄织物。《时尚》杂志曾对其这样描述："巴黎世家出品。面料采用鲜红色的亚麻布，在背后交叉系扣，正面呈现平整的丘尼克束腰外衣造型。这条裙子也采用了交叉设计，使后面造型统一。"这种风格的典型特征是：整体造型苗条修长，背后局部略微宽松，七分袖。同年，巴伦西亚加向纽约大都会艺术博物馆（博物馆馆藏号：C.I.55.60a-c）捐赠了一件相同的服装。这件服装采用黏胶、丝和亚麻的混纺面料制作而成。

亚加在设计日装时力求舒适，但在设计晚礼服时却充分发挥自己的想象力，他很乐意在服装内部使用束身衣和结实的衬裙，并用其他立体装饰材料覆在表面。

由于巴伦西亚加并没有像迪奥那样在每一季都推出一个新命名的产品系列，因此媒体不得不自己创造一些他们觉得适合的名字，而且从20世纪40年代末开始，他们每隔两三年就要这样做。1947年，巴伦西亚加的产品成为迪奥"花冠"（Corolle）系列［也被称为新风貌（New Look）］的主要竞争对手，它们在同年二月的杂志中占有同等重要的地位。之后，

"花冠"系列似乎没有受到任何威胁，只是当时巴伦西亚加非常质疑其霸主地位。事实上，《时尚芭莎》认为，相比巴伦西亚加早前推出、随后被迪奥倡导的"长款、窄腰、圆臀外套"，他的腰部宽松、仅下摆收身的宽大布袋式外套或酒桶型外套更具创新性。[7]尽管巴伦西亚加推出了宽大短外套，但是他并没有完全放弃合体外套，在其20世纪50年代的设计系列中可以同时找到这两种风格的案例。他的许多套装中不乏合体、收腰的外套，内搭巴斯克紧身衣，从1947～1951年或1952年，开始搭配越来越长的裙子。全背弯曲成前

开口的茧型外套（1947年2月）和箱型外套（1949年10月）遵循同样的设计原则。这些外套都是中长休闲大衣，廓型宽松，预示着巴伦西亚加20世纪50年代的重大设计创新：1951年水手服式，1955年丘尼克式（请参见本书第53页），1957年的布袋式或衬裙式（请参见本书第74、75页），1958年的帝政式（请参见本书第95页）。从一个廓型到下一个廓型，其发展有目共睹。这些款式都代表了对传统腰部强调的一种背离。不强调收腰至某一程度，服装的设计重心发生了改变，水手服女装的设计重心转移到臀部，帝政式女装的设计重心转移到胸部。丘尼克女装和布袋式女装彻底消除了腰部曲线，让人不禁想起20世纪20年代巴伦西亚加早期的管状式女装。

英国时尚作家对丘尼克女装反应迅速。丘尼克女装令英国杂志《时装业》（*Draper's Record*）的吉恩·盖斯特（Jean Guest）万分欣喜，他认为巴伦西亚加1955年8月的系列作品"延续了其上一季漂亮、简练的系列，但又有点变化和宽松"。[8]然而，《标准晚报》（*Evening Standard*）的吉尔·克雷吉（Jill Craigie）却感到无比苦恼费解。改变细腰、宽裙的造型是如此显著，令人无法理解，这需要对伦敦一些最具影响力的时尚人士进行快速调查，以确定他们的反应。她毫不惊讶地发现只有《哈罗德》（*Harrods*）杂志的新闻编辑兼时尚顾问劳里·牛顿·夏普夫人（Mrs Laurie Newton Sharp）会被最新的时尚所吸引。[9]尽管如此，丘尼克女装还是很快就被采用了。《时尚》杂志1955年10~11月出版的纸样书用了整整六页的篇幅来描述它及其各种形式，这对于任何一种新的风格来说都是非常罕见的报道。

到了20世纪50年代末，巴黎世家的套

装已经发展成了许多款式：上衣有长有短，有合体也有后背宽松；袖子有长袖、七分袖与八分袖。这个时期其裙子通常较为修身，到了20世纪60年代，裙长一直在膝盖以下徘徊，也会因流行时尚或穿着者的年龄而缩短至膝盖以上。《时装业》杂志在1950年8月指出，巴伦西亚加的系列作品赢得了普遍认可，他的服装是"为那些不希望仅仅领先两步，而是领先三步的人准备的"。[10]在20世纪50年代末，即1958年7月，《每日快报》（*Daily Express*）在评论帝政式对时尚的影响时指出，它源于巴伦西亚加的上一季系列，"这也是老故事。对巴伦西亚加来说足够好的东西，对其他大多数法国设计师来说也是足够好的东西。"[11]同样在这一年，由于巴伦西亚加为法国时装业、法国经济贡献了20年，故获得了法国公民的最高荣誉——法国荣誉军团勋章。[12]

在20世纪60年代，巴黎世家的风格总体上是对前30年风格的借鉴与改进。创新之处是材料运用，包括对合成材料和天然材料的运用。20世纪50年代末，巴黎时装界出现了新材料——各种马海毛纯纺织物与混纺织物，由纺织品供应商兹卡·阿舍尔（Zika Ascher，1910—1992）推出。早在1957年的英国媒体报道中，新材料就引起轩然大波，巴伦西亚加是最早使用这种新材料的设计师之一。他在1957年2月和10月的作品系列中，推出了轻盈、蓬松、高腰的马海毛连衣裙。美国版《时尚》杂志将粉色马海毛裙子描述为"仿佛泡泡浴中的泡沫，有着不易察觉的温暖"（请参见本书第95页）。[13]1964年11月，巴黎世家"帕帕查"（Papacha）外套登上了法国版《时尚》杂志的封面（请参见本书第59页）。其面料采用马海毛和羊毛一簇簇手工织成，非常轻，但很蓬松。面料表

图39（对页图）欧文·佩恩（Irving Penn）摄影作品，身穿褶裥大衣的丽莎·冯萨格里夫斯·佩恩（Lisa Fonssagrives Penn），1950年秋冬系列，刊登在法国版《时尚》杂志

这款米色羊毛混纺面料制作的大衣保存于纽约时装学院（the Fashion Institute of Technology in New York，博物馆馆藏号：72.81.23），大衣由烟草大亨女继承人多丽丝·杜克（Doris Duke，1912—1993）订购和穿着。大衣结构非常简单，但凸显了强烈的戏剧效果，其结构借鉴了廓型为T型的日本和服。大衣褶裥明显，袖内用一条丝带从袖上部开始（从领口到袖口）在适当的位置固定褶裥。

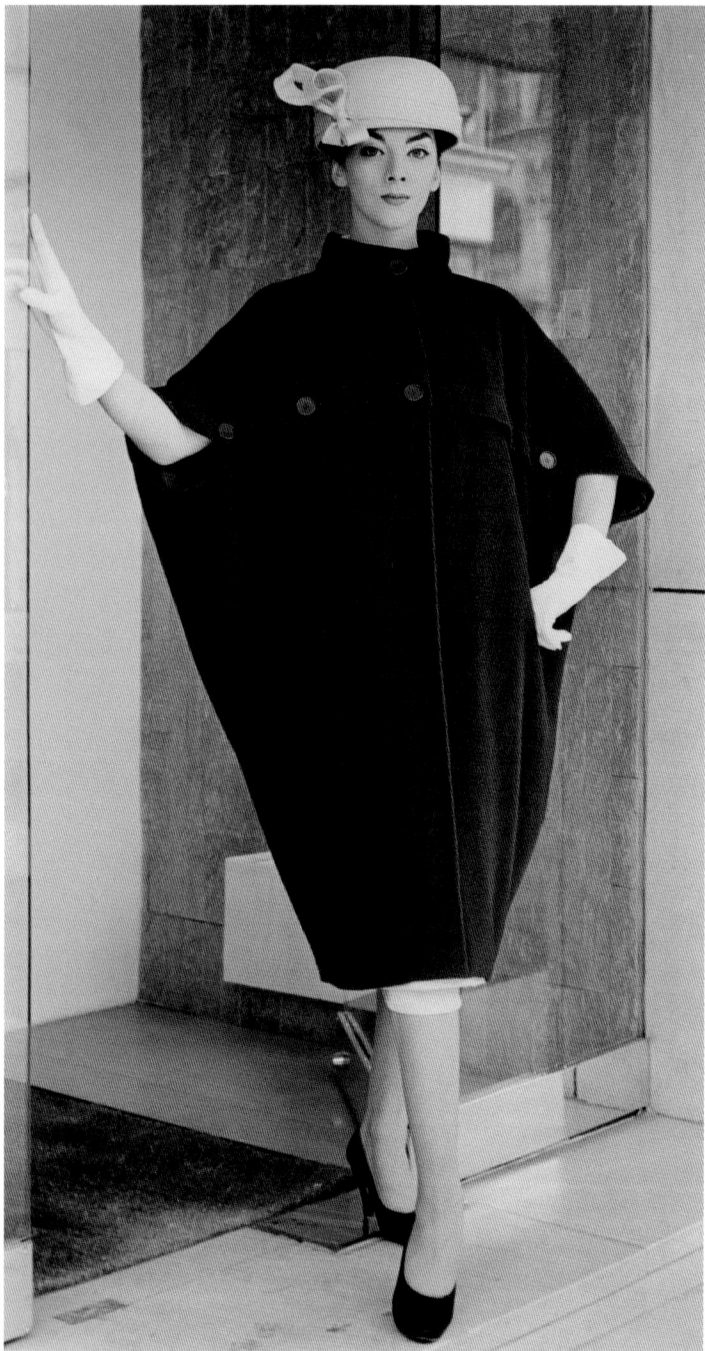

圣的象征意义。[14]20世纪50年代末，马海毛面料质量优良，容易剪裁成裙装和外套，而巴黎世家档案馆的照片显示，"帕帕查"由于非常蓬松让人不得不采用非常简单的锥形裁剪。在某种程度上，蓬松的"帕帕查"类似于20世纪60年代的一些较粗糙的合成材料。巴伦西亚加尝试了仿毛皮织物，其中一件作品被巴黎时尚博物馆收藏。这是一件奶油色的迷你外套，采用毛茸茸的黏合织物制成，让人想起仿羊皮地毯。这件外套结实，呈管状造型，为了避免扣眼的问题，在前身用金钩扣作为扣合件，圆形领口，没有领子。[15]

巴伦西亚加为了符合当时的礼仪习惯，调研了人们对采用羊毛和羊毛替代物制作日装的满意度。他对鸡尾酒会礼服和晚礼服同样一丝不苟。显然，奢华和深邃的色彩是其系列作品的特征，正如《巴黎时装公报》杂志在1938年冬季系列后所评论的那样：绝妙材料的使用营造了奢华的氛围，并成为巴黎世家的标志。我们可以一一列出：丰富多样的天鹅绒、罗缎、花边、薄纱、云纹绸、锦缎、金属线织物。[16]据《时尚芭莎》杂志报道，巴伦西亚加的黑色小礼服也引起了人们的兴趣，并且是同类中最好的：

> ……西班牙新开的巴黎世家店里……黑色是如此的黑，让人深深震撼。浓郁的西班牙黑色，如天鹅绒般的色彩，没有星星的夜晚，让普通的黑色看起来几乎呈灰色……只有西班牙和意大利女性天生喜爱黑色。这家西班牙时装屋恪守这样一条准则：时尚的秘密是省略。[17]

面似乎有三种不同的颜色，但事实上每一簇都包含至少两到三种不同颜色的马海毛纱线：绿色簇由浅绿纱线和中绿色纱线组成；黑色簇由黑色、深粉色和深蓝色纱线组成；亮粉色簇由深粉色和中粉色组成；浅色簇是由浅粉色和白色纱线组成。黑色帽子上饰有一个海扇壳和一根白色的羽毛，与毛茸茸的外套组合在一起，暗示朝

虽然简洁是优雅的象征，但其他精致

的西班牙风格也吸引了公众的注意，激发了想象力：在白色或浅色的地面上铺设黑色蕾丝的荷叶边和褶边，或者使用黑色的穗带或刺绣。《妇女杂志》在1938年9月系列中挑选了三件截然不同的晚礼服，其中两件在材质和颜色上都体现了西班牙风格：一件是"别致的黑色尚蒂利蕾丝，覆在闪闪发光的白色缎子上，蒙着灰色薄纱"，另一件是"简单的紫色绉织物晚礼服，长款套头衫，配粉色绒面腰带和修身褶裙。第三件则更具法国风格：白色雪纺罩裙，绣有紫色花束的蓬裙和绿色塔夫绸的胸衣。[18]很早以前巴伦西亚加就开始选用棉布和丝绸来制作长裙，一如设计师香奈儿于1931年左右开始的设计行为。

巴黎世家的晚礼服和日装一样，通过不断延续的系列作品传递某些主题，呈现一种持续性。1939年8月推出了黑色平纹细布的鞘形紧身礼服裙，上面饰有细细的黑色褶皱花边，之后这种礼服裙逐渐发展为1940 ~ 1941年系列中的法兰西第二帝国式裙装，采用了黑色的蕾丝和平纹细布。裙料和饰边保持不变，高圆领口处点缀着椭圆形大链坠，作为黑色礼服裙的唯一装饰，但是从腰部向下的造型发生了改变。之前的紧身礼服裙原本从膝盖向下张开，之后发展为狭长的、近似公主式风格的紧身胸衣与蓬大丰满的克里诺林风格的裙子。在接下来的几十年里，巴伦西亚加遵循同样的设计原则，一个又一个系列地表达、拓展特定的设计主题。在20世纪50年代初至60年代初，他推出了蓬松的气球型塔夫绸晚礼服和鸡尾酒会礼服；20世纪60年代初，又推出了具有纱丽风格、简单抽象的服装。

在20世纪40年代末至50年代初，相较巴伦西亚加精致的晚礼服，还有另一种选择——一系列饰有对比色缎带的黑色鞘形紧身礼服裙。礼服裙紧身贴体，造型很简洁。在领口或腰部覆上缎料或塔夫绸形成垂褶（请参见本书第35页）。在巴黎时尚博物馆和巴塞罗那设计博物馆（Museu del Disseny）的展品中，黑色羊毛绉地紧身礼服裙配有金色饰带，但是时装屋中却展示了采用海绿色/绿松石色（这是画家祖巴朗喜欢的颜色）面料形成的垂褶。在1951年的冬季系列中，出现了更精致的服装款式变化——采用知名蕾丝生产商布里维（Brivet）提供的刺绣真丝花边制成的紧身礼服裙，以及用粉红色塔夫绸塑造的垂褶。由于着装方式的不同，故所需面料或垂褶的长度也不同，可以很有创意地将面料覆在人体上，如缠裹人体，或覆在头和肩上。每一个款式变化都与祖巴朗笔下圣徒们奢华飘逸的飘带和披肩有着明显的联系。相比之下，巴伦西亚加在20世纪50年代初推出了各种造型的垂褶礼服裙。礼服裙以合体的腰身和骨架式紧身胸衣为基础，不论有无饰带或袖子，均遵循传统造型，紧身，显现女性形体，但在褶裥上却富于创新。臀垫、挂饰、气球型和泡裥以各种各样的形式出现。一件约1953 ~ 1954年的樱桃色真丝礼服裙（V&A博物馆馆藏号：T.427–1967）是抽褶和蓬松造型的代表。礼服裙由紧身上衣与裙子构成，上衣款式简单、盖袖、V型领，而裙子的前面用条带以不同方式拉起，后面形成一定的空间造型，可以说完全是19世纪末巴斯尔裙（Bustle，带臀垫女裙）的现代版本。从1958年开始的一系列"洋娃娃"礼服裙集一定的空间造型与合体性于一体：外层是蕾丝，看起来柔软、宽松、不贴身，不过，在这一层的下面是与蕾丝同色的紧身连衣裙，紧贴人体，带轻质骨架，在透明的蕾丝下引人注目（请参见本书第71页）。

图40（对页图） 西伯格兄弟（Seeberger Frères）摄影作品，黑色羊毛大衣，1957年春夏

这件大衣具有不同寻常的造型，展示了巴伦西亚加对不同几何形——三角形的尝试。法国版《时尚》杂志在4月刊登了一幅它的设计草图，并配上文字说明，评价该大衣为几款卓越的服装作品之一，服装"由相同面料的裁片水平缝合而成，预留的狭口让手臂可以自如活动"。

图41 兹卡·阿舍尔和巴伦西亚加开发的"帕帕查"面料样品，1964年

这是一簇簇厚实蓬松的马海毛样品（有黑色、粉红色、绿色和奶油色），来自兹卡·阿舍尔的档案馆，兹卡·阿舍尔是颇具创新力的纺织品供应商，在捷克斯洛伐克被吞并，主要在伦敦发展。

由兹卡·阿舍尔提供。

V&A博物馆馆藏号：T.219-1988。

图42（对页图） 赫尔穆特·牛顿（Helmut Newton）摄影作品，法国版《时尚》杂志封面（1964年11月）

选择此款作为《时尚》杂志的封面说明其对时尚达人的重要性。镜头着重于纺织面料而不是服装，没有任何有关服装裁剪或结构的暗示。这件服装的巴伦西亚加内部文件照片表明风格蓬松、活泼的面料适合简约的风格：这件服装廓型为T型，无领、无袖式。模特头戴饰有金色小海扇壳的圆顶硬礼帽，礼帽装饰借鉴了英国男装上的传统徽章，也借鉴了前往西班牙圣地亚哥-德孔波斯特拉（Santiago de Compostela）的中世纪朝圣者的徽章。服装面料蓬松复杂，显得自然不羁，让人想起乱蓬蓬的破布。巴伦西亚加无疑意识到即将到来的西班牙守护神圣詹姆斯（St James）文物鉴定80周年的纪念日。

V&A博物馆馆藏号：NAL。

对于其他的"洋娃娃"装束，由于服装采用不透明面料制成，因此无法呈现介于纺织面料与人体之间、介于宽松与合体之间的空间造型。[19]

其他礼服则采用大量蕾丝贴花、珠饰、羽毛或手工绢花，美则美矣，却不实用，当着装者坐下时，这样的服装必然被损坏，但这些装饰却是20世纪50～60年代巴伦西亚加晚礼服的一个常见特征。巴黎的刺绣师们将各种元素运用到巴伦西亚加的礼服中，如亮片、宝石、塑料等，而绢花制作公司朱迪斯·巴比尔（Judith Barbier）则设计了最能呼应"帕帕查"马海毛日装的晚礼服。1964年，其手工艺人将绢花手工缝制在网底上，把晚装大衣和裤装都变成了生动鲜活的"花园"，当然，这些绢花肯定非常容易被压坏。[20]

时尚哲学

在巴伦西亚加简单舒适的日装与奢华富丽的鸡尾酒会礼服、晚礼服的背后，隐藏的是他的时尚哲学、他对材料和技术的运用经验以及对一系列易识别的设计来源的实验。巴伦西亚加遵循一些指导原则，他曾与贝蒂娜·巴拉德和塞西尔·比顿私下讨论过这些原则。巴伦西亚加的方法是基于实践经验和严格的个人标准。然而，对于他所服务的女性顾客的需求、对于他所生活的时代的需求以及抽象的时尚理念，他们也流露出赞同。巴伦西亚加强烈认为，时装设计师并非生活在真空中，而是历史进程的一部分，他们必须恰当地诠释与表达。一个时装设计师可以不与时代抗衡，但是应该，用比顿的话说，"允许通过时间模式找到表达的魅力。他必须意识到什么是需要的，以及在特定时刻女性看起来怎样。"根据比顿的说法，巴伦西亚加在进行系列创作时，总是从不可或缺的元素出发，而非从自己的个人喜好出发。[21]巴伦西亚加认为，一位时尚女士只有对自己足够了解，能够自行选择适合的裁缝师，而不是一味追求一时的流行，她才能变得优雅。巴伦西亚加不相信"女性应该经常变换服装，这样就能穿着入时考究"。[22]毕竟，男士们一遍又一遍地穿着同一套服装，仍然达到了优雅与实用的效果。

VOGUE

6 F
NOVEMBRE

LA
BEAUTÉ
AVEC
DES
PLANTES
EN
TUBES

OUI AU CUIR

NOUVEL
AMOUR
LA
BOUTIQUE
KOSAK

PICASSO
PAR
ARAGON

LORD
SNOWDON
CHEZ
MAX
ERNST

图43（对页图） 理查德·艾维登（Richard Avedon）摄影作品，艾莉斯·丹尼尔（Elise Daniels）穿着巴黎世家的套装在巴黎玛莱区（Le Marais）为美国版《时尚芭莎》走秀，1948年10月

这款经典的羊毛套装由黑色丝绒领双排上衣和修身半身裙组成，腰部收紧，呈现"新风貌"风格。其创新在于背面的嵌布，可产生鱼尾效果。王室侍从官约翰·H.沃德爵士（Sir John H. Ward）的妻子让·邓普顿·里德（Jean Templeton Reid，1908年结婚，1962年去世）购买了这款服装，只是她选择了无嵌布的传统款式。相比之下，伊丽莎白·帕克斯·费尔斯通夫人（Mrs Elizabeth Parke Firestone）则购买了鱼尾款式，并佩戴深色腰带，进一步突出腰部。这些套装分别保存于巴斯的服饰博物馆（the Museum of Costume in Bath，博物馆馆藏号：BATMC I.24.39）和底特律的亨利·福特博物馆（the Henry Ford Museum，博物馆馆藏号：92.140.1）。

多年来，巴伦西亚加对剪裁技巧的钻研造就了各种小套装，这证明了他对古典、实用服装的迷恋，也是他对时尚最具影响力的贡献。他设计的服装不难穿着，因此口碑好，媒体至今仍然用"巴伦西亚加式的安逸"这样的字眼来暗示其好口碑。[23]他服装上的扣合件通常不会过于复杂，极少出现因扣合件复杂而令穿着者无法应对的情况。事实上，到了20世纪50年代中期，他经常设计造型简洁的套头装，只需要几个纽扣、揿扣或钩扣，腰部有一个简单的扣件，肩部有防滑处理或有文胸带固定物。即使是结构严谨的晚礼服，也倾向于在侧边系上束腰腰带，在侧缝处设置拉链。这些服装没有大量的纽扣和扣襻，不同于克里斯汀·迪奥的许多礼服。事实上，贝蒂娜·巴拉德曾回忆，有一天巴伦西亚加帮她系上了一件迪奥的晚礼服，这件礼服的穿着者几乎不可能自己扣上背后的扣子。巴伦西亚加十分惊愕，一边系扣子一边不停嘟囔："克里斯汀真是疯了，疯了！"[24]

从另一个角度来看，巴伦西亚加的服装风格也很实用：它们适合不同的女性形象。巴伦西亚加钟爱的丘尼克式服装、布袋式服装、帝政式服装都很简单，无论是极为苗条的人，还是那些有曲线、腹部凸出的人，这些服装都讨人喜欢，因为这些服装都不凸显腰部。丘尼克外衣又长又瘦，穿在窄裙外面，长至大腿；布袋装不收腰，后面略微宽松；帝政式服装的腰线被抬高至胸下。其他服装则通过不对称的外部布料将人们的视线从腰部移开，这些布料要么向上拂向胸围，要么向下垂向裙子——从而使人们的视线远离腰部。半裙也符合腹部造型，很少完全采用直裁，而是在前面裙腰处收褶。

对巴伦西亚加来说（受时代限制），行动自如和呼吸顺畅都很重要。在战争前、后的几年，一些晚礼服中保留了紧身胸衣。领口远离颈部，七分袖和八分袖没有妨碍运动，也不容易被弄脏。袖子更受年长女性的青睐，因为人们的视线被"引到……颈后和手腕的曲线，而这两个部位在女性60岁时和16岁时都一样优美"。[25]晚礼服的裙摆不均匀，裙摆前高后低，后面裙裾及地，避免了20世纪50年代细高跟鞋的尖头带来的危险。在不同时期，巴伦西亚加都推出了保暖服装。特别值得注意的是，1941年在饱受战争蹂躏的巴黎，紫色的灯笼裤搭配红色的羊毛长裤和自行车裙。当时燃料有限，在气温低的冬季骑行令人感觉寒冷与不愉快。在20世纪60年代，巴伦西亚加的新作品背后也存在着类似的天气意识。由于超短裙逐渐暴露越来越多的肉体在恶劣的天气中，因此，巴伦西亚加用及膝靴（1962年）和羊毛图案的紧身衣（1965年）来抵御寒冷。

巴伦西亚加的许多设计不乏实用与创新，这表明他意识到了客户生活繁忙及其环境不断变化。第二次世界大战后，越来越多的妇女外出工作。巴伦西亚加的客户中既有职业女性，也有社会名流，甚至还有为慈善机构工作的社会名流，因此他们的生活积极活跃。巴伦西亚加痛惜其客户没有花时间在自己形象上，但是他通过设计，创作出既能满足客户需求、又具有吸引力的服装，让生活变得尽可能轻松简单。他对女性客户的这种敏感性，可能部分源于他感恩20世纪20~30年代的三位著名女装设计师（请参见本书第70页）。人们常说，设计女装的女性设计师对人体有不同的看法，她们可以穿着自己设计的服装。巴伦西亚加研究、欣赏和模仿这些女性设计师，这或许可以解释他自己的一

图44 巴黎世家1950年秋冬花呢套装（款式编号：24号）与巴黎世家1954年秋冬花呢套装（款式编号：55号）

花呢是一种结实的羊毛机织面料，因模糊的斑点图案而让人产生视错觉，这吸引了巴伦西亚加。两套套装均具有巴伦西亚加舒适放松的特点：服装已定型但剪裁宽松，袖子不会妨碍手腕活动，裙子收身但腰部很舒服。

第一套套装由凯瑟琳·亨特夫人（Mrs Catherine Hunt）提供；第二套套装由奥帕尔·霍尔特夫人（Mrs Opal Holt，1887—1980）穿着，D.M.海恩斯夫人（Mrs D.M. Haynes）和M.克拉科夫人（Mrs M. Clark）提供。V&A博物馆馆藏号：T.128－1970和T.128－1982。

些实际措施，以及他对迪奥典型的"笼中鸟"态度的厌恶。第二次世界大战后，20世纪20～30年代的线条一直保留在他的作品中，这些线条特别适合他的两位缪斯女神高挑纤瘦的体型，两位缪斯女神分别是1937～1954年他最喜欢的模特科莱特（Colette）和他的客户兰佐尔侯爵夫人（请参见本书第四章）。她们都没有性感典型的迪奥沙漏型身材。尽管从外表上看，这种风格暗示着自由，但通常内衣的构造或类型（与今天轻薄的内衣相比，属于铠甲式）

要能控制体型，或者需要节食和锻炼来保持身材。

巴伦西亚加的实用性与其所处的时代和当时的需求相关。虽然他力求日用的套装、连衣裙甚至帽子简洁实用，但却为晚会服饰的轻浮和过度装饰保留了创作空间，通常是大褶边、精致的刺绣、繁重的珠饰、蓬松的长裙和层叠的鸵鸟羽毛。这些晚会服饰虽然易于穿着，但是要达到最佳的外观效果，则对行为举止有一定的要求，并且从护理和存放的角度来看，这些服饰常常存在一些问题。例如，坐下的行为会对串珠或羽毛装饰的连衣裙造成灾难性的影响，通常穿一次便需要修补一次。20世纪50年代的鸡尾酒会蓬蓬裙和晚礼服，如果想要保持其三维立体的庄严造型，则需要一定的空间。

除了可穿戴性和实用性，巴伦西亚加的时尚哲学还包含色彩理念。他认为服装设计师必须"在色彩的选择上近乎科学"，尽管他没有解释实际的过程。[26]据时尚记者和历史学家玛丽莲·德尔堡－德尔菲斯（Marylene Delbourg-Delphis）说，他的色彩感是灵动活跃的，他不仅在不同色彩范围的几何对立中构思，而且还根据"物理或光学的振动频率"[27]构思。结果，他做出了不寻常的组合，如姜黄色与深绿色，灰褐色与花岗岩灰色，黑色与红褐色。他的灰色、黑色和棕色系列可谓传奇。这些微妙的组合可能源于他的西班牙背景：坎塔布里亚海岸上出现的各种灰色和蓝色；西班牙大地的红色、棕色和黑色；巴斯克和卡斯蒂利亚地区的服饰；对西班牙遗孀的深切哀悼；教会法衣的粉红色和紫色。巴伦西亚加选择了伯纳特·克莱恩（Bernat Klein）1964年创造的新天鹅绒花呢，这种选择具有典型性。巴伦西亚加还选择了"深棕色天鹅绒丝带与黑色未剪割的马海毛圈线交织"。[28]据《布艺与时尚周刊》（Drapery and Fashion Weekly）报道，巴伦西亚加大师的选择是纺织品设计师的终极荣誉，后者可能会惊讶于这种组合与某些西班牙传统服装形式的联系竟如此紧密。

巴伦西亚加大量采用了西班牙的色彩组合，这种组合在苏洛阿加、毕加索和米罗等西班牙现代画家的作品中也显而易见，并引起了人们的共鸣。即使在今天，这也是外界对西班牙人品位的刻板印象。

库雷热肯定了巴伦西亚加："将材质对比与西班牙狂热激烈的特质的结合，他在色彩运用上也同样如此。你可以找到委拉斯开兹与戈雅，爱与血。我常常以为他所做的是在通往死亡的道路上寻觅，就像斗牛场里的斗牛士。"[29]其他色彩就不那么容易定义了。令人敬畏的黛安娜·弗里兰试图理解巴伦西亚加的紫色，但却完全沉浸在狂喜之中："哦，说到紫罗兰。你应该看看巴伦西亚加的紫罗兰……我的天啊，粉色的紫罗兰、蓝色的紫罗兰！就像是突然

图45 巴黎世家羊毛与丝绸材质的两件套套装，内衬丝绸，约1964年
这套低调朴素的丘尼克套装强调了高超的剪裁和构造。上衣袖子前面裁剪为马扎尔袖（Magyar sleeves），后面则横裁并展开。1946年，加拿大人奥帕尔·霍尔特夫人与第三任丈夫结婚，婚后她去欧洲夏季和巴哈马群岛冬季度假购买了这套巴黎时装。
服装由D.M.海恩斯夫人和M.克拉科夫人提供。
V&A博物馆馆藏号：T.127&A-1982。

间你进入了女修道院，进入了寺院。"[30] 不出所料，巴伦西亚加喜欢色彩组合大胆的面料，也喜欢因光线照射方式不同而产生色彩变化的面料，如条纹织物、粗花呢、罗缎、塔夫绸、泡泡纱、云纹绸。

更普遍来说，这些喜好、选择影响了纺织品生产商，印花纺织品生产商皮埃尔·杜查恩回忆说，巴伦西亚加是要求最高的时装设计师之一：

……从色彩来看，巴黎世家和巴尔曼（Balmain）是我最喜欢的两个时装屋。我身边总是出现巴尔曼、巴黎世家各自最爱用的色彩；是这种红色不是那种色彩，是这种黄色不是那种色彩。这些时装设计师也有不喜欢的色彩：当你放下一些东西时，你就会知道这一点。[31]

系列创作

在巴黎的职业生涯中，巴伦西亚加每年都会将自己关于纺织品和可穿性的理念导入至少两个时装系列中。他还在20世纪30年代末至40年代初创作了半季系列，每一个系列都符合巴黎高级时装公会的规定，即展示不少于75款。的确，在1943~1944年战争结束时，巴伦西亚加的每一次系列都展示了77~91款；1945~1958年，展示了151~197款；1958~1964年是其巅峰时期，超过了200款；最后一年，仍有175款。[32]设计师在推出每个系列时，都观察研究了客户社交日程的需求，为所有服饰选择合适的材料，这些服饰包括常服、连衣裙、衬衫、晚礼服、居家服、外套、雨衣、运动服，当然还有帽子。

巴黎世家服装的种类、范围要比在媒体上看到的广得多，部分原因是巴伦西亚加审查了杂志上应该刊登的内容。他倾向于选择正式的服装，尽管20世纪30年代和60年代的杂志上也出现过滑雪服和更休闲的运动服（如裙裤）。巴伦西亚加通常不做内衣（除了需要制作在合体礼服上的），而是从专业女装供应商那里，如勒夫谢尔（Lefaucheur）挑选内衣。在20世纪50年代，吉（Gui）提供长筒袜；直到1960年，一系列的长筒袜以时装屋的名义出售。与市场上大多数的袜子相比，这些袜子非常好，而且也相当贵。[33]

色彩与面料（更重要）是巴伦西亚加系列作品的最初灵感来源，在法国可以获得珍贵的面料，这是在巴黎开设时装屋的乐趣之　。巴黎提供了丰富多样的纺织品和配饰，尤其是在7月和1月时装秀发布的前两个月，这两个月很重要。如果私人客户急需一件衣服，所需面料不多，就可以在短时间内马上获得。成衣并不需要这些条件，其日益明显的优势推动了20世纪50年代末的变化。1971年，巴伦西亚加哀叹说，数百名制作奢侈品的工匠中，很少

有人能在巴黎站稳脚跟，幸存下来；纺织工人交货不再可靠；社会保障金、保险及其他费用不断增加，实在太高了。[34]

在巴伦西亚加的整个职业生涯中，纺织品生产商都在向巴黎时装设计师示好，因为他们相信，如果自己的面料在高级时装定制系列中被采用了，则意味着被认可，值得宣传和推广。[35]在巴黎世家，他们找到了一位有眼光的客户，他不仅准确评估了产品的优点，还试验了新型纤维和纤维混合物，甚至还合作开发了新系列产品。巴伦西亚加选择能提供最佳产品的公司进行贸易合作，故他放弃了法国政府向所有选用法国本土纺织品达90%以上的女装设计师提供的补贴。[36]正因如此，巴伦西亚加的供应商名单囊括了当时产品质量最好的所有欧洲生产商（请参见本书附录）。系列创作从色彩和纹理的选择开始。皮埃尔·杜查恩想起了巴伦西亚加的要求：

在巴黎世家……巴伦西亚加对纺织品的选择令人敬畏，颇费时间。他观察、触摸很久才做出决定。如果巴伦西亚加几乎不触碰就把面料递给身边的人时，则意味着他对这块面料不感兴趣……纪梵希非常谨慎，非常难对付，但他很喜欢面料，尽管不如巴伦西亚加……[37]

战后，随着纤维技术的新发展，面料范围更为广泛，人们可以获得各种性能的面料，很多面料在性能上有别于天然面料，巴伦西亚加与苏黎世丝绸生产商亚伯拉罕密切合作，他委托后者为自己的时装屋生产丝绸。1953年，亚伯拉罕开始生产一系列专为巴伦西亚加制作的纺织品，非常成功。[38]在20世纪50年代末，巴伦西亚

图46（对页图）　亨利·克拉克摄影作品，斯特拉·奥克斯（Stella Oakes）身着袖口呈气球状的套装，英国版《时尚》杂志（1951年10月），第114页
在介绍本季最时尚袖型的一篇文章中展示了这套服装，并以此描述："巴伦西亚加延续了上一季的气球主题：这是一件黑色的日常套装，面料为泡泡组织织物，袖口非常丰满呈气球状，搭配浅蓝色小茶托帽。"在同一页上，还展示了设计师设计的宽大的钟形袖，服装的特色在于袖子。最令人印象深刻的气球造型被运用于鸡尾酒会礼服裙和晚礼服中（请参见本书第68页）。

图47、图48（本页图、对页图）黑色羊毛套装，包括夹克、裙子和围巾，巴黎世家，1958年冬季

该套装采用密实的结子花呢，其面料可能由英国的阿舍尔有限公司（Ascher Ltd）生产，该公司是20世纪50年代末至60年代的巴黎世家时装屋的供应商。该套装剪裁非常简单，为数不多的显眼细节是围巾的流苏、假口袋袋盖和大纽扣。服装款式适合丰满、成熟的身材，夹克底边裁短并覆在腰部收褶的裙子上，塑造了便于呼吸的空间，从而可以容纳"小肚子"。穿着者是奥帕尔·霍尔特夫人，那时她已经七十出头了。

服装由D.M.海恩斯夫人和克拉科夫人提供。

V＆A博物馆馆藏号：T.131至B-1982。

加愉快地试用了其新型合成纤维织物，包括卢勒克斯（Lurex）织物，卢勒克斯是一种采用合成金属饰面的纱线。巴伦西亚加主动率先使用经黑色塑料饰面的丝织物。[39] 巴伦西亚加创作的1964年夏季系列作品表露了其对生产商亚伯拉罕的高度认可：32种面料来自亚伯拉罕，22种面料自萨奇（Sache），17种面料来自贝松（Besson），16种面料来自多宁（Dognin），其余面料来自其他48家供应商。[40] 20世纪50年代末，这位时装设计师和生产商共同创建了透明丝织物和超级透明丝织物公司（the Firm Silks Gazar and Supergazar），这符合其鲜明的现代主义美学。巴伦西亚加还与

兹卡·阿舍尔建立了良好的工作关系。同时，他一直光顾里昂的丝绸供应商，尤其是比安基尼－费里埃（Bianchini-Férier）、布科尔（Bucol）、杜查恩和斯塔龙，以及瑞士圣加伦（St Gallen）的刺绣商。

巴伦西亚加也迎来了配饰设计师。例如，珀西·萨维奇刚从卢浮宫学院（Ecole du Louvre）毕业不久，就在西班牙大使馆的一个招待会上遇到了巴伦西亚加，并随后向巴伦西亚加展示了围巾设计：

> 当时我深受俄罗斯画家波利亚科夫（Poliakoff）的影响……我为巴伦西亚加做了一些抽象的设计，基本都是心形设计，我在黑色背景上构思了约五颗不同色彩的心形图案。一旦我完成最初的设计，巴伦西亚加就想要……他们称为不同色彩的设计，所以我必须设计不同色彩的背景与不同色彩的心形图案。故有很多工作要做，但那时，他们的做法是全手工制作、在纸上画画等。[41]

巴伦西亚加除了表明自己喜欢不同的色彩设计外，并不干涉实际的外观设计。他只是把这些图案寄给他在里昂的联络人，以便将其印染到丝绸上。

在每一个系列（1948年后）之初，巴伦西亚加就与其秘书杰勒德·奎卡（Gérard Cueca）、助手拉蒙·埃斯帕扎（Ramón Esparza）和费尔南多·马丁内斯（Fernando Martínez）一起工作了。这三个人都说西班牙语，这无疑促进了交流。埃斯帕扎负责帽子的设计，而马丁内斯帮助设计其他样式。巴伦西亚加决定产品线的变化，为每款服装选择色彩和面料，然后马丁内斯根据其指示绘制草图。每套服装（配套

图49（左图）蓝缎鸡尾酒会礼服，巴黎世家，1957年8月秋冬

这款经纱印花或花色真丝缎由瑞士设计师安德烈·布罗辛·德·梅雷（Andrée Brossin de Méré）设计，由科摩（Como）的菲兰德·特西图尔·科斯塔（Filande e Tessiture Costa）以六种色彩丝网印花而成（款式编号：2664号）。其灵感来源于意大利国家档案馆（the Italian State Archives）用于保存照片和速写的木雕镶板。这件礼服从肩至下摆采用同一块丝绸面料制成，紧身衣和灯笼裙精心缝合而成。巴伦西亚加第一次展示灯笼裙是在1950年。这件礼服曾由瑞秋（邦妮）·梅隆夫人［Rachel（Bunny）Mellon］（1914—2014）穿着。

位于吉塔里亚的巴黎世家博物馆收藏（博物馆馆藏号：CBM 2000.05）。

图50（右图）塞西尔·比顿速写作品，发表于《时尚之镜》（伦敦，1954年），第265页

比顿在这里捕捉到了灯笼式连衣裙的精髓，该款式肯定比邦妮·梅隆所穿的鸡尾酒会礼服要早几年，且看起来更加蓬松，可能是因为它没有被穿过或坐压。领口也较低，搭配高跟鞋、项链和耳环，彰显优雅气质，这是成品外观的基本要素。

的外套、连衣裙、腰带和帽子）的面料样品都附在其草图上，这样整体效果一目了然。巴伦西亚加从数百幅草图中选择了适合其系列的样式。之后，他为每个选定的样式创作面料的图案（在亚麻布上创作图案），并将其匹配适合的服装模特。他的服装样式与服装模特之间存在重要联系，这里要着重强调一下其联系的重要性，因为对他来说服装模特往往是其灵感源。时装屋档案馆保存的大部分草图都会附上两个名字：一个是负责监督服装制作的车间负责人的名字，另一个是将样衣展示给潜在客户的模特的名字。不同样衣的色彩和风格适合不同的服装模特，因此，从理论上讲服装销量可以很多。

一旦样衣完成且完美（在创作的任何一个阶段，巴伦西亚加会撕掉不满意的作品，对此他不会感到内疚），就可以开始裁剪实际的服装面料，并在合适的工作室

制作女装、男装或女帽。巴伦西亚加会巡查所有工序中的工作。据其中一位裁缝萨尔瓦多说，巴伦西亚加对每一个款式至少检查四次：一次检查面料是否令人满意，三次检查设计是否完美。为了衡量博物馆收藏的巴黎世家品牌服装的完成质量，他在巴黎的工作室一直保持着高标准。每件服装都是手工完成，所有的扣合件都被隐藏起来，除非是要特意引人注意的，如一些西服上的纽扣。典型的服装采用的是钩、眼和揿扣，小心地覆盖住扣眼缝线，以防止金属损坏织物；此外，还有手工包缝缝线和缝合下摆。其他细节包括精心计算蓬裙下方的硬挺度、垫肩和外套贴边。这些都是高级时装产品的典型特征，但并非所有的时装设计师的工作室都能始终如一地保持如此高的质量。

从构思到完成，从草图到最后的服装模特展示，整个过程持续约两个月。最

图51 丝绸礼服，EISA商标，约1951~1952年

一位重要的美国外交官的女儿安妮·布利特（Anne Bullit, 1924—2007）曾穿着这件礼服，这件样式简单的的日礼服也许可以追溯到20世纪50年代初，当时她和第二任丈夫尼古拉斯·本杰明·杜克·比德尔（Nicholas Benjamin Duke Biddle，婚姻存续时间1947—1954）住在马德里。1952年以前他一直是美国大使馆的外交官员。巴黎档案馆对这种印花丝绸并不熟悉；制衣质量很好，但达不到巴黎时装屋的标准。下摆和所有内部接缝的边缘都是手工完成的，礼服的下身是裙子，上身非常合体，通过打褶皱形成简单的马扎尔袖，可能为安妮的身材增加了平衡感，因为她的腰围很小，臀部相对于上身很窄。这种风格可能是其时装屋典型的主打产品，并不是所有的客户都是自信的潮流引领者。

V&A博物馆馆藏号：T.154至3‑2015。

图 52（对页图） 黑色蕾丝娃娃装造型（baby doll），巴黎世家，1958年秋冬（款式编号：122号）

20世纪50年代末，巴伦西亚加创作了娃娃装，揭示了他持续着迷于用黑色蕾丝遮盖身体，让身体或隐或现。在这个款式上，巴伦西亚加赋予传统造型一种朝气蓬勃感：上衣外层从肩部完全散开，给人一种自由的感觉。然而，透过这些层层面料，观众可以瞥见里面的黑色紧身裙，这是服装的基础。这种风格似乎很成功，得到了查尔顿·亨利夫人（Mrs Charlton Henry）、赫德·德·奥斯本夫人（Mrs Heard de Osborne）和松索尔·戴兹·德里维拉（Sonsoles Díez de Rivera）的青睐。巴伦西亚加继续他的主题，制作了一些样品，这些样品仅仅是在每个肩膀适当的位置绑上蝴蝶结（1959年），或者采用无肩带露肩紧身衣的造型（1964年）。1959年，画家贝尔纳·巴菲特（Bernard Buffet）的妻子安娜贝尔·巴菲特（Annabel Buffet）选择穿着这款服装作为绘画中的模特。

V&A博物馆馆藏号：T.334-1997。

后，时尚记者们坐在沙龙里摇摇晃晃的镀金椅子上评判这些藏品。从20世纪60年代的秀场录像中可以看到，每个走在沙龙里的服装模特都拿着一个号码，这个号码代表她所穿服装的款号。[42]服装模特既没有笑，也没有与观众进行眼神交流，而是像机器人一样行走，她们解开扣子，脱掉夹克或外套，展示里面的服饰细节。没有背景音乐，整个气氛格外严肃。有别于一些竞争对手，巴伦西亚加没有浪费时间和精力为自己的服装样式起浪漫的名字。相反，他确保了人们的注意力集中在衣服上。演出结束后，工作室收到的订单由私人高定和商业订单组成，大部分在第一个月内完成。此后，其复制品会以原价的三分之一到四分之一的价格出现在大多数国家的商店里（请参见本书第四章）。不过，私人客户可以一直订购直到下一季的时装系列，他们光临时装屋，每套服装至少订购三件。

设计来源

巴伦西亚加的服装系列是在其四十多年的职业生涯中逐渐发展起来的，许多图案以不同的形式一次又一次地出现。1971年，他向法国时装致敬，尤其是可可·香奈儿（Coco Chanel，1883—1971）、玛德琳·维奥内特和路易丝·勃朗格（Louise Boulanger，1878—1950）设计师致敬。在他到达巴黎之前，也就是在20世纪20~30年代，他在设计风格上一直追随着这些设计师，并一直延续至第二次世界大战。维奥内特著名的斜裁设计让女性的身体不受紧身胸衣的限制而自由移动和呼吸，巴伦西亚加在西班牙也模仿了这一设计（请参见本书第51页）。对此，维奥内特质疑巴伦西亚加是否真的需要复制她的

设计。20世纪60年代末，92岁高龄的维奥内特回忆起20世纪30年代初巴伦西亚加到访巴黎，并透露他自己已经有能力设计出漂亮的服装。她曾问过巴伦西亚加是否需要样品，但他只是惯常地礼貌回答："夫人，您的服装启发了我。"[43]他一定也知道，他的西班牙客户需要巴黎时装。[44]

1954年，香奈儿在战后重新崛起，挑战巴伦西亚加在巴黎时尚界的统治地位，挑战他对西服的强调，挑战他逐渐演变的风格。她一直专注于运动和休闲风格，力求行动便捷，她的自我宣传以及1982~2019年在卡尔·拉格菲尔德（Karl Lagerfeld）执掌品牌期间，她的公司对香奈儿套装进行了重新设计，这让人们普遍认为，香奈儿的套装是独一无二的。实际上，当时的媒体对香奈儿和巴伦西亚加的西服套装都很感兴趣。两位设计师的套装特征非常不同，这与设计师的性格一致：香奈儿套装饰有醒目的穗带，并装饰人造珠宝、金链和纽扣；巴伦西亚加的风格则内敛低调，但表现形式更为多样。他们的装饰都很简单，很少特意引人注目。他们彰显了一个被低估了的、对其创作作品产生第二大影响力的因素——剪裁缝制技术。

时尚记者安妮·拉图尔发现了他设计中的这一重要组成部分。她将巴伦西亚加的做法与当时活跃在20世纪50年代的三位法国女装设计师的做法进行了对比："迪奥是设计，菲斯（Fath）和巴尔曼也是，但巴伦西亚加是裁缝。据说，巴伦西亚加在一件衣服上会花费好几天时间，把它拆开，反复修改，直到满意为止。"[45]她的观点与《先锋报》（La Vanguardia）前时尚编辑玛丽亚·皮拉尔·德尔·科曼（María Pilar del Comín）的观点一致，后者坚持

图53（本页图）　黑色丝质鸡尾酒会礼服设计草图，1967年秋/冬（款式编号：128号）

1967年8月2日，《女装日报》（Women's Wear Daily）从一个被认为非常成功的系列中挑选了这条裙子，称其为："另一件热门作品——具有宽大肩翼的黑色丝质鸡尾酒会礼服，极具雕塑感，肩部还饰有人造石别针"。这张来自时装屋的草图清楚地展示了肩带的作用，可以将衣服固定在合适的位置。位于巴黎的巴黎世家档案馆收藏。

图54（对页图）　海若摄影作品，阿尔伯塔·蒂伯兹身着宽翼鸡尾酒会礼服，《时尚芭莎》（1967年6月）

这件梯形连衣裙是苏黎世亚伯拉罕（Abraham）的特制品——又一次对丝质材料的试验。其倒锥形决定了穿着者必须以特定的步态移动，裙摆围度要求穿着时必须"淑女般"小步行走，防止大步前进。虽然这件服装在美国媒体上很受欢迎，但据玛丽－安德里－朱弗说，并不畅销。美国社交名媛玛莎（桑尼）·冯·比洛［Martha（Sunny）von Bülow，娘家姓普·克劳福德（Sharp Crawford），1932—2008］买下了它，然而，尽管它不实用，巴伦西亚加生前还是把时装屋的样品借给了苏黎世贝勒里夫博物馆（Musée Bellerive），以举办他的第一次作品回顾展，至今这件样品仍保存在那里。

认为巴伦西亚加借鉴了英国裁剪缝制技术，这是其服装创作的重要组成部分。她表示，巴伦西亚加除了在马德里的一家裁缝店做学徒外，还在圣塞巴斯蒂安的一家名为"新英格兰"的商店工作——尽管没有证据证实她的观点。[46] 早在成衣在西班牙普及之前，这家商店就专注于成衣的生产。在很多情况下，它们是基于传统的英国裁剪缝制技术。颇具意义的是，1919年巴伦西亚加称自己为裁缝，而到1934年马德里开业时，他又称自己为女装裁缝。[47]

20世纪50年代初，去西班牙旅行的游客注意到，圣塞巴斯蒂安发展成了"西班牙布鲁梅尔主义"的中心，裁缝业是该地区的一个基本行业。H.V.莫顿（H.V. Morton）在1955年的一篇文章中写道："我从来没有见过在这么大的城镇里有这么多男士商店；我认为他们的商店数量是女士商店的3倍。在这个充满阳刚气息的巴黎，我每隔10码（91.44米），就会到达一个橱窗，那里摆满了男士服装和鞋子。"[48] 西班牙在剪裁缝制上享有盛誉，并延伸至女装。1951年，在法国版《时尚》杂志上，凯蒂·利拉兹（Kitty Lillaz）在西班牙度假时向她的女性读者推荐道："如果你有时间，就去西班牙裁缝店买一件定制的服装。西班牙的裁缝非常出色，而且服装价格只有法国的一半！"[49] 巴伦西亚加对花呢和羊毛布的处理以及对创造完美袖子的痴迷，都与传统的男装裁缝技术而非女装裁缝技术有关，女装裁缝技术依赖于对精细面料的处理。20世纪50~60年代，结实而柔软的合成纤维和羊毛织物大量涌现、极受欢迎，毋庸置疑，在那几十年里巴伦西亚加成了法国时尚界的主导力量。

奇怪的是，英国摄影师塞西尔·比顿尽管发现了巴伦西亚加时装中"法国的精

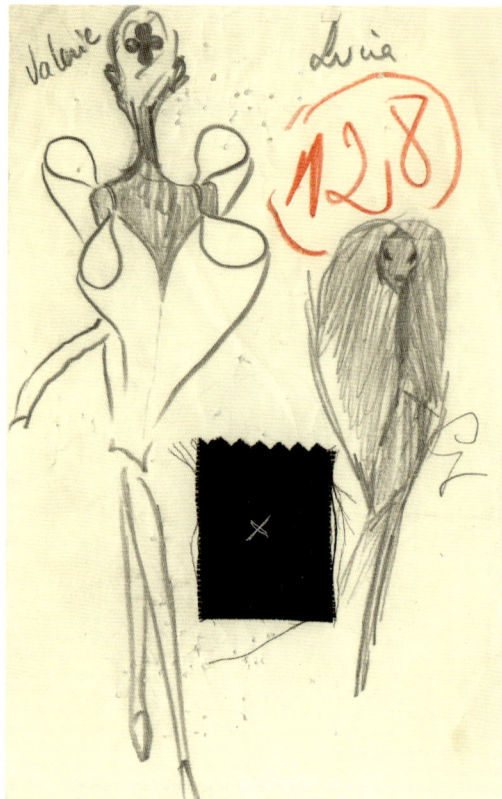

致和西班牙的力量"，但是他并没有提到其受益于英国传统。[50] 也许巴伦西亚加作品中涉及的西班牙元素最容易被当时的非西班牙人所孤立，因为其极具异国情调。随便看一眼就能认出来的服装，都是来自游客众多的地区：西班牙南部的弗拉门戈服装，色彩绚丽，有许多荷叶边和刺绣的丝绸披肩；布拉瓦海岸和巴利阿里群岛的居民节日服装与蕾丝花边的组合；斗牛士的波莱罗上衣（请参见本书第一章）。巴伦西亚加并不是唯一从斗牛士的表演套装这一外观奇特、元素丰富多彩的服装中获得乐趣的人，因为其他时装设计师也时不时地采用西班牙风格的图案。然而，西班牙更隐秘地区的地方服装也引起了巴伦西亚加的注意，尤其是许多巴斯克和卡斯蒂利亚地区的服装上的红色、棕色与黑色的条纹。外国收藏家和艺术家为人们欣赏西班牙"独特的""外国的"文化元素铺平了道路。从

图55～图57（本页图、对页图）布袋裙的正面、背面和细节，EISA商标，1957年秋冬

这件半合身的羊毛连衣裙是V&A博物馆时装系列的珍品之一。这是巴伦西亚加从1956年开始创作发展的许多布袋装和宽松罩衫中的一款。这件服装半合身，在腰部以上抽褶，从而把设计重点从腰部（和奇怪的凸起）移开。后背宽松，但前部合身。1956年，这款布袋装的变形和松弛遭到很多负面的批评，以至于巴伦西亚加在随后的系列中对其进行了调整。后来，在1958年的苏格兰皇家博物馆（Royal Scottish Museum）的样品中，出现了在腰部以上抽褶的（宽松罩衫）造型。

服装由S.哈蒙德夫人（S. Hammond）穿着并提供。V&A博物馆馆藏号：T.234-1982。

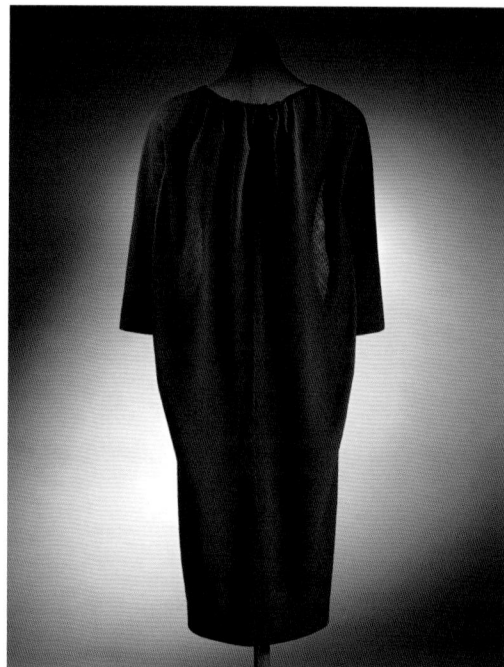

拿破仑战争开始，他们收集了西班牙黄金时代的绘画作品，这些迷人的作品描绘的是身着地方服装的漂亮女人，有些人甚至将这类服装的样品带回了家，以便在绘制肖像画时穿着或作为化装服穿着。在20世纪50年代，这一传统得以延续，亨利·卡蒂埃-布列松和英奇·莫拉斯（Inge Morath）等人在黑白照片中捕捉到了迷人的斗牛士和他们大胆的女粉丝、忧郁的神学院学生和穿着蕾丝服的祭坛侍从。[51]佛朗哥政权帮助他们推广颇受欢迎的传统，而人类学家则将人们的注意力吸引到传统社区没落的艺术上（请参见本书第一章）。[52]

现在，人们已充分认可宗教和西班牙宗教艺术对巴伦西亚加作品的影响：他的灵感来自绘画和雕塑，也来自现实中的牧师服装和法衣。[53]如前所述，即使在巴黎，宗教也是他生活的一个基本组成部分。尽管祖巴朗画作中圣徒或神职人员的垂褶外衣影响了巴伦西亚加对织物的试验，但他在教堂里看到的雕塑和法衣帮助他感悟织物的质量及其造型性能，也有助于他以非常简单的形式裁剪服装，即基于圆形、半圆形、筒形等平面造型，而非紧身或袒露身体的造型。塑型可以通过抽褶和束腰来实现，而不是通过收省与分割线。尤其是巴伦西亚加后来的系列——20世纪60年代末的婚礼服和晚礼服，都要归功于礼拜用法衣，这些婚礼服和晚礼服外观朴素简约，体现了绝对的禁欲主义（请参见本书第28、29页）。它们比较重、缺乏灵活性，因此类似于欧洲各地的许多神职人员穿着的十字褡（Chasubles，一种无袖长袍）和长袍。服装从肩部垂下，掠过身体。

制作教会法衣和牧师服装的实际经验可能影响了巴伦西亚加之后的创作。他为伊格尔多的教区牧师制作法衣，这种法衣他在西班牙当裁缝学徒时已经熟知了，那

图58（本页图） 布袋裙，巴黎世家，1957年
这件毛料连衣裙的内衬全部采用黑色的丝绸。裙子在前中、后中开缝，并用拉链闭合。其斜插口袋与腰部齐平，袖子为七分袖，有育克，双臂下有两块嵌布。起初裙子会盖住膝盖，但在20世纪60年代，裙长缩短，裙摆被抬高了6厘米。
服装由迪滕霍费尔（Dittenhofer）夫人遗赠。
V&A博物馆馆藏号：T.90-1973。

图59（对页图） 配宽腰带珠皮呢羊毛连衣裙，巴黎世家，1959年冬季
这件连衣裙的简洁引人注目。其腰围线处于自然水平状态，并因宽腰带而显得突出。袖长及肘，袖子和衣身连裁。裙子又窄又直，前面通过腰带轻轻收紧，形成"陀螺"的廓型，臀部水平的弧形口袋强化了该廓型。
服装由凯瑟琳·亨特女士穿着并提供。
V&A博物馆馆藏号：T.124&A-1970。

时他可能也学会了剪裁和制作这类服装。巴斯克地区在佛朗哥政权之前和期间出现了大量的牧师，这一事实表明，一个年轻的学徒裁缝在圣塞巴斯蒂安可以有大量裁剪和制作牧师服装的实践机会，这是一个相对简单的工作，因为这类服装几个世纪以来基本保持不变。巴伦西亚加的学徒生涯可能与他在基普斯夸的前辈胡·德·阿尔切加（Juan de Alçega）相差无几。阿尔切加在1580年出版了他的第一本西班牙裁缝书。这类书籍的服装纸样不仅包括男士时装，还涉及教会的法衣、主教的斗篷和披肩、牧师的披风和长袍。[54]这些服装和16世纪的服装一样，仍然以简单的T形和圆形为基础。用窄布拼成一个完整的圆或半圆常常是巴黎世家舞会礼服的一大特色，这与教会服装样式如出一辙。法衣通常由裁缝裁剪，而缝制与适当的刺绣由修女或专业工匠完成，她们的针线活技术以高质量而闻名。

巴伦西亚加的创意宝库并不局限于西欧的三个国家。在那个时代，他游历了许多地方，去过很多欧洲国家（奥地利、英国、意大利和瑞士）和美国。此外，受非西方传统的启发，他还创作了一些作品：1955年的歌舞伎风衣和1963～1965年的纱丽裙分别来自日本和印度的设计。的确，米伦·阿尔扎卢兹（Miren Arzalluz）认为巴伦西亚加逐渐趋于抽象设计可能源自对和服的兴趣及其在艺术品中的描绘，筒形装（1947年）和娃娃装（1957年）是日本服装和审美价值对其作品影响的早期表现。东方进口商品在圣塞巴斯蒂安很常见，这座城市与菲律宾有着长期的贸易往来，显然，拥有的东方商业份额超过公平份额。[55]此外，巴黎世家的女主人公玛德琳·维奥内特收藏了大量日本艺术品和手

图60~图62（本页图、对页图） 刺绣大师雷贝（Rébé）绣制的缎面晚礼服的后面、前面和细节，巴黎世家，1955年
这件晚礼服与1954年秋冬的紧身胸衣式连衣裙（款式编号：158号）相似，不过这件晚礼服的上身盖住了肩部，领口很高，裙子的后腰中间没有蝴蝶结。就像巴黎世家的许多晚礼服一样，设计的重点放在礼服的背面。有撑架的紧身胸衣与裙子缝合在一起，裙子后中部位收褶，由此营造出臀垫的效果。晚礼服采用丝线刺绣和金色薄片装饰，前面全身都有，而后面则只有紧身胸衣才有，紧身胸衣后背用素缎布包扣固定。在腰部侧缝和省道处，刺绣图案非常匹配，这表明了寄给刺绣者的未缝制的面料裁片已进行了仔细标记。这件晚礼服的穿着者是弗恩·贝德克斯[Fern Bedaux，娘家姓隆巴德（Lombard），1892—1974）]，她是一位美国百万富翁的遗孀，很富有，在穿着这件晚礼服的时候会搭配一副长手套。据她的侄女说，她有两三件这样的礼服，以备受邀参加盛大的聚会（请参见本书第84页）。
服装由弗恩·贝德克斯太太遗赠，E. 汉利小姐（E. Hanley）提供。
V&A博物馆馆藏号：T.758-1972。

工艺品。巴伦西亚加与印度设计的接触不那么容易确定，但毫无疑问，他对任何来源的材料都持开放态度。他的纱丽裙的结构与原作品几乎没有关系，因为他的作品是建立在传统的合身、有撑架的内层（像许多晚礼服一样）上，内层即基底，宽松的面料垂悬并缝在该基底上（请参见本页背面图）。

尽管巴伦西亚加很少公开采用非西方的资源，但他经常回顾过去，从历史中汲取灵感。他自己收藏历史服装和纺织品，也收藏19世纪的时装样板画，这些都源自他的兴趣，也是他的灵感源。巴伦西亚加送给巴黎时尚博物馆的纺织品系列既有历史服装，也有扁平的织物残片，其中包含18世纪中期到1930年的西班牙地方物品和欧洲时装。大部分收藏品来自19世纪中后期，包括许多刺绣、织锦和串珠的物品。黑色和白色占据了主导地位，尽管也

有一些服装让人回想起巴伦西亚加也曾迷恋过粉红色和紫色，如一件约1870年的老旧粉色和米色条纹塔夫绸波兰式连衣裙，一件约1845年的饰有三条荷叶边、绣花花边的深褐色塔夫绸斗篷。这些织物残片反映了他对不同类型的织物、缘饰及其处理方法的好奇心。他的收藏品使他能够仔细研究不同纺织技术的细节和效果，色彩组合，特别是黑色和白色，以及19世纪的服装结构。他的作品也证实了该学习研究的过程。

尽管巴伦西亚加对历史有着浓厚的兴趣，但他还是逐渐脱离了19世纪后期的服装风格与结构。回想起来，他的创作似乎从20世纪30年代末和40年代的服装系列，一跃到了20世纪50年代和60年代非常独特的服装系列；而他也从主流女装设计师中的一员，转变为替代他们作品系列的服装设计师。早在第二次世界大战之前，巴

图63~图65（本页图、对页图） 银色锦缎纱丽连衣裙的前面和细节，巴黎世家，1965年春夏

两年来，巴伦西亚加为他的作品系列设计了各种纱丽连衣裙，在织物的悬垂性方面大致借鉴了亚洲纱丽，即将面料从肩上披下，围在人体上，而这种悬垂效果的塑造又是以一种传统的欧洲方法实现的，即将其搭在合身的内衣上。这些服装采用丝绸织锦面料制作，并用刺绣带装饰，有些服装的腰间还系着另一条带子。在这种情况下，裙子是斜裁的，并用按扣固定肩部的褶裥。饰有珠子和亮片的饰品由法国巴黎莱萨基刺绣工坊绣制。
V&A博物馆馆藏号：T.348－1997。

伦西亚加就已经在巴黎获得成功，实际上他是在20世纪40年代末成为当时受青睐的诸多设计师的主要竞争对手，这些设计师包括：菲斯，从1937年起直到1954年他去世；迪奥，从1947年直到1957年他去世；纪梵希，从1952年开始；香奈儿，从1954年她的复出开始；还有伊夫·圣·洛朗（Yves Saint Laurent），从1959年开始。

唯一能给巴伦西亚加投下真正阴影的竞争来自他自己的工作室、来自他的前学徒库雷热，库雷热以1964年的太空时代系列（Space Age Collection）让年轻人震惊、兴奋。讽刺的是，也许正是巴伦西亚加对地方服饰和教会服饰这类守旧僵化的传统的迷恋，导致了他最为抽象的设计，也为库雷热铺平了道路。

手工定制：
材料、技术和工具

时装生产保留了20世纪之前的豪华裁剪和制衣的许多特征。[1]服装不仅量身定制，而且采用了更优质、更流行的材料以手工完成。自19世纪中叶以来，缝纫机促进了服装制造业的发展，之后手工定制就更加引人注目。[2]促成高质量产品的其他缝纫工具已经被巴伦西亚加前人所熟知，早在16~17世纪西班牙王国成为欧洲时尚领导者之时，他们就已经开始从事服装贸易。

材料

像所有时装设计师一样，巴伦西亚加可以使用各种优质的纺织品。在其巴黎的职业生涯中，他联系了70多家纺织品供应商和16家装饰品供应商（请参见本书附录）。1964年，他用了不少于135种面料，独立完成了232款夏装系列。[3]许多面料由天然纤维制成，有羊毛、丝绸、亚麻和棉纤维，后来，尤其是在20世纪60年代，一些面料采用了人造纤维或合成纤维。通常，原材料在巴黎以外的车间或工厂通过不同的方法制成纺织品——机织物（如采用蕾丝或薄纱工艺）或针织物。[4]帽子，可能会是羊毛毡制的。

此外，材料还有裘皮、皮革、稻草、塑料以及用于装饰的珠子（玻璃）、纽扣（金属、木材等材质）、亮片（金属和塑料材质）和羽毛。制作帽子时，很有可能采用各种材料。

任何一种纤维的纯纺织物或多种纤维的混纺织物，既可以是素色，也可以通过组织与色彩形成图案。各种图案质地的织物有羊毛花呢、条格毛料、奇妙的真丝泡泡纱、真丝天鹅绒和锦缎。丝、棉、麻织物均可采用丝网印刷技术印染简单或复杂的图案，使用的颜色越多，价格就越贵。刺绣是最为奢侈的工艺。

图66（对页图） 面料小样表，春季，1967年
每个季节都会制作图表，图表被作为一个简便的参考工具使用，以显示哪些面料用于哪些工作室的模特。每个样品都有一个数字（针对款式编号）、模特名字和工作室负责人。例如，样品53号是在苏珊娜夫人（Suzanne）的工作室里为丹妮尔（Danielle）制作的一件服装。
位于巴黎的巴黎世家档案馆收藏。

7 Annick FELISA	8 VALERIE SALVADOR	9 LILIANE SALVADOR	10 Annick FELISA	11 DANIELLE claude-sal	12 NINA LUCIA-MARC
13 NINA SALVADOR	14 DANIELLE LUCIA	15 MONA SALVADOR	16 VALERIE JACQUELIN	17 Annick Ginette	18 Annick MARCE
19 DANIELLE JACQUELIN	20 ANNICK SUZANNE	21 LILIANE Lucia-SALVA	22 ANNICK SUZANNE	23 VALERIE SALVA-LUCIA	24 LILIANE SALVA-MARC
25 VALERIE LUCIA-SUZAN	26 NINA SALVADOR	27 ILYA FELI-GINET	28 LILIANE MARCEL-Ginet	29 DANIELLE JACQUELIN	30 VALERIE FELI. LUC
31 DANIELLE JACQUELIN	32 ANNICK JACQUELIN	33 ILYA FELISA	34 ILYA Ginette	35 DANIELLE Ginette	36 GISELE MARCE
37 LILIANE claude	38 LILIANE CLAUDE	39 GISELE MARCEL	40 ILYA FELISA	41 MONA SALVADOR	42 ANNICK LUCIA
43 ANNICK JACQUELIN	44 GISELE FELISA	45 ANNICK FELISA	46 GISELE claude	47 ILYA LUCIA	48 ANNICK LUCIA
49 NINA claude	50 VALERIE LUCIA	51 ILYA FELI-LUCIA	52 VALERIE JACQUELIN	53 DANIELLE SUZANNE	54 DANIE CLAUD-7
55 GISELE marcel. LUCIA	56 VALERIE claude	57 GISELE SUZANNE	58 MONA MARCEL-LUCIA	59 VALERIE SALV. SUZAN	60 LILIA MARCE
61 GISELE LUCIA	62 NINA LUCIA	63 DANIELLE SUZANNE	64 GISELE Ginette	65 ILYA claude	66 LILIA MARC
67 GISELE claude	68 ANNICK JACQUELIN	69 MONA suzanne	70 NINA FELISA	71 ANNICK LUCIA	72 GISELE Ginet
73 DANIELE SALVADOR	74 NINA FELI-LUCIA	75 ILYA FELI-MARCEL	76 VALERIE claude	77 ANNICK LUCIA	78 MO SALV-
79 VALERIE SALVA-MARC	80 DANIELLE JACQUELIN	81 VALERIE Ginette	82 SALVADOR GISELE	82 LILIANE claude	83 GISELE SAL

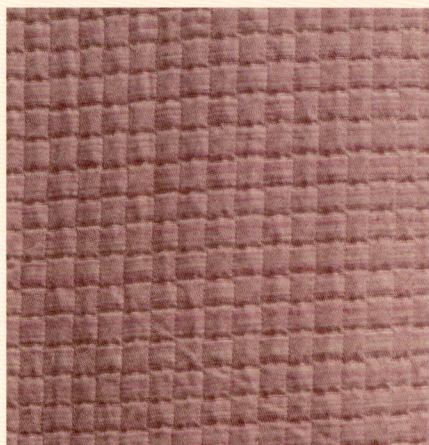

第一行从左到右：

图67 柞蚕丝丘尼克筒型衣的细节，绣在雪尼尔上，带有聚酯薄膜的圆盘和水晶珠，巴黎世家，1961年8月

服装由菲利普·德·罗斯柴尔德男爵夫人（Baroness Philippe de Rothschild）穿着并提供（请参见本书第148页）。

V＆A博物馆馆藏号：T.17-1974。

图68 粉色地黑色植绒欧根纱筒型衣的细节，巴黎世家，1966年

服装由莫娜·俾斯麦伯爵夫人穿着并提供。

V＆A博物馆馆藏号：T.36-1974。

图69 弗恩·贝德克斯夫人穿着过的雕花天鹅绒晚礼服的细节，巴黎世家，1956年

这种形式的天鹅绒是最难织的，

而且是里昂最好的生产商的专业产品。

这是弗恩·贝德克斯夫人的遗赠，E.汉利小姐提供。

V＆A博物馆馆藏号：T.759-1972。

第二行从左到右：

图70 丝织物晚礼服的细节，利用刺绣装饰银条、铅质玻璃和亮片，巴黎世家，1959年8月

服装由查尔顿·亨利夫人［娘家姓朱莉亚·拉什·比德尔（Julia Rush Biddle），1886—1978］穿着并提供。

V＆A博物馆馆藏号：T.17-1974。

图71 白色机织镂空花边的细节，来自一件女士衬衫，这件衫搭配真丝华达呢的裤装，巴黎世家，约1966年

服装由莫娜·俾斯麦伯爵夫人穿着并提供。

V＆A博物馆馆藏号：T.37-1974。

图72 裤子套装中，粉色凸纹提花筒型衣的细节，巴黎世家，

1966年

服装由莫娜·俾斯麦伯爵夫人穿着并提供。

V＆A博物馆馆藏号：T.35-1974。

巴伦西亚加为了其巴黎的作品系列，从巴黎的批发商以及法国、意大利、瑞士和英国的生产商那里购买纺织品。他与苏黎世的亚伯拉罕的合作最为密切。为了西班牙的作品系列，巴伦西亚加工作室的负责人从法国的作品系列中挑选款式，在西班牙和法国供货商那里购买纺织品。

高级时装和帽子的成品采用了各种衬布、衬里和衬垫，从而塑造整体造型和外观。为此，巴伦西亚加使用了欧根纱和硬麻布等材料，尽管这些里衬作为辅助材料并未记录在时装屋的草图中。同样，为模特和客户制作样衣的一米又一米的薄棉布也没有被记录。

图73（上图）用各种材料制作的帽子，1950～1965年（从左到右）

贝雷帽式草帽，以金属线制作底座，覆上网状草冠，巴黎世家，约1950年。
帽子由凯瑟琳·亨特小姐提供。
V & A 博物馆馆藏号：T.115-1970。

螺旋帽，采用表面覆盖奶油色丝绸的硬挺织物制成，覆戴在头上，在里侧用三把梳子将其固定在头发上，巴黎世家，1962年。
V & A 博物馆馆藏号：T.146-1998。

光滑的儿童皮革帽，内衬是网状的，并用编织物做衬里，巴黎世家，1960～1965年，由奥帕尔·霍尔特（Opal Holt）佩戴。
服装由 D.M. 海恩斯和 M. 克拉科夫人提供。
V & A 博物馆馆藏号：T.167-1982。

无檐帽，底布是白色丝绸，上面镶饰白色丝花。帽子有单独的棉布内帽，内帽上配备一条白色罗缎带，巴黎世家，约1960年，由弗恩·贝德克斯佩戴。
帽子由弗恩·贝德克斯夫人遗赠。
V & A 博物馆馆藏号：T.756-1972。

绿色稻草编织的帽子，用大头针在两端各固定一个泡泡球，它没有衬里，配有一条帽带，帽带的反面是罗纹，正面是绿色天鹅绒，巴黎世家，1963年春夏，由弗恩·贝德克斯佩戴。
帽了由弗恩·贝德克斯夫人遗赠。
V & A 博物馆馆藏号：T.755-1972。

图74、图75（左下图、右下图）贝雷帽式草帽和无檐帽的细节

技术

我们肉眼看不见服装的衬料，大多数服装的衬里都很整齐，通常，里料几乎与外层面料一样奢华，并且像第二层皮肤一样缝合在恰当的位置，因此，看不到任何粗糙的边缘或衬料。然而，在不使用X射线的情况下，通过对保存下来的服装进行检查，发现了一些关键特征。[5]西装和大衣的结构，传统上与男装和女运动服有关，并采用不同重量的羊毛织物制成，经过裁剪和塑型以适合人体，利用省道和各种形状的裁片可以塑造服装的廓型。相比之下，较轻的织物则由裁缝师披垂、打褶塑型。显然，巴伦西亚加更喜欢雇用未经训练的工人，观察他们的手工技能，判断是否具备天生适合裁剪所需的力量和灵巧。值得注意的是，巴伦西亚加裁缝车间的负责人几乎都是男性，而他的制衣车间的负责人都是女性。相比之下，帽子具有这两方面的因素，它们的基本造型需要塑造，经过修饰，它们是否具有轻盈的触感取决于所使用的材料。[6]

高级成衣与成衣一样，其接缝通常沿其长度进行机缝，完全不同的是，前者的边缘是手工完成，所有的下摆也都是手工缝制。

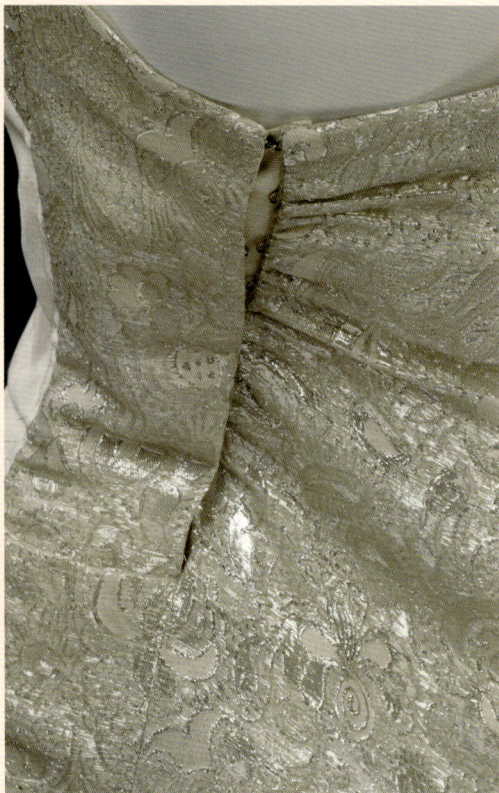

图76（左上图） 纱丽服左臂下方开口的钩眼细节，1966年 V＆A博物馆馆藏号：T.348-1997（请参见本书第80、81页）。

图77（右上图） 晚礼服左臂下方拉链开口的细节，1962年 V＆A博物馆馆藏号：T.28-1974（请参见本书第46、47页）。

图78（下图） 日礼服上的扣眼锁线和搭扣的细节，1951～1952年 V＆A博物馆馆藏号：T.154至3-2015（请参见本书第69页）。

在服装的表面，这样的缝迹线通常是看不见的，而且对于外行人来说，机器锁边看起来不专业。接缝和下摆的缝份很大，方便以后修改。在面料的宽度和长度方向上，重复的图案在接缝处和袖口处都要精心匹配对合。最明显的匹配案例是在外面的巴黎工作室为巴黎世家绣制的作品。服装的裁片由时装屋外发，裁片已经按测量尺寸裁剪好并标明了接缝和下摆缝份。在指定的位置进行绣制，避开接缝和下摆缝份。这些裁片被送回巴黎世家的工作室，在工作室组装缝合，形成具有衬里的服装。这样，就不会浪费刺绣，并且使服装上的图案很流畅连续（请参见本书第78、79页）。在某些情况下，这可谓是专为巴黎世家而做的设计。

通常在量身定制的服装中，缉明线和锁扣眼一样都要手工缝制（请参见本书第87页）。拉链通常设置在侧面，而不是半身裙、连衣裙或裤子的背面。[7] 与织物相比，这种金属拉链通常看起来较重，因为较轻的尼龙拉链到20世纪60年代末才问世。

图79（左上图）花呢套装的领子细节，1954年秋冬

领子位于颈部位置，在制作过程中和制作完成后仔细熨烫，这样在接缝处固定成型，衣领非常平整、有型。

服装由 D.M.海恩斯和 M.克拉科夫人提供。

V & A 博物馆馆藏号：T.128-1982（请参见本书第62页）。

图80、图81（右上图、下图）裁缝制作工具，西班牙，20世纪40~70年代

这些工具属于胡安·马里·艾米拉斯。1948~1968年，他在马德里的巴黎世家（当时采用的是 ESIA 商标）当学徒。利用这些工具，他重塑套装的造型，类似于在奥斯卡·特

霍多尔（Oskar Tejedor）的纪录片《巴黎世家：在短暂世界的永恒者》（Balenciaga: permanecer en lo efimero，2009年）中，松索尔·戴兹·德里维拉穿着的黑白花呢套装（左上图）。几百年前，除了电熨斗外，这些都是裁缝所熟悉的工具。

图80 不同规格的烫台、熨斗和烫垫，用于熨烫服装的袖、领和任何需要定型的部位，如胸部。

图81 缝纫工具，有大剪刀、小剪刀、磁铁、大头针、顶针、划粉、削划粉器、在织物上做标记的齿轮、直尺和量尺。

工具由麦蒂·吉尔和马吕·艾米拉斯（Mariu Emilas）提供。

工具

服装制作中需要借助某些工具来标记、测量、裁剪、缝纫及熨烫。其中大多数的技术含量较低，几个世纪以来一直仅限于裁缝和制衣人员在国内的作坊里使用。从19世纪下半叶起，缝纫机是崭露头角的新事物，但在高级时装中，缝纫机只用于某些特定的工作。

当巴伦西亚加在工作室时，会将棉麻布用珠针别在他的人体模型上——提醒人们注意小工具（大头针、针、顶针和剪刀）和人体的重要性。对于其他装置，工作室里有一系列裁缝的假的人模和女帽楦。[8] 前者中有一些是为私人定制客户准备的模型，在没有真人模特的情况下，依据这些无生命的模型来制作服装；而帽楦则是制作帽子的模具，提供了一个形态，可以在上面将毛毡或填充物塑型。

在利用棉麻布塑型并创作最终的服装时，一些工具必不可少，那就是：划粉、削划粉器和齿轮，用于在面料或棉麻坯布上做标记；量角器、三角板和直尺，用于测量角度和绘制曲线；重型裁缝剪，用于快速干净地裁剪织物。在稍后的制作阶段中，一旦裁剪了面料并覆上衬里，熨斗、烫台或烫垫则至关重，有利于将不同的服装裁片缝合在一起后修整成型，这些工具对终端产品的完善发挥着重要作用。前巴黎世家（当时采用的是 ESIA 商标）的裁剪师胡安·马里·艾米拉斯（Juan Mari Emilas）的遗孀麦蒂·吉尔（Maite Gil）坚持认为，完美衣领的生产和维护在于熨烫，她保留了使用这种工具设备的习惯，以此"恢复"巴伦西亚加传统服装，并倍感自豪。[9]

BALENCIAGA

HIS CREATION

LE DIX $8.50 UP PLUS TAX

第三章

商业文化

巴伦西亚加不属于任何一个集团，他坚持做自己，拒绝把自己或他的才能商业化。他不在乎时尚的周期性变化，而追求恒久的价值创造。有些人对现代时尚有独到见解，他们能感受到巴伦西亚加的天赋异禀，也尊重、钦佩和支持他对时尚的追求。[1]

—

塞西尔·比顿，1954年

图82（第88页图）　巴黎世家的香水广告，1952年

应《时尚芭莎》编辑的要求，巴伦西亚加于1952年访问纽约，为他的香水签订营销协议。这则广告的目标是美国市场，因为价格是以美元为单位，而且供应商位于纽约；但在巴黎和伦敦的其他商店则详细列出了其他版本。

位于巴黎的巴黎世家档案馆收藏。

塞西尔·比顿非常看重巴伦西亚加的个人特质及其作品的美术亲和力，而不是他的商业才华。这两者并不相互排斥，并且在某种程度上反映了他在两次世界大战中与时装的渊源，以及他在西班牙继续经营他的传统时装屋。尽管"二战"后许多人都将自己的品牌商业化，但巴伦西亚加并没有将巴黎世家商业化，这背后的原因值得我们探寻。本章探讨巴伦西亚加如何进行时装屋的商业运作，以及他模仿和区别于巴黎的竞争对手的方式。他在通盘考虑商业文化的各个因素后才做到这一点，这些因素包括：时装屋的构成及其财务基础、所处的定位和公共形象、内部布局和结构，以及对产品和宣传的方式。

巴伦西亚加在巴黎的那些年里，时装的确发生了很大的变化。英国版《时尚》前总经理哈里·约克斯（Harry Yoxall）在他的自传中描述了这个行业从完全依赖于"国际化私人客户"到"百货商店和批发商"的转变。第二次世界大战对于原有的高级定制时装业是一种致命打击——随着私人财富的减少，对许多以前的客户来说，高级定制时装的成本太高，变得无法接受，于是批发商做出反应，以适中的价格生产可供选择的时装。时尚新闻出现在日报和星期日报上，这影响了高级时装的可用性和可获得性。[2]这些变化都是商业化过程的一部分，实际上，这在战争前就已经开始了。1929年华尔街崩溃的后果之一是增加了对成衣的出口关税。这种变化促使法国高级定制时装设计师出口棉布样衣纸样，以避免100%地抬高产品的价格。[3]这样做的结果是，样衣是在高级定制时装屋外制作或生产的，并未受到服装设计师的直接监督。这种情况与由设计师设计、但由商业制造商生产的成衣之间并没有太大的差别，这是战后几年的一个重大发展。[4]

所以巴伦西亚加和其他时装设计师一样，都必须适应这样的变化。就现存的文字记载，1917年，他在圣塞巴斯蒂安创立了第一家时装屋。在旧有的高级裁缝体系下，他为个别顾客提供定制服装。[5]巴伦西亚加每年去巴黎两次，为了他的西班牙客户，他在时装屋购买样衣并带回西班牙，以便改动提升。从1918年起，巴伦西亚加成为了西班牙五家获得浪凡（Lanvin）品牌服装复制许可证的服装制造商之一。[6]这个过程使他理解了整个时装体系，

但是，强调精湛的工艺仍然是他的理想。1937年，巴黎世家在巴黎开业，此时的巴伦西亚加已经不再是个新手了。那年他40多岁，已经在西班牙已经度过了艰难的时期，包括20世纪30年代初他在圣塞巴斯蒂安开设的第二家时装屋曾被迫短暂关闭。他重新振作起来，同时成功地在西班牙三大城市经营时装屋。

商业现实

巴伦西亚加在巴黎定居时，他暂时离开了其位于圣塞巴斯蒂安、马德里和巴塞罗那的时装屋。[7]西班牙内战后，他又恢复了之前的买卖，并与巴黎事务独立开来进行经营。巴伦西亚加也一直关注其西班牙的服装事务，许多服装依然是他在巴黎设计的样式，他的许多重要员工要么开始了新的工作，要么被派去巴黎接受一段时间的培训。[8]因此，巴黎的时装屋只是巴伦西亚加商业的一个组成部分；大多数巴伦西亚加的客户在多数情况下并不能看到EISA商标下三家服装制造公司之间的往来。[9]三家服装制造公司对巴伦西亚加实际偿付能力的贡献，虽然人们尚不清楚，但它们不应当被遗忘。值得一提的是，在巴伦西亚加职业生涯趋于结束时，他在马德里和圣塞巴斯蒂安总共有219名雇员，在巴黎有500名雇员。[10]此外，二十多年来，巴伦西亚加还在西班牙逐渐扩大他的事业。

1917年，巴伦西亚加在西班牙以自己的名义创办了一家企业，1919～1924年，他与利萨索姐妹（the Lizaso sisters）结成合作伙伴，从而扩大了投资于该企业的资本。巴伦西亚加的投资比其合伙人的投资要少得多，分别是7360比塞塔（320英镑）、60000比塞塔（2537英镑）。[11]该企业仍然以他的名字——Balenciaga y com-

pañía命名，经营了5年（虽然成立了6年），这符合奢侈品行业诸如此类安排的短期性质。1924年，巴伦西亚加又一次以自己的名义创办了一家公司，将其描述为经营时装和制衣业的业务。3年后，他又扩张，创立了分行——Eisa Costura。经历了1931年西班牙君主制垮台后的生意低迷期，巴伦西亚加开设了第三家分行——B.E. Costura。[12]一年后，他把其在圣塞巴斯蒂安的业务合并到自由大道（Avenida de la Libertad），并扩展到他的家乡以外。巴伦西亚加在马德里开了一家时装屋，马德里作为西班牙的首都，大约有60万人口，在这座城市里活跃的设计师有310名，巴伦西亚加就是其中之一。[13]1935年，巴伦西亚加在巴塞罗那开了第三家时装屋。这三家时装屋都是以Eisa B.E. Costura进行经营，提供季节性的时装表演，不仅吸引贵族，还吸引富有的资产阶级。[14]

在巴黎，巴伦西亚加重温了他1917年在圣塞巴斯蒂安第一次建立合伙关系的经历。凭借自己的才能，他成为一家以自己名字命名的时装屋的核心人物。然而1937年，他与巴斯克地区的朋友尼古拉斯·比兹卡隆多和法裔俄籍朋友瓦拉齐奥·佐罗罗夫斯基·达瓦维尔（1899—1948）的合作中，他的财政投资是最低的。这一次，他可以负担5000法郎（40英镑），而他的合作伙伴提供了9.5万法郎（762英镑）。10万法郎（803英镑）相当于当年在巴黎建立一家高级定制店所需投资额范围的中位数，杰奎斯·菲斯（Jacques Fath）在布蒂街（Rue de la Boëtié）投资了2.5万法郎（200英镑），让·德赛（Jean Dessès）在乔治五世大道投资了61万法郎（4893英镑）。[15]

业务的预期寿命导致投资和价值随着

图83（对页图） 优雅时尚组合，法国版《时尚》（1948年2~3月），第22页使用了M.G.佩尔蒂埃（M. G. Peltier）的新巴黎地图，介绍了一些非常重要的时装设计师的位置和建筑。地图上的照片展示了巴黎世家的时装屋，这座建筑物由建筑师A.L.沃斯维尔（A.L.Voisvenel）于1887年设计。建筑物的二层阳台上挂着两个长长的标志，商店橱窗上的大幅广告牌预示巴黎世家香水即将问世。这一年巴伦西亚加推出他的第二款香水——"瞬间"（La Fuite des Heures）。

时间的推移而发生变化。香水业务的增长和多元化，以及其中一名合伙人的去世，都对资金的重新配置产生了影响。1946年，资本增加到200万法郎（4167英镑），其中，142.5万法郎（2968英镑）属于比兹卡隆多，38万法郎（792英镑）属于达瓦维尔，2.5法郎（52英镑）属于巴伦西亚加，巴伦西亚加仍然是投资较少的合伙人。[16]1948年底达瓦维尔去世，在他离开后，巴伦西亚加从他的继承人手中买下了达瓦维尔的股份。[17]第二年，资本又增加到3000万法郎（62500英镑），1955年比兹卡隆多将0.35%的股份分成4份，给了新合伙人：蕾妮·塔米西耶（Renée Tamisier），自1945年以来他就是时装屋的董事；拉蒙·埃斯帕扎（Ramón Esparza），帽子设计师；胡安·托马斯·德巴雷诺（Juan Tomás de Bareno），香水销售经理；马塞尔·莱拉特（Marcel Leyrat）和艾蒂安·霍梅伊（Étienne Hommey）。[18]之后，公司的地位从一家有限公司（SARL）改为股份公司（SA），这表明它已进入股票交易所。[19]最后一次的资本增加发生在1957年，当时资金总额增至1.5亿法郎（1525万英镑）。一年后，香水经销权从时装屋分离出来，直到1972年巴伦西亚加去世后，这两家公司才重新合并。因此，经营女装最初是为了充当香水销售的保护伞，后来公司反而从销售香水中获得了利润。[20]

这些数据表明时装屋的年成交量大幅增长，但并未显示时装屋的年成交量。有传闻称20世纪50年代末，巴伦西亚加的时装屋在巴黎获得了最大利润。据《女装日报》推测，这家时装屋的成交额约为150万美元（533807英镑）。[21]这与时装屋的经营地点位于巴黎闹市且有着非常独特的经营方式密切相关。

选址，选址，选址……

巴黎世家有限公司，也就是后来的巴黎世家股份公司，位于第八区乔治五世大道10号。在巴伦西亚加的生活中，从设计到销售的一切都发生在这里。这个位置有几大优点。所属街区在巴黎是西班牙富人聚居区，更准确地说，这里靠近西班牙大使。巴黎世家有限公司位于拉斐尔·洛佩兹·塞布莱恩时装屋的对面有两年之久，拉斐尔·洛佩兹·塞布莱恩是巴伦西亚加的西班牙同胞，但是他的名字会让人误以为他是法国人。拉斐尔本人从1930年起就一直在巴黎当裁缝师，到了20世纪50年代，他开始拥有独立品牌的香水和皮草柜台。虽然现在拉斐尔的大名鲜有人知，但20世纪50年代他一直是法国时尚杂志的常客，还因其设计制作的高定服装而大受赞赏。[22]巴斯克·比兹卡隆多是巴伦西亚加巴斯克地区的合作伙伴，他的家也在巴黎世家有限公司附近，紧挨着巴伦西亚加和他的另一个合作伙伴、室内设计师——瓦拉齐奥·佐罗罗夫斯基·达瓦维尔。[23]乔治五世大道也是黄金地带，从9世纪末开始，奢侈品行业就在巴黎立足了。拉斐尔（以及20世纪50年代末纪梵希）在马路对面，曼波彻在隔壁12号，巴伦西亚加后来加入了曼波彻的企业。让·德赛和巴伦西亚加在同一年开业，让·德赛的店在37号。战后他搬到了拉伯雷街（Rue Rabelais），目的在于加入在邻近街道工作的主要时装设计师队伍，例如，皮埃尔·德瑟贝大道（Avenue Pierre 1er de Sérbie）上的杰奎斯·菲斯，马蒂尼翁大道（Avenue Matignon）上的雅克·海姆（Jacques Heim），弗朗索瓦街（Rue François Ier）的皮埃尔·巴尔曼（Pierre Balmain），蒙田大道（Avenue Montaigne）上的克里斯汀·迪

Un PORTFOLIO de VOGUE à l'usage des ÉLÉGANTES

BALENCIAGA
10, Avenue George V

图84（本页图） 巴黎乔治五世大道10号临街的巴黎世家精品店
这张照片展示的是橱窗设计师简尼·珍妮特创作的橱窗陈列作品，其日期不早于1959年，照片中的国王、王后与仆人装饰品［现藏于巴黎的装饰艺术博物馆（the Musée des Arts Decoratifs）］采用木头制成并使用了钉子，这些装饰品是1959年专为巴黎世家的橱窗而创作的，1962年又被再次使用。位于巴黎的巴黎世家档案馆收藏。

图85（对页图） 西伯格兄弟摄影作品，模特站在简尼·珍妮特设计的橱窗前摆造型，1957年秋季
这位模特穿了一件秋款高腰马海毛连衣裙，这件服装在10月份的英国版《时尚》杂志中被描述为"泡沫浴般的质感"（请参见本书第55页）。模特在希腊女神宁芙（Nymph）的雕塑前摆造型，该雕塑是当年巴黎世家橱窗展示的石膏雕塑之一。宁芙女神和她的兄弟姐妹的雕塑被稻草、小麦、燕麦和黑麦所覆盖装饰。

奥。[24]这里的建筑和环境特别适合时装企业，整个氛围都在聚焦一群精英客户。其中一些客户在同一街区的类似建筑中拥有公寓，其装饰也属于同一种风格。[25]

巴伦西亚加在西班牙开设的店铺（无论之前还是之后）和巴黎时装屋有着惊人的相似。坐落在每座城市里的时装屋，其地理位置和建筑特色揭示了这间时装屋的风格定位、品牌追求，以及每间时装屋分别对应的客户群。圣塞巴斯蒂安、马德里和巴塞罗那的时装屋都属于欧洲传统建筑风格，位于最奢侈、最赚钱、最时尚的城市——圣塞巴斯蒂安是政府在夏季休会期的官方避暑地，也是受欢迎的海滨温泉城市；马德里是西班牙首都和政府的中心；巴塞罗那是该国最大的城市，也是纺织业的加工重地。

在圣塞巴斯蒂安，巴伦西亚加的主要客户是游客，他在自由大道有一家时装屋。[26]这是一条主要的购物大道，处于市中心，从广场到公园，一路开设有许多裁缝和纺织机构。还有一家时装屋位于壮丽的贝壳海湾的最远端，紧靠新建的赌场、剧院和豪华酒店玛丽亚·克里斯蒂娜（María Cristina）。这里是时尚的天堂，各行各业的精英在这里漫步，享受奢华。与在巴黎一样，巴伦西亚加的服装制作车间在楼上，在其职业生涯中，其地址一直未变。与在巴黎不同的是，这里一楼没有商店，所以顾客们从一扇漂亮的门走进大楼，要么走楼梯要么乘电梯到二楼。

在巴塞罗那，巴伦西亚加租的房子要内敛很多，藏在一栋大楼里，这座大楼在1851年好像被改造成了住宅楼。租用的房子位于帕塞奥格拉西亚大街（the Paseo de Gracia）的新购物中心后面的一条小巷里，这里被形容为"新资产阶级展示服装与自

图86 巴黎世家精品店，1948
年装修
装饰大师克里斯托·贝洛斯托负
责位于乔治五世大道10号一楼
的精品店的内部设计。他选择
了西班牙风格的地面装饰材料
和家具：黑白地砖、厚重的深
色家具和华丽的红色科尔多瓦
（Córdoba）皮革高背椅子。这
种环境空间售卖的是围巾、配
件和香水。
位于巴黎的巴黎世家档案馆
收藏。

己的名胜之地"。[27]大楼的转角处坐落着
新艺术风格（现代派）和历史主义风格的
家庭住宅，令人印象深刻，住宅里住着加
泰罗尼亚的中产阶级和贵族，这些人都是
巴伦西亚加潜在的客户，他们以勤奋和谨
慎著称，而不是空有浮夸的外表。在1942
年，该处所的商业和生活空间被翻新，商
业区主要在一楼，生活区在二楼。入口两
边有两个小沙龙区，右边还有一个大型沙
龙，左边是储藏区。除此之外，还有办公
室以及为模特和缝纫用品提供的空间。更
衣室在二楼，厨房、浴室、客厅、餐厅和

卧室也在这楼。一个大阳台占据二楼后方
的部分区域。[28]毫无迹象表明，巴伦西亚
加会对建筑物的外观进行任何特别的装饰
（这需要规划规划许可证）来引人关注。
甚至可以说，在其整个职业生涯中，他始
终保持这样"低调"。

巴伦西亚加只有在马德里改动过一次
地址，但变动不大。他的公司位于购物区
近年开发的时尚中心。内战前，巴伦西亚
加的时装屋位于加埋西亚斗牛街（Calle
Caballero de Gracia）42号；战后，他的时
装屋在格兰维亚大道（the Avenida José An-
tonio, Gran Vía）9号的二楼的拐角处。前者
在今天可能已经成了工作人员的入口，而
后者也变成了客户的入口，这是因为两者
都属于同一栋房子。这条街道给人印象深
刻，它是穿过这座城市的主干道，代表了
城市时尚的高度，巴伦西亚加门店的正对
面是最时尚的聚会处——奇科特（Chicote）
咖啡馆，这是一家世界富贵名流常常光顾
的咖啡馆，其中包括作家欧内斯特·海明
威（Ernest Hemingway）和演员艾娃·加德
纳（请参见本书第149～153页）。[29]

去过咖啡馆的顾客也会光顾巴伦西亚
加的时装屋。巴伦西亚加坚信一个合适的
店铺位置和简单宣传足以在繁华街市中引
人注目。在马德里，他的第一次装饰行动
是1934年申请在二楼的阳台上安装一个
霓虹灯牌，霓虹灯牌与他的住所相对，上
面写着"巴黎世家 B.E. 时装"（Costura
Balenciaga B.E. Costura），灯牌占据了正面
四个阳台的宽度。在巴黎，对其时装屋的
外观装饰做得更多：三楼的阳台和商店橱
窗上方都有标志牌。另一个吸引眼球的元
素是橱窗展示。在一楼，三个橱窗面向过
客展示，吸引潜在顾客进入精品店。1952
年，巴伦西亚加发现了雕塑家简尼·珍妮

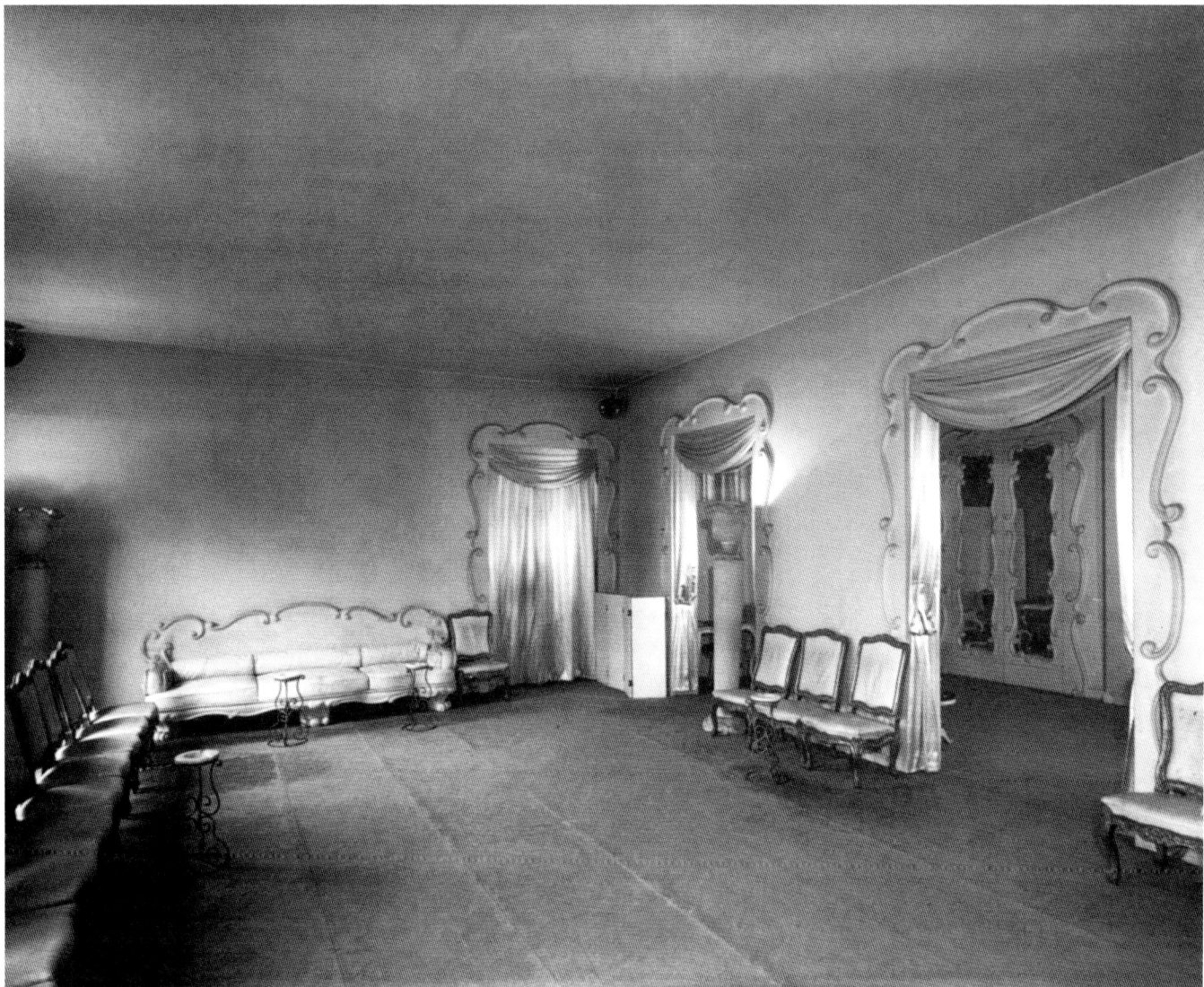

特，珍妮特与他合作，创作他想要的艺术品。珍妮特为许多时装设计师做过设计，与其他合作伙伴不同，巴伦西亚加最想要一个布景精致、独特出色、值得保留的橱窗（一个特别令人满意的橱窗可以保留一年半）。他愿意提供最好的材料，如果有必要的话，甚至可以提供专为高级定制礼服预留的材料。他从未有过一丝商业主义杂念。[30] 他为珍妮特提供了非常自由的创作环境。珍妮特在其作品创作中，研究并使用了特殊的技巧和珍贵的材料，她的目标之一是"让作品的三维效果达到顶级收藏

品的级别"。[31] 她从历史渊源（17、18世纪的雕刻）和自然材料中汲取灵感，其中一些材料在她的作品中已经被频繁使用，如羽毛、贝壳、珊瑚、麦穗。橱窗里唯一允许展示的产品是香水瓶，而华丽的橱窗在某种程度上掩盖了香水瓶的存在。

1952年，珍妮特设计的第一批橱窗里陈列着代表空气、地球和水的战利品。羽毛和箭叠放在雕刻的鸟类上；一捆捆小麦与草帽、花环相得益彰；锚上挂着渔网和芦苇。宏伟的三维效果让人想起了丝绸设计师和织布师创作的图案，例如菲

图87　一楼的沙龙，1937年装饰

在时装屋存在的早期，其内部装饰或装饰元素会先于时装季开始前先在法国版《时尚》杂志上登载。装饰非常豪华，墙壁上的曲线形浮雕、舒适的软垫长椅、带着窗帘的门框，都属于现代风格。巴伦西亚加的模特走秀就在这里举行，尤其是为私人客户举办的走秀活动。位于巴黎的巴黎世家档案馆收藏。

图88（对页图） 卡尔·埃里克森（Carl Erickson）创作的时装插画，巴黎世家电梯里的女模特，她穿着该时装屋的连衣裙，作品发表于英国版《时尚》（1948年11月刊）

巴黎世家的电梯很有名，它的内衬是红色皮革，装饰着黄铜钉，以非常缓慢速度移动，十分庄严。它充当了时装屋公共空间和私人世界之间的门槛，只有被接纳的新成员才被允许进入四楼的沙龙区。私人客户是应邀前来的，媒体和商业买家也是如此。期待他们认真关注时装，其行为是负责任的。

利普·德·拉塞尔（Philippe de Lasalle，1723—1804）。[32] 次年，珍妮特以三个人物形象——"调香师"（Perfumer）、"裁缝"（Dressmaker）和"女帽匠"（Milliner），引出了巴黎奢侈品行业上百年的悠久传统，这些抽象的形象带有其行业的特征。这些特别的陈列是如此成功，以至于巴伦西亚加在美国的代理商希望在他们那里再次展示。珍妮特随后创作了形似石窟人鱼的奇异装置，这些装置是用鳕鱼壳和贻贝壳制成，而香水瓶就在人鱼手中的空贝壳里。难怪摄影师抓住这一机会，以橱窗展示为背景来记录时装屋的时尚。因此，可以说橱窗里惹人注目的奢华促成了服装时尚的传播，也承载传续了奢侈品的悠久传统。珍妮特与巴黎世家的关系及合作成果，让其本人在当时声名鹊起，其创造才能得到盛赞。《时尚》杂志曾报道一位名媛在成年礼派对上的服饰，正如报道所披露的那样，这名年轻女孩是巴黎世家一位重要客户的女儿，母亲和女儿穿着巴黎世家服装的场景正是借鉴了珍妮特的设计

（请参见本书第120页）。[33]

门店构成：空间、员工与顾客

在门店内部，对细节的注重是显而易见的。巴伦西亚加最终占据了乔治五世大道12号的两层和乔治五世大道10号的三层。不同的雇员和顾客使用不同的空间，一些是公共空间；一些是半公共区域，需要以邀请或介绍的方式才可以进入；还有一些则是私人区域，用来经营专项业务。空间布局按功能进行装饰。此外，从20世纪30年代末或40年代，巴伦西亚加对每个空间进行初步装饰后，整个门店就几乎保持不变，直到1968年停业，也没有再改变。1965年，作者维奥莱特·莱杜克（Violette Leduc）在离开沙龙23年后动情地诉说，那里的地毯仍然保持原样。[34] 虽然20世纪50年代的沙龙中有几张照片让人联想到巴黎时装屋似乎更具备斯巴达式的外观，但实际人们都知道马德里的空间更为小巧。据前员工和客户称，无论是在巴黎还是在西班牙，布景中的一些元素都很独

巴黎世家时装屋，1951～1954年			1951	1953	1954
全职雇员	工人		217	244	246
	裁剪师		2	3	3
	车间主任		3	3	3
	模特		10	10	10
雇员总数量			232	260	262
平均月薪（法郎）	裁剪师		109450	119700	138188
	车间主任		94785	94785	97823
样衣数量	春夏季		176	181	212
	秋冬季		173	189	209

公司名称：
巴黎世家

成立日期：
1937年6月24日

公司类型：
有限责任公司

地址：
乔治五世大道10号

合作伙伴：
尼古拉斯·比兹卡隆多，
克里斯托伯尔·巴伦西亚加

设计师：
克里斯托伯尔·巴伦西亚加

注（1951年） 本调查问卷不包括有关女帽的信息。资料来源：AN F[12] 10.505。

CAUGHT-IN

ABOVE: The black taffeta of Balenciaga's near-ankle dress, closely swathed across the front, and released from the sides—his favoured back-swept line. The back-curving cowl neckline is adjustably bare. The toque's wide wings echo the movement.

RIGHT: The stiffened red velvet of the cape, tied with a ribbon round the waist, in Dior's Infanta evening look. The ruby faille of the skirt is so heavy that it nearly stands alone. The bodice is black velvet. The red velvet toque has black lace loops down the back

50

特。巴伦西亚加很严格，要求很高，他对活动的各个方面都严格控制。

精品店在一楼，从理论上讲，人人都可以进入。1948年，克里斯托·贝洛斯重新装修了精品店，此后就从未改变。精品店销售香水和配饰。这家店铺充当了大楼入口，也是通往那部著名电梯的通道，电梯再把私人客户和贸易客户带到四楼的沙龙区域。客户来到两个沙龙之间的走廊上，沿途站着女售货员。第一间沙龙足够大，可以向专业客户和媒体展示藏品；第二间沙龙布局紧凑，适合希望观看模特表演的私人客户。客户的试衣间与模特的更衣室都很近。大沙龙（Grand Salon）区域可以俯瞰街道，而蓝色沙龙（Blue Salon）位于主要的内部庭院。该楼层的其余部分属于车间和办公室。裁剪车间、设计工作室和办公室设在四楼。制衣车间、女帽工坊以及其中一个裁剪车间位于五楼。[35]巴伦西亚加自己的办公室则位于乔治五世大道12号的一个偏远角落，就在管理层的楼梯旁，也在费尔南多·马丁内斯的设计工作室和萨尔瓦多的制衣车间之间。在那里，他周围都是讲西班牙语的人。

巴黎世家时装屋的人员配置结构与其他时装屋基本相同。金字塔结构的顶端是巴伦西亚加和他的商业伙伴瓦拉齐奥·达瓦维尔，达瓦维尔1948年去世前一直在设计帽子，此外还有尼古拉斯·比兹卡隆多，他提供原始资金，是不出面的合伙人。下面是在设计过程中参与合作的员工。费尔南多·马丁内斯根据设计理念帮忙绘制草图，以便转换为样衣，并负责收集各服装系列的草图，将其作为记录发送给私人客户。事实上，与比巴伦西亚加相比，马丁内斯更擅长制图，工作起来像位大师。拉蒙·埃斯帕扎也属于这个级别，还有两个学徒，分别是库雷热和温加罗，他们也是这个级别的一员。库雷热和温加罗在设计理念与绘图上贡献了自己的力量，他们也学习了裁剪和缝纫的技巧。而管理这家时装屋女经理蕾妮·塔米西耶更是在所有这些男性员工中扮演着无可替代的角色，正如她从1955年起所持有的股份显示的那样。

对于那些水平较低但又不可或缺的裁缝们，巴伦西亚加又是如何审定他们的工作呢？裁缝萨尔瓦多记得，所有型号都必须提交检查四次：一次检查织物是否正确，三次审查设计。接下来，真正参与样衣制作的员工将参与到主管工作室的第一车间中。一个擅长做帽子，一个擅长做服装，一个擅长做裁剪。巴伦西亚加的裁剪师报酬要比其第一车间其他员工报酬好很多，而在其他时装屋里，报酬差别很小（请参见本书第98页表格）。看重裁剪不足为奇，因为巴伦西亚加的许多作品都有完美的造型，有别于传统的裁剪、塑型方法。

在巴黎世家，裁缝们完成了主要幕后工作。1953年，这间时装屋当时雇用了246人，其中包括10个工作间的女裁缝：4人负责裁剪，4人负责女装制作，2人负责帽子制作。[36]巴伦西亚加还聘请了与公众打交道的工作人员：10名室内模特、照顾个别客户的服务人员、橱窗设计师、精品店服务员、接待员和门卫。在后面的房间里有模特化妆师、储藏室工作人员和会计人员。

产品、定价、多样性

巴伦西亚加在到达法国时，就已经确立"通过自己的设计创作赢得公正报酬的初心"，某些理想和标准也是如此。[37]他坚持使用最好、最新的材料，并已与法国纺织品生产商建立了良好的工作关系，其中一些生产商与他合作开发新面料（请参见本书第二章）。他的经验、知识、高标准和商业意识为其时装屋的成功奠定了坚实的基础，使他的时装屋在质量和可靠性方面获得赞誉。这些令人放心的特质使企业及其雇员受益。旁观者既承认客户忠诚，也承认员工忠诚。

在缺乏关于企业内部融资证明材料的情况下，其定价和自我展示是评估公司战略的唯一依据。服装成本的计算涉及复杂的账目，其中要考虑财产的维护和保险费用、燃料费用、人员费用、材料费用、公共宣传费用和展示费用。[38]与时装屋有业务往来的纺织品生产商，会保证面料订单的效率。显然，巴伦西亚加确切地知道他想要什么样的面料以及面料的数量，分毫不差。纺织品生产商皮埃尔·杜查恩说，巴伦西亚加针对同一型号不同尺寸所需的面料数量，提出计算要求，即使是极小的差异也要计算出来。[39]

价格等级取决于面料和装饰的数量和类型，随着服装繁复程度的加大，服装的价格也呈现递增，从衬衫和连衣裙，到西服和晚礼服，这些服装通常都附有精致的装饰。1947年的一本订单册显示，小件衣服反倒非常昂贵，如一件绣花丝缎波莱罗上衣比一套羊毛西服贵得多。华达呢雨衣和西服属于同一个价格档次，但是黑色毛料晚礼服则贵得多，而针织材质的日装却没有那么贵。[40]当然，价格也因买方的目的而异。时装屋为私人客户、百货公司和批发买家提供服务，经营规模越来越大。其中，私人消费的单一佣金最便宜，其次是单一款少批量生产需要支付的费用，而单一款大批量批发生产需要支付的费用最高。1954年，就一套羊毛西服而言，一位私人客户支付了13万法郎（130英镑），而一家百货公司支付了26.5万法郎（270英镑）。但批发商为同一款商品支付了高达1000～1500英镑不等的费用，因为只有他们在签约购买两套服装的情况下，才被允许参加时装秀。[41]英国成衣生产商弗雷德里克·斯塔克（Frederick Starke）在1965年就曾指出，一款巴黎世家原版服装的价格约为600英镑，但巴伦西亚加时装秀的入场费却要1500英镑，而且其本质上是一份合同，要求该成衣生产商购买两款样衣，但是并不一定拥有独家使用权。相比之下，克里斯汀·迪奥设计师马克·博昂（Marc Bohan）的纸样只要200英镑。斯塔克认为，这是大街上看到迪奥的复制品多于巴黎世家的原因之一。[42]因此，按照其他时装设计师的标准，巴伦西亚加的服装价格是昂贵的。他对样衣的价值很敏感，认为自己设计了一件高品质的服装，理应得到相应的报酬。因此，他拒绝出售服装纸样，因为这样的纸样既不能说明服装的构造，也不能显示服装各部件的质量，例如面料与饰物、衬布与垫料、纽扣与其他扣合件。

当然，巴伦西亚加也注意到通货膨胀及时装屋不断上涨的维修费用。1947～1968年，一位私人客户的羊毛套装价格从43600旧法郎（90英镑）上升到4005新法郎（340英镑）。[43]此外，时装屋对样衣的销售从不手软，在季末会以相对较低的价格出售样衣。[44]

虽然服务似乎都有其相应的价格，但许多轶事揭示了巴黎世家的一些服务并没有价格。巴黎世家的合伙人费尔南多·马丁内斯讲述了一家美国大型批发公司希望巴伦西亚加修改一款设计的故事。这款有争议的设计是一件绣有花边的晚礼服，裙

图89（本页图） 时装照片，模特身穿羽毛晚礼服，1957年秋季
在这里，以桌子为背景，巴黎世家的模特在精品店内著名的太阳钟前摆造型。

图90（对页图） 马克·肖（Mark Shaw）摄影作品，巴黎世家沙龙，1954年
巴黎世家的时装模特在沙龙中向百货商店的买家们展示最新系列。镀金的小木椅被临时搬进沙龙中，腾出了更多的座位，而一年中的大部分时间里用之前的软垫靠椅就够用了，如本书第97页所示。

裙长两米。这家公司要求把裙裾缩短一米，但是被巴伦西亚加拒绝了。马丁内斯还讲述了巴伦西亚加如何接受委托，设计西班牙的绅士服装。巴伦西亚加一开始欣然接受，直到他了解到这是为客户的酒店经理准备的制服时，[45]他就拒绝了。为了保住自己的名誉，他不惜放弃一笔可观的佣金。这种不妥协的行为源于巴伦西亚加非常了解自己，他要维护自己和品牌的声誉。20世纪50年代中期，当生产商们评论布袋式系列的膨胀造型时，他听到了这样一个事实：这种款式既不能很好地被复制，也无法吸引很多女性。所以巴伦西亚加的下

一个系列减少了丰满度，同时保留了原来的比例。[46]这些举措具有很好的商业意义，并没有对他的设计产生不利影响。

在战后的岁月里，巴伦西亚加还发现推出一系列香水和配饰的可取之处。他的第一款香水"乐迪克斯"（Le Dix），就是以乔治五世大道10号时装屋的名字命名的，并于1946年问世。香水"瞬间"（La Fuite des Heures，1948年）和"四对舞"（Quadrille，1955年）紧随其后。配饰系列包括围巾和手袋。1960年9月，T.B.琼斯（T.B. Jones）在英国推出了三种以其香水命名的长筒袜品牌。[47]这种较便宜的产品可以通过批发复制品的方式达到宣传时装屋的目的，而不损害服装设计师的声誉。

尽管巴伦西亚加承认时代变了，但他并没有试图去适应。他既不选择设计任何成衣，也不向任何大型制造公司授权他的名字。在这一点上，他不同于其他大多数的时装设计师。1953年，迪奥在设计高级成衣系列和高级定制时装；1971年，纪梵希不仅每年设计两个高级订制时装系列，而且还设计成衣和精品系列。1985年，多样化已经达到了这样的程度：巴伦西亚加的前学徒温加罗正在生产10个系列，其中只有两个是高级时装定制系列。[48]巴伦西亚加选择不推出成衣系列，也不抛弃之前的成熟客户，他意识到因自己的选择所造成的影响，所以在1968年就退休了，时年73岁。然而，他确实向兰佐尔侯爵夫人透露："我后悔自己不再年轻，因为我还可以创造这个时代所需要的既有趣又有品位的成衣。但对我来说，这太晚了。"[49]

巴伦西亚加忠于自己的时尚信仰。在这方面，他在商业实践中始终遵循自己的设计，当他意识到自己不能前行时，他就非常聪明地停下来。但他只中止了部分活

动，把精力集中在高级定制业务上。巴黎的时装屋在1968年的春季时装周后就停业了。马德里和巴塞罗那的分店也在当年晚些时候停业。然而，公司继续生产围巾、袜子、手袋和香水，这是都是能带来很多收入的业务。此外，根据普鲁登斯·格林的说法，即使在1971年巴伦西亚加也参与了西班牙的一个时尚项目。当然，他与马德里分店的前裁剪师·马里·艾米拉斯的交流表明，他并没有完全放弃工作。[50]

广告和宣传

许多传记故事给人的印象是，巴伦西亚加完全回避宣传。显然他在设法限制自己与媒体的接触，似乎也不赞同年轻有为的杰奎斯·菲斯在战后提出的观点——"如果你不首先意识到高级定制时装是建立在广告基础上的……广告从根本上改变了人们的工作条件。"[51]不过，战后不久，巴伦西亚加也确实加入了旨在吸引人们关注巴黎时装的集体努力中。巴黎解放后，1945年多位设计师联合举办了巡展"时尚剧院"（Théâtre de la Mode），这也是第一次在美国举办的时装展览，而巴伦西亚加展出了四款迷你服饰：一套黑色羊毛日装、一件白色英格兰刺绣日礼服、一件镶黑色丝绒边的白色缎面鸡尾酒会裙、一件引人注目的覆盆子红色缎面晚礼服并搭配无檐珠饰小帽。[52]

克制是巴伦西亚加管理公众形象的关键。这家公司并没有在广告上大张旗鼓、花费很多，尽管它确实利用媒体向公众宣传了它的存在、动向以及不同产品。大多数时装屋在时尚杂志上每年至少刊登一次广告，有法国版、英国版和美国版。巴伦西亚加似乎倾向于对其时装屋采取更加本地化的做法，即在时装系列发布之前，先在法国版《时尚》杂志上刊登一些广告。例如，1938年和1939年，他分别在7月和3月推出了广告。当时，时装屋才刚刚开张——第一批时装系列是在1937年8月推出的。而这些战略广告放在杂志的正面，与其说是促销工作，不如说是在宣传时装屋的存在和店址。简洁的格式引起了人们对页面顶部黑体字的注意。这在很大程度上是汲取了巴伦西亚加早年在西班牙时所采用的方法，他会在每半年一次的时装秀举办之前，选择合适的报纸登载相关声明。[53]在战后的几年里，这种声明变得更加简洁，在一张白纸上醒目地写着时装屋的名称和地址，以及它在时装和香水方面的业务。这样的公告声明一直持续到20世纪50年代中期。[54]巴伦西亚加似乎更加依赖口碑推荐，这是一种在奢侈品行业建立声誉的最为传统的方法，在奢侈品行业，卓越的声誉和可靠的服务是成功的基础。[55]

然而，巴黎世家的名字在其他类型的公开宣传中确实存在：例如，在与知名纺织品生产商的合作中，在高级时尚杂志的社论版页上，甚至在封面上。还有在1949年10月法国版《时尚》杂志上，著名的丝绸供应商布科尔分别通过设计师夏帕瑞丽和巴伦西亚加的一款样衣推广了一款名为Cracknyl的漆面布料，而在1950年10月，波特（Porter）、贝内特（Bennett）和戈舍朗（Gaucherand）又分别用他们的一款羊毛绉料呈现了巴黎世家的设计。在英国，法国香氛公司（French Perfumery Co.）也为巴黎世家及其他设计师品牌的香水做过广告。到了20世纪60年代末，香水方面的业务已经足够赚钱了，以至于到了时装屋关门的时候，还能继续生产香水。

虽然当时的批发商也不被允许使用巴

黎世家的名字来为自己的商品做广告，但百货公司却可以。在英国，哈罗德百货公司（Harrods）在《时尚》和《时尚芭莎》杂志上，宣布每一季新款时装即将面世。从1938年他们收到巴黎世家的第一批订单开始，这些新款时装就包括了"灵感来自巴黎世家"或"'基于巴黎世家改版'的连衣裙、西装和外套"。对于这种宣传，实在无法估量其效果，但它确实不可避免地使人们注意到时装屋的名字。巴伦西亚加的另一种宣传则源自时尚评论。他的服装每年两次出现在巴黎时装屋的专刊上，而其他时候则出现在纯粹以时尚为主题的文章中。有时甚至还出现在他那些巨富客户背后的社会专栏——赛马会、舞厅、展览、官方活动中。最后，也可能出现在关于特定女性生活方式的专题报道中。巴黎世家的国际形象正是借助他的客户得到传播。

1956年，巴伦西亚加因推迟对媒体的展示引发了热议。由于深恶痛绝自己的设计被盗版，他决定在私人客户和商业买家看到新系列四周后，再向媒体发布。他希望通过这种方式，保护购买其作品的合法买家，避免买家手中的作品与那些根据媒体照片和手稿进行盗版的廉价复制品进行竞争。巴伦西亚加忠实的追随者纪梵希也加入了这场争取买家公平交易的征途。作品在第一次展示之后，就可以在选定的月份完成制作和交付订单。然后再接受采访，媒体也就可以发布相关内容了。在这各个计划中，美国记者很可能会遭殃，因为他们受地域限制，需要花时间长途跋涉，如果他们想从包括巴黎世家在内的所有品牌时装系列中获取信息、发布新闻，他们就不得不在巴黎多待几周，开销昂贵。而这个时候的巴伦西亚加，在手艺精湛方面早已名声在外，无法被公众和媒体忽略。

这也是他相信"物有所值"、坚持自己的工作理应获得公道价格的一个例子。

为了减轻此举的影响以及对美国买家的打击，巴伦西亚加和纪梵希在行动的第一年就做出了明智但代价极高的决定：4月，他们带着春季系列作品来到纽约，进行了一次访问。正如美国版《时尚》所言："纽约出现了一些新事物，巴黎世家和纪梵希的春季时装系列在这里展出。时装是空运过来的，根据美国的待客礼节在大使酒店（Ambassador Hotel）里展示了一晚，然后就空运回去了。"[56]

几年来，媒体们一直焦躁不安。《先驱论坛报》（Herald Tribune）的时尚编辑尤金妮亚·谢泼德（Eugenia Sheppard）冒险发表了买家报告中的内容，这使巴伦西亚加暂时禁止她进入时装屋。四年后，也就是1960年，《星期日泰晤士报》（Sunday Times）的埃尔内斯丁·卡特（Ernestine Carter）对此大发雷霆：

> 今年，即使不是受到侮辱性的伤害，至少也会因为诸多的因素而困难重重，巴伦西亚加和纪梵希都忽略了由尚布尔·辛迪凯尔（Chambre Syndi-cale）确定的正式发布日期3月1日，而巴伦西亚加选择在愚人节这天发布，更凸显了他们这种奇怪的姿态。[57]

由于样衣已经在伦敦上市，于是她决定冒险发表草图。

巴伦西亚加和纪梵希可能长期受益于自己的"宣传策略"：他们的作品肯定不会从时尚杂志上轻易消失。事实上，它们在5月份的美国版《时尚》《时尚芭莎》和4月份的英国版中占据了独家报道的版面。换句话说，这是在其他时装设计师发

图91（对页图） 模特科莱特和另一个时装屋模特，法国版《时尚》，1938年

法国版《时尚》在时装周开始前宣布了巴黎世家时装屋的出现。倚靠在沙发右边的是科莱特，她在1938～1954年间担任巴黎世家时装屋的模特。她对巴伦西亚加来说是缪斯女神，巴伦西亚加为她修长且棱角分明的身材专门定制服装。V&A博物馆馆藏号：NAL。

布之后一个月推出的时装报道。记者对此大发雷霆，直到他们习惯了这两位设计师的"冷漠"。1964年，珍妮·莫莉（Jeanne Molli）在《纽约时报》上相当平静地报道："今天，巴伦西亚加给一群记者和名人展示了他的时装，一只短腿小狗随着热烈的掌声狂吠，非常欢快，完全意识不到时装屋多年来固守的朴素。"商家购买的设计会被迅速送往第七大道的生产商那里，两周内就看可以为他们的顾客准备好成品。[58]

巴黎世家的商业文化与其他服装设计师品牌相似，但在某些方面却有所不同。巴黎世家的历史要比1937～1938年在巴黎发迹的其他所有时装设计师品牌都要长，它有着坚实的财务基础。与其他设计师的战略不同，巴伦西亚加选择遵循战前老一代的做法，不涉足成衣企业或大肆宣传。他对自己时装屋的形象、产品和外观施加了相当大的控制。他从一开始就仔细筛选了四个城市的办公地点，时装屋的地址后来就一直未变。巴伦西亚加不宣传，雇用谨慎忠诚的员工，并从法国时装系统外部注入新鲜血液，这些都使他从巴黎战后一代中脱颖而出。他在西班牙的住所，以及他与西班牙社会的持续接触，无疑增加了他的创造力，避免了过度现代化。尽管他的员工大多数都是法国人，但管理层全是西班牙人。直到1975年佛朗哥去世，西班牙政权促进了传统价值观的发展，维护了北欧和美国已经崩溃的社会结构。因此，把重要员工派到西班牙，磨去棱角，就相当于把他们送到另一个地方，这个地方的现代化和社会变革比欧洲北部更好。此外，妇女在西班牙社会中的角色刚刚开始改变：她们仍然与家庭联系在一起，有充足的时间和他们的裁缝见面约谈。[59]

BALENCIAGA

COUTURE

10, AVENUE GEORGE V

隐藏的资产：
女性导购、时尚编辑和模特

隐藏在巴伦西亚加及他在时尚杂志上发表的作品背后的，是一些令人敬畏的女性，她们工作努力，促进了巴黎世家服装的销售。在巴伦西亚加的一生中，他的员工——女性导购和时装模特——是高级定制系统特有的组成，他对她们应该如何工作有自己独特的见解，就像其他设计师一样。而在《时尚》和《时尚芭莎》等杂志工作的美国时尚编辑，对他的成功同样至关重要。

女性导购

女性导购是高级时装的销售人员，负责向通过沙龙而来的每一位客户进行销售。她们由时装屋的女经理管理，其中一位女经理战后这样评价并肯定了女性导购的重要性："成功的销售就像冰山一样，在水面之上只能看到八分之一，其他八分之七由女性导购和客户之间的关系组成。[1]这种关系利于确立外交和行政职责，从而确保女经理为每个客户安排、分配适当的女性导购。[2]女性导购的首要任务是从内到外了解他们的客户，了解他们的资产和不足，还有他们的独特偏好（喜欢的面料、颜色等）以及他们的家族历史和社交日程表。其目标是一季又一季地留住顾客。与其他高级时装屋的女性导购相比，巴黎世家的女性导购虽然在行为举止上显得很严肃，但其实她们的角色没有什么不同。

这些女性导购参加了每个系列的工作人员预览，以确定哪些样衣可能是稳定的畅销产品、哪些是重要的创新产品。这样做好准备后，她们会妥当安排其客户在时装秀场上的座位，以便照顾好客户，指导他们选择样衣型号，在工作室下订单，通过三个附件向客户保证，并安排每次采购的交付。女性导购在时装设计师与客户之间起到沟通协调作用，她们的薪水与其交往工作中所处的特权地位密切相关，远高于工作室中裁缝的薪水，并且每次销售的佣金提成以及礼品或证券交易所绩效都提高了薪水。[3]她们在妥当保管的笔记本上记录销售情况，这些笔记本在她们离开时装屋时仍然保留在自己手中。[4]一个女性导购在任何时候负责的客户数量都可能多达40个，当然，她有助手来协助她。[5]

如果客户无法亲自出席秀场，负责他们的女性导购会发送一些客户感兴趣的服饰草图，并根据随后的委托进行通信。然后，根据客户的精确测量结果，在其专属

图92 弗洛雷特和其他三位女性导购坐在时装屋的桌子边，约1960年

图片的最右边是弗洛雷特，她从1937年起一直在时装屋工作，直到1968年时装屋关闭，然后就去了纪梵希时装屋，随后又去了库雷热时装屋。

图片由玛丽·布鲁姆提供。

的"量身定制"的人体模型上进行设计装饰，并由时装屋记录在案。[6]

1937年巴伦西亚加的时装屋开业时，他聘用了三位女性导购：弗洛雷特·切洛特（Florette Chelot）、马蒂（Marthe）和玛丽亚（Maria）；到20世纪50年代，他已经雇用了八位女性导购，其中有些人还有自己的助手来协助。[7]唯一的"微笑"女性导购是弗洛雷特·切洛特（1912—2006），[8]她从时装屋创立到关闭，一直在那里工作。她年幼时就父母双亡，是未婚夫教她学习文化，甚至还把她送到英国学习英语。在法国的旺多姆广场（Place Vendôme），有她婆婆的制衣业务，弗洛雷特从中获得了工作经验，此外，她之前的一些客户也在旺多姆广场，包括高端酒店经营者恺撒·丽兹（César Ritz）的遗孀，以及百货公司布鲁明戴尔（Bloomingdales）和哈罗德的商业买家。很快她就成功吸引美国和英国的百货

公司到巴黎世家购物，在巴黎世家，她的年薪包括她的工资、5%的销售提成，此外，她还获得上季系列服饰中的两件黑色工作服（面料费用需要她自己支付）。[9]

弗洛雷特工作努力，擅长应用心理学，并由此获得了回报，她成功地培养了商业和私人客户对品牌的忠诚度，其中包括后来将部分衣物捐赠给V&A博物馆的阿兰·德·罗斯柴尔德男爵（Baronne Alain de Roth-schild）。她非常清楚如何与客户和同事建立良好的工作关系，并说明："在某种程度上，我们只是服务员。你必须以某种方式站在幕后。在他们看来，我是导购，但实际上也不只是导购，也许还是朋友。但是，我又不是他们的密友。"[10]因此，她知道在繁忙的日程安排中，如何挑选相对轻松的时间给客户打电话联系，通常是在晚上约7：00，要记住他们的生日。[11]弗洛雷特还与时装屋的经理和女裁缝们建立了很好的联系，通过他们可

图93（本页图） 巴伦西亚加为伊丽莎白·帕克斯·费尔斯通夫人设计的时装设计方案，1954年

伊丽莎白·帕克·费尔斯通（1897—1990）生活在底特律，但并不能经常参加季节性时装秀。负责她的女性导购爱丽丝（Alice）发送她带有注释的草图，以方便她远程选择。这些注释表明，这种特殊的款式在材质上可以有三种选择：绿松石色蕾丝和相同底色的雪尼尔布组合，粉红色蕾丝和相同底色的雪尼尔布组合，浅蓝色蕾丝和粉红色或蓝色雪尼尔布组合。费尔斯通太太用打字机做详细的答复，可以看出，她是一个知道自己风格的女人。亨利·福特博物馆收藏。

图94、图95（对页图） 时尚编辑和朋友：贝蒂娜·巴拉德［纳特·法布曼（Nat Farbman）摄影作品，美国版《时尚》杂志］和卡梅尔·斯诺［Carmel Snow，沃特·桑德斯（Walter Sanders）摄影作品，美国版《时尚芭莎》杂志］，1951~1953年

1951年2月，《时尚》杂志时尚编辑贝蒂娜·巴拉德早上9点达到，参加一场时装秀；而1952~1953年，《时尚芭莎》杂志时尚编辑卡梅尔·斯诺和她的艺术团队一起为她的一期杂志制作宣传页。他们都穿着巴黎世家的服装，戴着无可挑剔的配饰，出现在合适的时间和工作地点——在室内时要提前摘掉户外手套。

以使自己更了解推销产品的方法。[12]

在她晚年，弗洛雷特回想起自己成功获得订单的两个具有挑战性的时刻：一个是在第一个时装系列发布之后；另一个则是在1940年巴黎被占领前的最后一个时装系列发布之际。她在描述自己的经历时，说道："只是卖东西没意思，听起来像是杂货店工作。一个好的销售人员知道如何赢得客户的信任和忠诚度。我们是客户生活的一部分，通常要认识她们的丈夫、孩子和她们最好的朋友。让她们知道我们希望她们成为最好的自己。"[13]此外，对于收入和目标客户的富裕程度不匹配的顾客，女性导购们也会做到隐私保护，并贴心地告诉她们什么时候会打折促销。罗莎蒙德·伯尼尔（Rosamund Bernier）和玛丽·布鲁姆曾以有前途、年轻的美国记者身份来到巴黎，她们都从这种体贴周到的行为中受益。[14]

时尚编辑

巴伦西亚加的设计吸引了美国的时尚编辑们。当西班牙人定居巴黎之时，他们已经在"树立"时装设计师的声誉方面发挥了巨大作用，因为他们的视野开阔，目标客户范围已经超出了巴黎，同时，他们还聚焦法国服饰风格。查尔斯·克里德（Charles Creed，1909—1966）早年在巴黎做女装设计师，并兼任巴黎世家的女装设计师时，在自传中曾直言不讳：

纽约时尚评论家们会产生难以估量的影响力，他们的观点被买家视为福音，买家一直在寻找最好、最时尚和最新潮的产品。如果这位时装设计师的名字与在《时尚芭莎》和《时尚》等杂志上其作品的模特展示照片放在一起，这位设计师就会声名鹊起——买家们会蜂拥而至。[15]

从20世纪初期开始，康泰纳仕集团（Condé Nast）和赫斯特集团（Hearst）分别发行了《时尚》和《时尚芭莎》，不仅有美国版月刊，而且还有欧洲版的月刊，各版本刊物都有自己的时尚编辑：包括1916年和1920年的英国版《时尚》和法国版《时尚》，以及1929年的英国版《时尚芭莎》。它们弥补了法国高端时尚杂志《巴黎时装公报》的不足，在与时尚无关的主题上提供了许多专栏，并且针对新的服装廓型和设计师给出了明智的选择，以满足特定国家市场的需求。[16]确实，在1960年，美国《时尚芭莎》的编辑南希·怀特（Nancy White）将她的新闻素材瞄准了三个不同的群体：

那些收入在几百万美元且愿意花更多钱在最新时尚上的人，不在乎花销；那些有钱有品位、愿意花很多钱的人，但认为花5000美元买一件衣服是不道德的；那些只有很少的钱但是有品位的人，包括那些想知道把钱花在哪里才合适的人……[17]

对于巴伦西亚加而言，其中的三位女性编辑——贝蒂娜·巴拉德（1961年去世）、玛丽-路易丝·布斯凯（Marie-Louise Bousquet，1887/8—1975）和卡梅尔·斯诺（1887—1961），不仅是他的仰慕者，还是他的朋友，

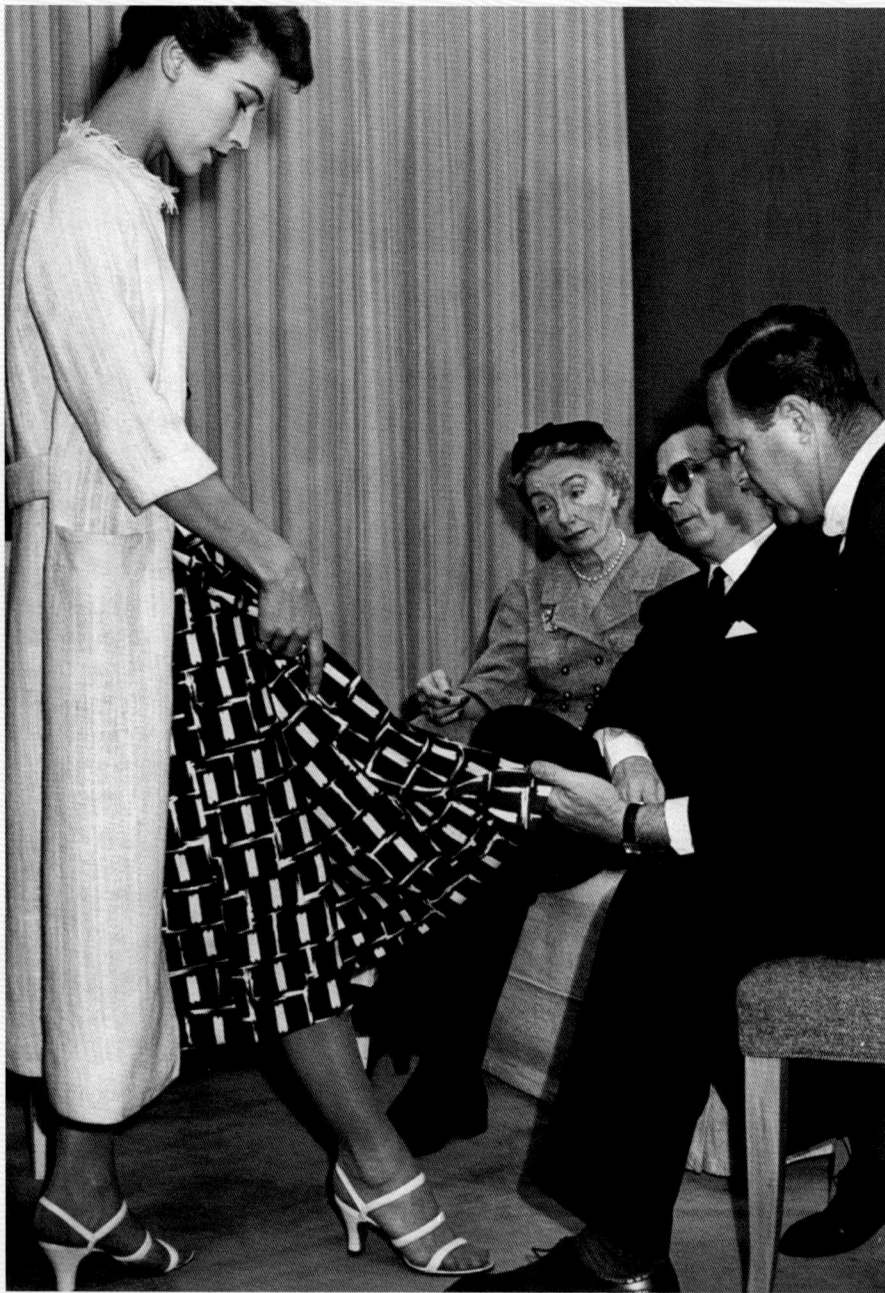

图96（本页图） 威廉·桑德斯（William Sanders）摄影作品，时尚编辑卡梅尔·斯诺和巴伦西亚加在纽约，拜访了一家美国服装批发商，1952年12月1日
照片中间的人物被靠外的人挡住了，他正是巴伦西亚加，我们可以借助他的墨镜、无可挑剔的白衬衫和深色西服来认出他。

图97、图98（对页图） 时装屋丝绒套装照片，1949年秋冬（款式编号：65号）
这些时装屋内拍摄的照片给人留下了这样的印象，即设计师希望人们看到自己的服装。这套服装在色彩对比方面的运用，显然很大程度上归功于当地的卡斯蒂利亚服饰。然而，巴伦西亚加通过塑造紧身胸衣的风格，将厚重的传统羊毛服装变成迷人的晚礼服，并搭配深色丝绸外套和帽子。他只选择了一条银色项链作为装饰，以黑色皮鞋作为服装配件。巴伦西亚加选用了具有"不愉快、难相处气场"的金发模特，消除了一些潜在的、刻板的西班牙式联想。
位于巴黎的巴黎世家档案馆收藏。

她们受邀与他在巴黎一起用餐并参观他的乡间别墅。设计师还将巴拉德和斯诺引入马德里的跳蚤市场。[18]她们都是巴伦西亚加的同辈，在他初入巴黎的头二十年对他特别重要。此后，巴伦西亚加的声誉得到了确立，但是他似乎并没有直接与负责报道20世纪60年代时装系列的年轻一代新闻工作者进行私人接触。

卡梅尔·斯诺是1933～1957年美国版《时尚芭莎》的编辑，她在巴伦西亚加的职业生涯中扮演了十分重要的角色。早在1947年她就预见了迪奥"花冠"系列的成功，并称其为"新风貌"[19]；她还是巴伦西亚加1951年"半合身"系列的坚定支持者，该系列设计与迪奥的经典廓型形成了鲜明的对比。卡梅尔·斯诺从巴伦西亚加的第一个系列中就判断出他是未来之星，于是从这时刻起，她开始在美国大力支持他。1952年，她鼓励巴伦西亚加去纽约，为他的香水许可经营权谈判（这是一次并不完全成功的尝试），并以向他展示纽约时尚和设计作为自己的职责。[20]直到她去世，她都一直穿着巴伦西亚加的套装。在她的葬礼上，一位朋友送了一个花环，

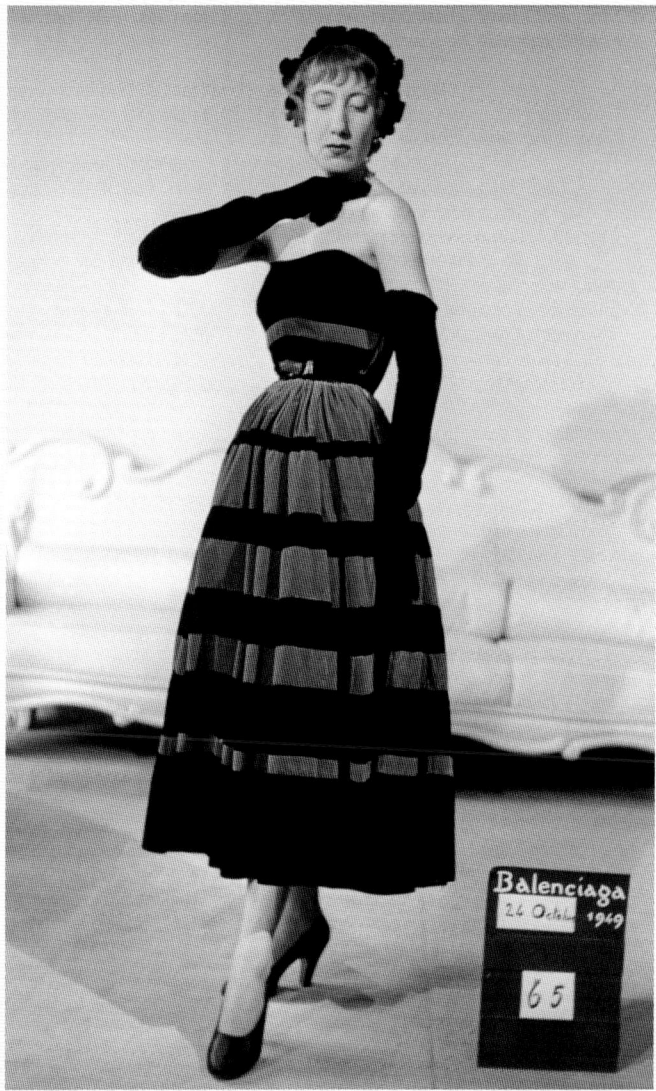

是她最喜欢的带一朵玫瑰的白色礼帽的形式。[21] 显然，她对巴黎世家品牌的忠诚众所周知。

模特（时装模特）

时尚编辑卡梅尔·斯诺和她的同事们不仅挑选合适的服装款式，而且通过摄影师的创造力和模特的展示技巧来推广这些服装，从而为时装设计师们创造了销售业绩。时装拍摄中的模特通常极富魅力，摄影师鼓励她们通过面部表情、姿势和手势来"讲故事"。在20世纪50年代，模特们依然按照当时的礼仪，穿着无可挑剔的套装，手套、帽子、包袋都是她们搭配日常服装的配饰。到20世纪60年代，时尚摄影通常更具"活力"，新一代的"超级名模"出现，她们是当今媒体上的名人。[22] 她们与时装屋雇用的模特截然不同，在时装屋中，模特对时装的创作、制造以及销售都发挥着重要作用。她们是促使设计师产生创造力的缪斯女神和无声的衣架，设计师在她们的身体上完善设计，使服装合身，以备时装秀期间在沙龙上"亮相"。在时装展示中，她们仿佛一个

图99（对页图） 理查德·艾维登摄影作品，穿着巴黎世家服装的超模多琳·利（Dorien Leigh），《时尚芭莎》的封面（1949年12月）
与时装屋内拍摄的照片相反，摄影师理查德·艾维登用完全不同的方式拍摄了这张高级时装杂志圣诞特刊的照片。他（或杂志的时尚编辑）选择了一位模特和相关配饰，不搭配手套、外套或帽子，以强调这件服装的魅力。最终产品完全适用于欢乐的节日场合，模特摆好姿势，仿佛即将翩翩起舞。超模多琳·利一头深色秀发，足蹬银色船型高跟鞋，站姿优雅，右手拿着一把银色的大扇子，左手卷起裙子。她的项链与吊灯状的耳环相得益彰，让人想起不同地区传统西班牙服饰中沉甸甸的金银首饰。

个行走的衣架。基于CSCP的规则，她们每一季至少要展示45次。此外，她们随时待命，以满足个别客户的要求。工作日时间一般是从上午9点开始，预计下午3点正式展示时装系列。

20世纪50年代中期，巴伦西亚加为时装屋雇用了10个模特，而CSCP要求雇用模特数量不超过3个，可见他的企业规模之大。[23]根据费尔南多·马丁内斯的说法，这些模特为不同类型的女性，并且具有不同的国籍和种族背景，从而反映出时装屋所具有的国际化信息。到20世纪60年代，巴伦西亚加也雇用了与时俱进的年轻模特。[24]巴伦西亚加亲自培训模特，强调了她们作为衣架的角色。无论发生什么，都不应影响服装，她们也不应与观众进行人际交往。每个模特身上都标有一个数字，顾客可以通过该数字记录自己的喜好，而且无论模特是否穿着外套或夹克，她们的前、后身都要拍照，以便时装屋做好记录（请参见本书第113页）。

许多人都曾评论，模特们展示巴黎世家服装的方法非常特殊，她们在沙龙里不苟言笑、举止冷淡。贝蒂娜·巴拉德表示，她从来没能与巴黎世家模特的目光对视。[25]位于西班牙马德里的时装屋，其模特也受到类似训练。记者何塞菲娜·菲格拉斯（Josefina Figueras）讲述了巴伦西亚加从窗帘后面观看秀场的情况。整个走秀持续了整整一个小时，但如果巴伦西亚加对模特在沙龙上的展示不满意，他就命令她回到房间，穿着同样的衣服、拿着同样的号码，再次回到观众面前。[26]

巴伦西亚加试图坚持要求时装摄影师在摄影中使用时装屋内部工作人员。在巴伦西亚加事业刚刚起步之时，在名模兴起之前，也包括1956～1967年他缺席CSCP表演发布会的期间，可以说他都是成功的。[27]在20世纪30年代，巴伦西亚加的缪斯女神和女性雇员——超瘦的模特科莱特，步履轻柔而飘摇；而在后来的若干年里，时装屋模特泰加［Taiga，她与极负盛名的杂志模特奇娜·马查多（China Machado）很像］以及一些其他模特，经常在时尚编辑们参加完全部时装秀后的一个月内，以更加动感的姿势拍摄时装照片。[28]事实证明，巴伦西亚加的这种控制策略很有效。

HARPER'S

December · 1949

Bazaar

Christmas Number

Three Shillings and Sixpence

第四章

客户和服装

就像飞行员相信仪表盘上的复杂仪器能让他们通过一段艰难的航行一样，许多女性完全相信巴伦西亚加大胆而持久的天赋，能使自己在当代时尚的潮流和旋涡中转危为安。[1]

—

塞西尔·比顿，1954年

图100（第116页图）沃特·桑德斯摄影作品，巴伦西亚加与卡梅尔·斯诺，斯诺是他的仰慕者、客户，也是美国版《时尚芭莎》的编辑，1952年12月

1952年，卡梅尔·斯诺邀请巴伦西亚加去纽约，显然是费了一番周章才把他介绍给当地机构的，例如这家五金店。她和巴伦西亚加有许多共同之处：他们的母亲都是裁缝，他们的法语都说得不太好，他们都是虔诚的天主教徒，都献身于自己的工作，都因对法国时装业的贡献而获得法国荣誉军团勋章。

塞西尔·比顿入木三分地挑明了女装设计师关注私人客户心理需求的重要性，正是这种稳定性的心理需求确保了巴伦西亚加的成功及其企业生存。也正因为如此，巴黎世家客户数量庞大、购买欲望强烈且具有绝对的品牌忠诚度，这足以使巴伦西亚加在客户们口口相传的推荐中获利，甚至根本不需要考虑对同时代者进行广告宣传。这一点在出生于英国、就职于巴黎总部的时装设计师——查尔斯·克里德的口中得到了证实，并且他还将客户忠诚度纳入20世纪50年代中期的时装业商业环境中：

> 巴伦西亚加是一个对商业周期不感兴趣的人，他是一位伟大的艺术家：是设计师中的设计师，其服装几乎无法转化为"批发品"。他一点也不在乎媒体……他有一群富足、尊贵、完全是巴伦西亚加思维模式的客户，因此，根本不需要任何宣传。[2]

尽管在巴伦西亚加的职业生涯中，那些有新闻价值且来自富有魅力、值得媒体关注的富贵阶层的私人客户很重要，但直接或间接从时装屋购买产品的更广泛的客户群，可能比设计师克里德所暗示的那类客户群更为重要。目前尚不清楚私人客户是否主导了该公司的活动，也不清楚有多少人能够为了繁忙的社交生活而在每一季购买和丢弃整个衣柜的新衣服。[3]大多数关于巴伦西亚加的出版物关注的是服装设计师和他的创新（生产），而不是他所赖以生存（消费）的人群。然而，几场开创性的展览为我们更为全面的分析开辟了道路，展览向私人客户介绍了不同的设计，而更具普遍性的高级时装作品则把人们的注意力吸引到复制巴黎世家样衣的商业举措上。[4]从这部分开始，第四章让我们得以一窥巴伦西亚加与客户的关系，但也仅此而已，让我们反思：谁想要、谁买得起巴伦西亚加的服装？他们是如何获得、改造或定制这些服装的？这些服装对这家高级定制时装公司可能产生怎样的影响？

当然，有关时装设计师与客户关系的资料很难获得，因为它们被保存在接待客户的女性导购的笔记本和记忆中，或是保存在众多私人客户与商业买家的信件、账簿和忆中。时装屋不会保留此类记录，并且拒绝透露其客户的隐私——这是正确的；时装客

户也并没有一直记录或谈论购置、穿用或修改巴黎世家服装的完整经历。但是，要想对成功的时装设计师的工作方式有一个全面的了解，就必须要洞悉客户群体的需求与价值观。巴伦西亚加在为其客户选择特定的服装制作方法时，对客户采取了非常谨慎的战略决策。他将客户的需求植根于他的时尚理念；在淡忘部分客户的同时，他显然也与一些客户建立了长久的友谊。这些客户从他的时装系列中选择购买的时装不一定具备媒体们所倡导的开创性风格，相反，适合自身的需求才是更重要的。

巴黎世家的供货和购买

巴黎世家的客户可以跨越大西洋，有的来自澳大利亚，也有的来自欧洲；他们属于统治阶层、贵族阶层和富裕阶层，分布在娱乐界、艺术界、时尚界和商业界；他们中有青年、中年，也有老年。有些客户是品牌的忠实拥护者，一直坚持购买该品牌产品长达20~30年；也有些客户是断断续续购买；还有些客户则仅仅购买过一次。例如，在巴黎，资深女装设计师玛德琳·维奥内特曾是一位早期的时装设计师，直至92岁都一直是巴伦西亚加忠实的顾客。1967年，她曾当众表示，她最喜欢穿巴伦西亚加大师制作的粉色印花真丝绉缝裤装，再搭配一件驼毛长袍。[5]大约30年后，在纽约，身为女演员和纽约州艺术委员会（the New York State Council on the Arts）前主席的凯蒂·卡莱尔·哈特（Kitty Carlisle Hart，1910—2007）面对一位媒体工作人员，不禁回忆起她最喜欢的服装：

那就是我的巴黎世家套装。当我拿到它时，发现那是一件非常漂亮的套装——现在依然如此。那是一套日

装，灰褐色的，边上有大纽扣，还搭配一件迷人的粗花呢斗篷。这是我和我的丈夫在波士顿购买的，是在巴黎世家时装秀首演之夜后……这充满了最快乐的回忆……我打算把这套服装送到博物馆去（纽约大都会艺术博物馆），但是每年我都希望自己能穿上它……每次我看到它，我都很开心。[6]

然而，正是私人客户和专业客户并重，才确保了巴黎世家在法国和西班牙之外的声誉，甚至战后多年，其业务一直长盛不衰。巴伦西亚加的潜在消费者可以通过多种方式购买他的服装或设计：如果有人介绍的话，可以直接从巴黎的时装屋购买；或是直接到巴塞罗那、马德里和圣塞巴斯蒂安的时装屋购买；也可以通过世界各地的百货商店购买；或是通过高质量的成衣生产商从时装屋购买正版产品；另外，还有二手货，可以从百货公司、中介机构和慈善义卖中购买。[7]购买的方式决定了可能花费钱财的多少，二手货比新品更便宜。[8]

在20世纪50年代后期，当时装屋达到顶峰时，巴黎世家每一季只展示200多种新设计（样式）。[9]第一场展示是服务于商业买家，第二场展示是服务于私人客户，第三场展示是服务于媒体。这些时装样式首先是为私人客户设计的，私人客户从其女性导购那里听取何时、何地不穿该服装的建议，以免在重大场合出现"撞衫"的尴尬。因为一些客户来自相同的区域，他们可能在相同的社交活动中相遇，故女性导购会妥善处理，以防撞衫。例如，法国客户和西班牙客户见面的可能性较小，因此，1960年卡罗尔·韦斯韦勒（Carole Weisweiller）在巴黎举办的18岁生日聚会时选用的礼服，与另一位客户卡门·迪亚斯·德里

图101 罗伯特·多斯诺（Robert Doisneau）摄影作品，韦斯韦勒夫人（Madame Weisweiller）和她的女儿卡罗尔（Carole）穿着巴伦西亚加的服装，卡罗尔18岁生日聚会，法国版《时尚》（1960年10月），第143页

韦斯韦勒夫人是一位特殊的客户，她是一位法国社会名人，巴伦西亚加为她制作戏剧服装和时装。在这张照片中，她穿着一件为她特别设计的裙子，而且是只为她一个人设计的裙子，用于庆祝她女儿卡罗尔18岁生日。卡罗尔也穿着巴伦西亚加的服装，这是他当年设计的连衣裙和披肩。在西班牙，兰佐尔侯爵夫人的女儿卡门（同样18岁）也买了那条裙子（1960年冬季，款式编号：69号）。该款样衣是为服装模特阿丽亚娜（Ariane）制作的，蕾丝由知名生产商布里维提供。

韦拉（Carmen Díez de Rivera）在马德里举行社交活动时所用的豪华礼服，就不太可能"撞衫"，也就避免了重大社交场合的着装失误（请参见本书第120页图）。

1954年，巴黎世家的工作室每季为私人客户大致量身定做2325件服装。[10]在没有详细财务报表的情况下，这一数据表明，单凭时装产量并不能带来足够的收入来维持位于乔治五世大道10号的时装屋的营业，其大笔的收入主要源自批发商和零售商。这就说明在巴黎世家的客户中，有一批忠实的品牌追随者：英国批发生产商克里斯托弗·卡尔-琼斯（Christopher Carr-Jones）回忆说，有大约200名买家参加了展会，尽管尚不清楚他是否仅指欧洲买家，还是已将美国买家也纳入其中。这两组客户都有各自的服装展示。[11]无论他

们的国籍在哪里，巴伦西亚加都会向批发商和零售商收取比其私人客户更高的价格，并对销售也附加了条件（请参见本书第三章）。

巴伦西亚加偶尔也接受特殊的委托，进行一次性的设计，例如用于庆祝仪式（生日或婚礼）的礼服、特殊宴会（例如化装舞会）的服装，以及用于电影或剧院的服装。[12]不管他创作什么样的服装，都被人们认为是巴黎最贵的服装。1950年冬季费用统计如下：制作一条裙子和一套西服（由客户提供面料）是7.5万法郎（76.50英镑）；根据纺织品的成本，一件日间礼服的面料和制作费用为8万~8.8万法郎（82~90英镑）；一件羊毛套装的价格为11万法郎（112英镑），一件罗缎大衣的价格与其相同，一条斑点塔夫绸连衣裙的价格为11.2万法郎（114英镑），一件绸缎装饰的黑色绉纱晚礼服的价格为15.7万法郎（160英镑）。[13]一套简朴的羊毛套装与伊丽莎白·德·格拉蒙特（Elizabeth de Gramont）的"完全用银线绣制的黑色天鹅绒礼服"相去甚远，后者在1952年的价格高达80万法郎（815英镑），而当时英国男性每年的平均工资仅为431英镑。[14]伍尔沃斯（Woolworth）公司的女继承人芭芭拉·赫顿（Barbara Hutton，1912—1979）的支出充分体现了这些人对高级时装的购买力——对她们来说，钱不是问题。她在一个季度内就购买了十九件连衣裙、六套西服、三件外套和一件披肩，据说在1951年她参加贝斯特吉（Beistegui）18世纪风潮化装舞会时，购买的舞会服装就花掉了1.5万美元（5376英镑）——这似乎有点过于夸张，但确实被当时的报纸广为报道。[15]她打扮成莫扎特（Mozart）的样子，穿着厚厚的深蓝色天鹅绒套装，戴着三角帽和

与之相衬的配饰（请参见本书第124页）。想想这些装备制作需要花费大量的时间，可想而知，最终的成品该是怎样的价位了。

巴黎高级定制时装除了基本的售价外，如果芭芭拉·赫顿想要把服装带回美国，还要缴纳高额的进口税。这些税收可能不会影响她购买高级定制时装的能力，但确实对许多外籍客户造成了一定的限制，特别是那些希望把服装带出法国或使用法国纺织品生产复制品的客户。同时，珀西·萨维奇也暗示了某种似乎可以规避征收此类税收的做法——但就服装本身而言，其成本的确很高：

赫莲娜·鲁宾斯坦（Helena Rubinstein，1872—1965）是巴黎世家的大客户，她经常从巴黎世家购买产品

后，直接去往伦敦。她曾去过位于比彻姆广场（Beauchamp Place）的一家澳大利亚小服装店，那家小店会一针一线地将巴伦西亚加为她制作的夹克、套装和礼服完全复制出来。但是，你知道吗？她甚至把她的这种做法告诉了所有人，每个人都知道她还有这些衣服的复制品……她把这些复制品留在伦敦，所以，当她旅行时，她不会带很多衣服。无论她去哪里，当她回到纽约后，这里还有她衣服的复制品。[16]

尽管令人崇拜的时尚达人戴安娜·弗里兰（1903—1989）从未委托他人制作服装的复制品，但她还是特意从美国设计师诺曼·诺雷尔（Norman Norell）的陈列室

图102 胡安·吉恩斯（Juan Gyenes）摄影作品，兰佐尔侯爵夫人与女儿们卡门和松索尔，马德里，1960年
图中三个女士都穿着巴黎世家的晚礼服。卡门穿着与卡罗尔·韦斯韦勒相同的1960年冬季系列款式，而松索勒穿着一件浅粉色的山东绸礼服，上面以银色的金属线、半宝石与珍珠刺绣花卉图案。对于18岁的少女来说，选择白色或许是一种象征，但同时也表明了这样一个事实：除了选择系列中所展示的颜色外，客户还可以订购其他颜色。在这个系列中，曾展示深粉红色服装。

图103～图105（本页图、对页图）亚历克·韦斯韦勒夫人（Madame Alec Weisweiller）的粉白色蝉翼纱礼服的正面、背面和内部结构细节，巴黎世家，1960年10月

这件连衣裙的亮点在于精美的纺织材料——绣有花朵和丝带的粉白色蝉翼纱。巴伦西亚加在他的一些晚装中加入了整形内衣，大概是为了让礼服更贴合穿着者的身体，提高舒适性和造型性。这个例子揭示了服装内部的骨架结构，它类似于其他时装设计师制作的内部结构和专业内衣公司制作的"独立"内衣。以传统的瓦伦西亚（Valencian）或埃斯特雷马杜兰（Extremaduran）服装为基础，紧身胸衣包裹在上半身的绉褶裙上。注意吊带系在内衣的腰部。

V&A博物馆馆藏号：T.17-2006。

里买了一件复制品："他要给我看一下接缝、开襟、整件外套、设计以及所有的缝制裁剪。他购买了同样的材料，也就是你曾考虑过的材料，我实际上只花了78美元就买到了与巴黎世家完全一样的外套。"[17]

还有其他方法帮助客户以比巴黎当地售价更低的价格买到巴黎世家的服装。在汇率低的时候，针对同样的巴黎世家服装，西班牙时装屋的制作价格大约是巴黎时装屋的制作价格的一半，这是20世纪50～60年代福多尔（Fodor）公司推出的西班牙旅游指南中讲述的事实。[18]因此，只要游客们知道服装内部的标签上写着"EISA"，而不是"Balenciaga. 10 Avenue George V，Paris"（巴黎世家，乔治五世大道10号），那么他们同样获得巴黎世家正版服装。在大西洋的另一边，"保税"服装可以使人们买到更便宜的巴黎世家服装。"保税"服装基本上是二手的。它们被临时进口到美国，主要用于模特展示或复制。在许可证到期前，进口商必须把成衣再出口。通常最快、最便宜的方法是把它们卖到南美或加拿大，而不是送回巴黎。加拿大百货商店的买家购买这些服装的目的就是为了满足特定的私人客户的需求，尽管巴黎时装屋的样衣最初并不是为客户量身定做的，而且已经被穿过多次了。但是这些样衣仍然价格不菲，可以加以修改或复制。百货商店也出售具有许可权的巴黎世家服装的复制品，由于巴伦西亚加的声誉是如此之高，以至于即使只是一件复制品，也比那些不太知名的原版"保税"服装还要贵得多。例如，在1955年，多伦多的克里德（Creeds）百货商店对巴黎世家或巴尔曼的服装复制品收取的价格，与对梅吉·罗夫（Maggy Rouff）、雅克·海姆和拉斐尔等不太知名的品牌的原创作品收取的价格不相上下。[19]

图106（左图） 1951年，芭芭拉·赫顿与塞西尔·比顿在贝斯特吉的舞会上共舞

这位美国伍尔沃斯公司的女继承人为参加西班牙百万富翁贝斯特吉在威尼斯拉比亚宫（the Palazzo Labia）举办的乔迁派对定制了她的舞会服。在这场以18世纪为主题的活动中，她选择了一套三件式的男式西服、饰有蕾丝的领巾和袖口，以及三角帽，装扮成莫扎特的样子。据媒体在全球范围内的报道，这套服装花费了5750英镑，饰有金片、珍珠和一些宝石，对于仅仅一个晚上的娱乐来说，这可是一笔不小的开支。

图107（右图） 1964年12月，伊丽莎白·泰勒（Elizabeth Taylor）和理查德·伯顿（Richard Burton）在巴黎

1964年，伊丽莎白·泰勒身着金色锦缎纱丽裙出席新丽都夜总会的首映式。不幸的是，巴伦西亚加的朋友、艺术家贝尔纳·巴菲特的妻子安娜贝尔·巴菲特出席活动时也穿了同一条裙子——这条裙子是巴伦西亚加送给她的礼物。但女演员泰勒在腰间系了一条腰带，因此与最初的亚洲灵感相去甚远（请参见本书第80、81页）。

顾客的态度和品位

在巴伦西亚加服务各类客户的过程中，他见到了不同客户群体对服装的不同态度。回想起来，在他退休和去世后，一些私人客户依然对他赞不绝口，也表达了自身的品位和对品牌的忠诚度。一些人会不定期地光顾巴黎世家时装屋，另一些人则几十年如一日地在这里购买服装，还有一些人则让整个家族都成为这家时装屋的顾客，并使之成为家族传统，母亲把"接力棒"传给女儿，甚至传给孙女（在西班牙）。这些客户曾参加过时装屋举办的时装秀，试穿服装，或者曾接受过长途客户要求的特殊服务，她们的"替身"模型依然存放在时装屋里，以便根据客户的需求，绘制服装草图供其选择（请参见本书第110页），然后制作相应的服装以便"替身"模型试穿。[20] 对于老客户而言，巴伦西亚加离开高级定制时装业是一个巨大的损失。时尚编辑戴安娜·弗里兰至今依然能回忆起当时那令人震惊的场景。消息传来时，她正和世界上极其富有的女士莫娜·俾斯麦（1897—1983）待在卡普里岛（Capri）。意大利时尚界元老康休埃洛·克雷斯皮（Consuelo Crespi）（1928—2010）觉得此事重大，以至于从罗马打电话过来。据弗里兰说，这对莫娜·俾斯麦的影响太大："莫娜连续三天没有走出她的房间。我的意思是，她完全、彻底地……我想说，她生命中的一个重要时期结束了！"[21] 芭芭拉·洛克菲勒夫人（Barbara Rockefeller，1916—2008）则更加务实、冷静、奢侈，她在乔治五世大道沙龙"疯狂订购"，现在那里的订单简直应接不暇。她向《新闻周刊》（Newsweek）解释道："穿巴伦西亚加的裙子会给你一种安全感……可惜这可能是我最后一次穿了。"[22] 即使是那些看起来很有钱、很自信的人，

似乎也需要合适的服装来支撑自己、加强自信。巴黎世家显然在提供服装商品的同时，又满足了客户的心理需求。

如果说巴伦西亚加退休的消息给一些客户带来了创伤，那么对其作品的记忆和体验却给人们留下了深刻的印象。保琳·德·罗斯柴尔德（Pauline de Rothschild，1908—1976）穿了23年巴黎世家时装屋的服装，她认为这是一种特权："我认识也喜欢其他时装设计师，我理解他们。但这种神秘……属于巴伦西亚加……他的创作不是智力上的，而是具有极大的自发性，并将一直持续下去。它们散发出性感、精神力量以及庄重感。"[23]卡西尔达（Casilda），圣克鲁斯侯爵夫人（Marquesa de Santa Cruz，1914—2008）是1958～1972年西班牙驻伦敦大使夫人，在1990年写道：

> 我还清楚地记得 E. 卡特（E.Carter）的描绘（在20世纪60年代中期的《星期日泰晤士报》上）。我现在还穿着巴黎世家的紧身衣。那是我第一次看到紧身衣，黑白相间，并带有紫红色（而不是褐红色）。就像我的香奈儿套装一样，内衬和镶边都是紫红色弹性针织面料，紧身衣采用精梳羊毛和棉的混纺织物，还有一些成分能让紧身衣变得富有弹性——我很高兴能够在关于巴伦西亚加的书中看到它。这确实是我独特的发现。[24]

这些评论表明了高级定制时装客户的不同消费模式。圣克鲁斯侯爵夫人并没有局限于只购买某个单一的时装屋作品，而是将巴黎世家的配饰与香奈儿的套装非常自然地结合起来——这可能不符合巴伦西亚加的观点。因为众所周知，他坚持"从头到脚"的忠诚，并且他能够判断一位女士是否穿的是他竞争对手制作的服装，或是否搭配了自己的配饰。[25]相比之下，莫娜·俾斯麦在过去30年里几乎只光顾巴黎世家时装屋，每个季度购买50～80件服装，有时还包括一件模特穿过的降价出售的样衣。甚至她的园艺短裤也来自巴黎世家时装屋（请参见本书第127页图）。[26]值得注意的是，在巴伦西亚加抵达巴黎之前，她曾经常光顾他的导师玛德琳·维奥内特的时装屋，随后她又转向他的弟子纪梵希的时装屋。[27]莫娜·俾斯麦没有扔掉或转送别人任何一件过时的服装，尽管她完全可以这么做，在她的有生之年，她把1968年以前衣橱里的衣服全部捐赠给史密森学会（Smithsonian Institute）、大都会艺术博物馆、纽约市博物馆（the Museum of the City of New York）、肯特州立大学（Kent State University）和布鲁克林博物馆（the Brooklyn Museum），并在20世纪80年代早期将其他物品赠送给塞西尔·比顿和休伯特·德·纪梵希等朋友，从而使两个博物馆，即位于英国伦敦的V&A博物馆和位于吉塔里亚的巴黎世家博物馆，最终都因此而分别受益。[28]莫娜·俾斯麦如此行为表明，她对自己的服装及其美学特征有着持久的感情。同样，她的同胞、得克萨斯石油公司的女继承人克劳迪娅·赫德·德·奥斯本（Claudia Heard de Osborne）和美国电影明星艾娃·加德纳，也都保留了她们20世纪50～60年代购置的巴黎世家服装，并最终将它们捐赠给了博物馆。克劳迪娅·赫德·德·奥斯本的服装被得克萨斯州时装陈列馆（the Texas Fashion Collection）收藏，艾娃·加德纳的服装也被V&A博物馆收藏（请参见本书第136、149~153页）。[29]

英国客户对自己拥有的巴黎世家服装

图108（对页图） 塞西尔·比顿摄影作品，莫娜·俾斯麦身着紫色蕾丝礼服，1958年

这件由马雷斯科特蕾丝制造商（Marescot）制成的紫罗兰色晚礼服是巴伦西亚加在20世纪50年代中期尝试的典型代表，这条裙子前短后长，裙裾拖地。虽然裙子前面短和七分袖的设计既实用又美观，但过肩的低领可能会限制手臂的活动。这件服装是1958年冬季系列的77号样衣，是在露西娅（Lucia）的工作室里制作的。现在这件礼服由华盛顿特区史密森学会的美国国家历史博物馆（the National Museum of American History）收藏。

也有类似的依恋。著名室内设计师梅菲尔（Mayfair）的妻子艾尔莎·邦萨克（Elsa Bonsack）在20世纪50年代发现了巴黎世家，并成为其忠实客户，直到该时装屋1968年关门。在她去世的时候，复古时装已经开始受到重视，1995年，艾尔莎·邦萨克衣橱里的服装被售出，这笔钱用于资助癌症研究所（the Institute of Cancer Research）。[30] 玛格丽特·莱恩（Margaret Lane）是巴黎世家的一次性客户，她是伦敦一位医生的妻子，她购买了一件令人惊讶的巴黎世家单品——一件黑白蕾丝鸡尾酒会礼服，并保存下来。20世纪50年代中期，一位美国人偶然将她引入圣塞巴斯蒂安的沙龙，她买下了其中一位模特穿过的样衣，并在整个50年代末穿着它参加伦敦的鸡尾酒会。有趣的是，这件裙装的蕾丝与最初的巴黎样衣所用蕾丝（由蕾丝生产商布里维制作）并不相同，莱恩夫人的是白色蕾丝，上面

的"戈雅风格"（Goyesque）图案是用黑色染料挑染出来的。该蕾丝还用于1953年的一件夏季裙装中，裙装风格迥异，刺绣繁复，并被巴黎莱萨基档案馆（the Lesage archives in Paris）作为样品保存下来。[31] 莱恩夫人的这件比巴黎版和加莱版都要低调得多，直到1990年她才转让了该裙装。

对巴黎世家服装的这种依恋表明，这些服装并没有马上过时，即使是在最初的购买季过后再穿，也不会让人难为情。这一点与巴伦西亚加的产品、原则、时尚哲学、"永恒"风格、高品质且不断创新的材料与结构高度吻合一致。[32] 在法国时尚界泰斗吉娜维埃芙·德阿里奥夫人（Geneviève Dariaux）所著《优雅》（The Art of Elegance，1964年出版）一书中，巴伦西亚加是提到的唯一一位女装设计师，德阿里奥夫人将巴伦西亚加推荐给那些希望一件套装至少能流行五年的人，[33] 时尚编辑贝蒂娜·巴拉德在

图109（本页图） 塞西尔·比顿摄影作品，穿着短裤的莫娜·俾斯麦，1957～1958年

作为莫娜·俾斯麦的朋友，塞西尔·比顿曾到她的乡间别墅拜访过她，在那里，莫娜穿着不太正式的服装，让比顿拍摄。这张照片中，莫娜身处卡普里岛的福蒂尼别墅（the Villa Fortini），穿着巴黎世家的白色亚麻上衣和园艺短裤。为这些"必需品"去资助一个服装设计师，这对包括莫娜·俾斯麦在内的超级富豪而言，当然再正常不过了。她的第一任丈夫哈里森·威廉姆斯（Harrison Williams）曾是美国最富有的人之一。

图110 伊丽莎白·汉德利·西摩（Elizabeth Handley-Seymour，1867—1948）设计草图，绘制的巴黎世家白色蝉翼纱连衣裙，搭配红色皮带，1938年

伊丽莎白·汉德利·西摩是伦敦的一名宫廷裁缝，在那里她为宫廷和上流社会设计和制作礼服。她的样衣草图由法国著名时装设计师设计，可能展示给客户后，在客户的要求下复制。19世纪末～20世纪初，许多高端女装生产商公开为客户仿制高级定制礼服，其价格远低于巴黎时装屋的产品价格。作品由乔伊斯·怀特豪斯夫人（Mrs. Joyce Whitehouse）提供。V&A博物馆馆藏号：E.4182-1958。

她的回忆录中指出，巴伦西亚加认为她还可以穿十年前他加为她制作的外套，巴伦西亚加觉得这很正常。[34]其他客户也一样，为了回报巴伦西亚加的持续设计与探究，他们会一直穿着巴伦西亚加的服装，直到服装散了架，或者不得不在衣橱里续添一件新服装。1973年在纽约举办的大型回顾展上，保琳·德·罗斯柴尔德很高兴地向《新闻周刊》透露，她至今依然穿着巴伦西亚加在五年前最后一季中为她制作的外套。这件外套经受住了时间的考验，而她愿意讨论这件事，大概也表明她很清楚当时的决定，并为自己高瞻远瞩的订购而自豪。[35]约翰·西

姆斯·凯利夫人（Mrs John Simms Kelly）在为《时尚》杂志拍摄照片时，所穿着的两套服装并非完全出自巴伦西亚加之手。白天，她穿着一件黑色的巴黎世家羊毛连衣裙，外搭一件白色的纪梵希羊毛大衣。在家里休息时，她穿着由巴伦西亚加设计的黑色织锦丘尼克式外衣，再配一条窄瘦的丝绸裤子（设计师不详）作为两件套。[36]在英国，时尚编辑劳里·牛顿·夏普夫人（请参见本书第130页）记得自己曾剪掉一条连衣裙肘部的袖子，因为该位置已经磨损，这样改造后她就可以继续穿这条裙子了。[37]即使是那些买得起新衣服的客户，也会小心地管理自己衣橱里的服装，她们在这方面的社会表现值得称道。[38]这些客户修改旧衣服的例子表明，与普遍看法相反，巴伦西亚加并没有完全控制他的客户以及她们该如何对待他的设计。

合法的复制品

与在其他地方一样，在英国，没有多少女性买得起巴黎世家的定制服装，但有些人买得起高档百货商店的改版服装，这个价格约为时装屋定制服装的四分之一，还有一些人买得起伦敦时装屋集团（the London Model House Group）旗下良好声誉的时装屋制作的改版成衣。因此，商业买家是巴伦西亚加非常重要的客户，他们是巴伦西亚加与其客户之间的中间人。商业买家知道什么样的服装是自己商场里可以销售的服装。巴伦西亚加为商业买家交易举办的时装秀要赶在为私人客户举办的时装秀之前（也比为媒体举办的时装秀要早）。[39]

20世纪50年代末，人们公认巴伦西亚加的设计总比时尚潮流领先两三步，英国批发商也倾向于从他的发布会中购买时装，以此引领潮流。因此，在1958年，英

国成衣生产商在修改和生产帝政式服装方面，居然比法国时装设计师领先了三个月，这令英国时尚记者们非常高兴。巴伦西亚加时装的"引领性"对组成伦敦时装集团的公司也有所帮助；这些公司可以多次借用他的图案，因为巴伦西亚加设计中的许多元素可以持续流行两到三季。虽然成衣公司也从迪奥时装屋购买服装，但这些时装系列只代表了"昙花一现"的时尚或"时尚受害者"的消费方式，导致了"今日犹存，明日即逝"风格的产生，显然，这并非明智的商业观。谈到巴黎世家的款式，批发生产商苏珊·斯莫尔（Susan Small）创始人之子克里斯托弗·卡尔-琼斯表示，每一种款式都有大约 8～10 个衍生款，每个衍生款又都终将被复制约 400～500 次。[40]巴伦西亚加时装的持久性流行是其设计策略中最令人印象深刻、也是最重要的内容，但实际上他的设计往往并不公开发布，因为他禁止生产商在广告中使用他的名字。

英国的商业买家从1938年起就开始参加时装秀展示，并与来自大西洋彼岸的买家一起从巴黎世家时装屋购买服装。如莉迪亚·莫斯（Lydia Moss）、福南梅森（Fortnum and Mason）、哈罗德与美国的海蒂·卡耐基（Hattie Carnegie）、亨利·本德尔（Henri Bendel）、布鲁明戴尔、I. 马格宁（I. Magnin）、内曼·马库斯（Neiman Marcus）、萨克斯（Saks）和波道夫·古德曼（Bergdorf Goodman），以及加拿大的克里德、霍尔特·伦弗鲁（Holt Renfrew）和辛普森（Simpsons）等买家们都交往密切。[41]与私人裁缝一样，百货商店也有自己的沙龙，并提供量身定做的服务。针对巴黎服装样式，它们为每位私人客户分别复制多达40次，并允许客户将其量身定制的服装

图 111　哈罗德百货公司的巴黎世家复制品，《哈罗德新闻》（*Harrods News*），1938年
从1938年起，哈罗德百货公司开始购买巴黎世家的样衣，并在自己的时事通信与产品目录中为其复制的产品刊登广告。这个问题特别有趣，因为在手写笔记中记录了从百货商店自己的工作室订购的样衣数量。

Velvet Evening Gown, sheath-like, moulded, with décolletage frill of foamy black lace and a splash of contrasting colour to break the strapless severity. In black and other colours to order. Straps included.　Hips 35-39 ins.　10½ Gns.

Flowing and feminine is this copy of Balenciaga's wide-skirted dance dress. Black moire with pastel pink for frills and fichu.　Also in all white and purple/fuchsia, emerald/cyclamen, pervenche/lilac.　Hips 35-39 ins.　6½ Gns.

Younger Set Gown Salon　　　　　　Page Five

图112 "一个女人的衣橱",《伦敦生活》（1966年10月27日）
这是《哈罗德》杂志时尚新闻编辑、年度最佳着装女性劳里·牛顿·夏普的特写，揭示了她对巴伦西亚加设计的喜爱。她不仅是这家商店的优秀宣传者，而且也间接地为设计师巴伦西亚加宣传，符合苗条模特的标准，而设计师正是从这些苗条的模特身上获得了设计灵感。

ONE WOMAN'S WARDROBE
This week – Mrs Laurie Newton Sharp

Mrs Newton Sharp is News Editor at Harrods, which involves directing publicity, handling entertainment and arranging receptions. Apart from the Press coverage, Mrs Newton Sharp is not associated with fashion, but she does not deny that a good dress sense has helped her in her career. She believes that women are ageless, and proves it by wearing the same type of clothes today that she did at the age of 20 – for example, her Molyneux dress. Now, some of her tips for elegance – good grooming, simplicity, cut and fabric all balancing, and important, choosing clothes that suit you, rather than following extreme fashion. Accessories are also very important and Mrs Newton Sharp will buy expensive gloves and shoes and the best stockings obtainable. She adores hats and never feels an outfit is complete without one. Although she does not think that Paris influences fashion as it used to, she still prefers to buy original models. Her favourites are Balenciaga and Yves Saint Laurent, but she also likes Italian clothes. She has no fur coat, but loves fur-lined coats and matching coats for evening. Her most coveted fur is sable. Much of her life is spent entertaining, and for this she wears long, flowing hostess gowns. But at weekends she likes trousers and tailored shirts.

In private life Mrs Newton Sharp is the wife of Dr P E Thompson Hancock, Director of Clinical Research at both the Royal Marsden Hospital and the Institute of Cancer Research, and apart from her full life at Harrods she is vice-chairman of the Ladies' Association of the Royal Marsden Hospital, a vice-chairman of the British Empire Cancer Campaign for Research and on the advisory committees of three art colleges.

): Palest blue wool hopsack suit by
enciaga, from Harrods. **Above:**
pink and white woven nylon evening
t worn over silk zibbeline dress.
ginal French models from Harrods.
ow: Gabardine navy coat by
enciaga with enormous bat-wing
ves and trimmed with gold buttons.
m with navy Balenciaga hat. From
rods.

Above: Ripe apricot Indian silk trouser-suit from Harrods Shalimar Shop

Top: Brown lace over black crepe strapless cocktail dress by Castillo. Large black organza rose hat by Dolores. From Harrods. **Above:** Brown linen and rayon dress with flat pique bow at neckline, by Molyneux. Huge coffee-coloured straw hat by Balenciaga. From Harrods. **Below:** Navy wool suit with white overcheck by Balenciaga. The navy felt hat is also Balenciaga. From Harrods.

复制品与原版样衣一起对比、检查。相比之下，批发生产商弗雷德里克·斯塔克、苏珊·斯莫尔、多维尔（Dorville）、观赏性体育运动商家（Spectator Sports）和哈里·B. 波普尔（Harry B. Popper）作为伦敦时装屋集团的成员，它们都以数百而非数十的数量复制服装样式。与大批量生产的服装相比，巴伦西亚加的时装依然是独一无二的（请参见本书第132、133页）。[42]

在伦敦，最负盛名的女装店无疑是哈罗德百货公司，其买手为不同的部门购买服装样式。这些部门针对的是不同预算或不同年龄段的顾客，例如，高端法式风格部，在1950年进行了翻新，为顾客营造了一个奢华的购物环境；另外还有廉价礼服部和青年服装部。根据预算，哈罗德百货公司采用定制时装设计师所选用的原版样衣面料或更便宜的面料进行再生产。哈罗德百货公司在过去的三十年间一直是一位忠诚的买家。1938年，这家百货公司开始与时装屋合作，购买了三款服装样式，包括两件晚礼服和一件两件套日间礼服。其中两件刊登在哈罗德百货公司自己的新闻报刊中，另一件刊登在10月16日的《星期日泰晤士报》上。一件双色条纹塔夫绸晚宴礼服，颜色有深翠雀花色/粉末雪色、鸭蛋青色/帚石楠色、淡青色/帚石楠色、覆盆子红色/玫瑰色等，在商店二层的青年礼服部有售，价格为4基尼。来自样衣礼服部的黑色云纹绸宽摆舞裙，带有淡粉色褶边和三角形披肩，该款式还有全白色、玫紫色、仙客来绿色或长春花淡紫色，价格为6基尼。这两件礼服都是戏剧舞蹈礼服，是根据维多利亚样式设计的，与20世纪30年代后期复兴的温特哈尔特（Winterhalter）或"小妇人"（Little Women）风格非常吻合。巴黎世家服装亮丽的色彩组合吸引了英国买家。相比之下，1938年哈罗德百货公司的日装则显得乏味多了，这件日装采用哑光人造丝绉纱制成，上身剪裁考究，饰有纽扣，下身是紧身裙，领结采用对比鲜明的天鹅绒面料。该款式颜色很朴素，为黑色、栗色、铜绿色或酒红色。廉价服装专柜的价格是 3英镑9先令6便士（£3 9s. 6d）。可见，巴黎世家的影响力渗透到伦敦时装店的各个层面，其服装价格不到巴黎原版服装的四分之一。[43]

相较其他时装设计师，哈罗德百货公司一直忠实于巴伦西亚加，直到他在巴黎的职业生涯结束。1965年3月，《泰晤士报》报道称："比如，哈罗德百货公司的法国展厅将有五件巴黎世家样衣，一件纪梵希的日间礼服和晚礼服，还有一套慕尼丽丝（Molyneux）服装。花80～100基尼购买巴黎世家和慕尼丽丝复制品的顾客，可以将它们与从巴黎空运过来的原版服装进行比较。"[44]还告知顾客，哈罗德百货公司从巴黎世家的时装中挑选了两款最出色的服装样式，一款是黑色欧根纱无袖连衣裙，搭配有外套；另一款是海军蓝套装，"具有人们熟悉的巴黎世家轻松闲适风格"。[45]同年9月，该店购买了十二件样衣，[46]其中包括一件搭配羽毛围巾的粉色晚礼服，并且将这件晚礼服放在商店橱窗里进行促销——这对巴黎世家时装屋而言，是一种很好的免费宣传。为了配合这次促销活动，《星期日电讯报》（Sunday Telegraph）的记者怀恩弗里德·杰克逊（Winefride Jackson）对塞西尔·比顿进行了关于"幕后的男士"的专访。[47]

《哈罗德》杂志的时尚新闻编辑劳里·牛顿·夏普夫人是哈罗德百货公司时尚理念的代言人。她选择巴伦西亚加作为其非常喜欢的女装设计师之一，并敦促百货公司订购服装。例如，1966年4月，采用不同面料制作巴黎世家的海军蓝和白色格纹西服，以适应不同档位价格：时装屋最初采用的是纳蒂埃（Nattier）公司的羊毛面料，售价176基尼（185英镑）；采用雷蒙（Raimon）公司一款更便宜的羊毛面料，售价78.5基尼（80英镑）；而选用的其他面料，则售价49基尼（50英镑）；而在英国，男性的每周平均工资为20.3英镑。[48]1966年，劳里·牛顿·夏普作为模特为《伦敦生活》（London Life）的专栏"一个女人的衣橱"（One Woman's Wardrobe）拍摄了一组照片，她选择了穿着巴黎世家的样衣。[49]同年，她被《每日电讯报》（Daily Telegraph）评选为英国十大最佳着装女性之一，这无疑给哈罗德百货公司和巴黎世家打了一个好广告。她还穿过一件淡鸟蛋蓝色的羊毛套装和一件弹力斜纹羊毛外套，

图113 黑色羊毛套装，采用面料生产商查蒂伦（Chatillon）、莫利（Mouly）、鲁塞尔（Roussel）产品，《巴黎时装公报》之时尚版（L'Officiel de la Mode），第349-354号，1951年，第140页

这种半合身的风格是巴伦西亚加从20世纪40年代后期开始开创的众多风格之一。它们提供了另一种选择，来代替巴伦西亚加的主要竞争对手迪奥推出的合体的沙漏型紧身胸衣式的造型。V&A博物馆馆藏号：NAL。

前者用的是拉贝（Labbey）公司的羊毛面料，后者用的是拉辛（Racine）公司的羊毛面料，还有一些廉价的雷蒙公司或其他生产商的羊毛面料。到现在为止，由于政府对进口的成衣和面料征收每磅3先令的新税，导致哈罗德百货公司进口的法国面料的成本开始大幅度上涨。"由于每一码面料都需要从法国特别订购，所以在哈罗德百货公司订购巴黎高级定制套装的女性们已经感到手头拮据了。"[50]哈罗德百货公司档案馆保存了关于纺织样品的书籍，书中的许多小样主要来自瑞士和法国的生产商，有时也被认为是出自某位时装设计师之手。

最终成衣？

哈罗德百货公司对套装的重视，突显了巴伦西亚加对时尚的持久贡献。的确，正是他为最后一位客户制作的套装，使他在退休后很快成为人们关注的焦点。这表明，官方、"组织机构"客户——在这个例子中是法国航空公司（简称法航）——仍然听从他，而年轻的客户——空姐则不是。1968年1月，运输部主任写信给大名鼎鼎的服装设计师巴伦西亚加，邀请他接受一项光荣和富有挑战性的任务，为航空公司的空姐设计新的夏季和冬季制服。[51]结果这套服装可能成了巴伦西亚加最长寿的设计作品，因为自1969年初到1978年，这两套制服一直被持续使用，并不断被复制。重要的是，作为当时世界上最大的航空公司，法国航空公司有从法国服装设计师那里定制制服的传统，因为其认为他们的空姐是"法国时尚大使"。空姐这个行业在欧洲确实属于地位较高的职业之一，从业人员必须了解社交礼仪的细微之处，当她们从一个环境无缝对接地转移到另一个环境时，要时刻保持精神和沉着，为富有的顾客提供礼貌服务。法航的空姐们曾穿着乔治·雷纳尔（Georgette Renal，1946—1951）和乔治·德·特雷兹（Georgette de Trèze，1951—1962）设计的制服，当时迪奥时装屋以马克·博昂为掌舵人，创造了这种新风格。后来，巴伦西亚加继承了梅森·罗迪尔（Maison Rodier）的衣钵，梅森·罗迪尔的制服从1967年才开始穿用。但是罗迪尔制服的使用时间比较短暂，这不太正常，制服必须要大批量生产，航空公司必须承担所需费用。因此，法航并没有为员工寻找"昙花一现"的时尚服装，也没有为员工寻找量身定做的服装。基于气候变化、客户审美和空姐自己的想法，法航已经开始研究空姐的实际需求。[52]因此，设计纲要已拟定好，剩下的仅仅是在法国时尚界选择一个重要品牌的问题，而巴黎世家就是被选中的重要品牌。

重要的是，对于航空公司所服务的顾客，巴伦西亚加非常熟悉其需求：在他的职业生涯中，他的私人客户一直是那种定期旅行的女性。这些女性经常出现在《时尚》等杂志上，对于如何选择适合航空旅行的最佳必备服饰有自己的看法。例如，美国剧院管理者吉尔伯特·米勒（Gilbert Miller）的妻子凯瑟琳·巴赫（Kathryn Bache）被描述为"一位经验丰富的旅行者，她学会了在一个近乎微缩的状态下携带她的名牌时尚服装"。1957年7月，她带了三件外套，一件带着、一件穿着、一件打包，其中就有一件"巴黎世家的红色羊毛外套"。[53]这一时期的建议书还强烈推荐"采用混合材料……尽量减少折痕"，这些都是纺织品行家巴伦西亚加所熟悉的理念。[54]

但是，巴伦西亚加并不熟悉批量生产成衣的模式。首先，约有1300名空姐将穿着这些制服，并要制造约100万件（以满足变动与洗涤需求）。当然，服装设计师巴伦西亚加无法考量所有这些因素，尽管他提议在自己的工作室中设立法航服饰专项研究的部门。C. 门德斯（C.Mendès）是高级成衣生产商，生产了雅克·海姆的高级成衣系列，并按照标准尺寸进行生产。当时巴伦西亚加虽然已经意识到财务和制造方面的制约因素，但仍乐于接受挑战，在他与航空公司的往来信件中可以看到，他早已开始考虑如何通过新媒介获得最佳结果。[55]他通过对穿着者个体的测量来达到理想的合身效果，具体的解决方案是在奥利（Orly）机场设立一个"加工"车间，

在那里每件制服都可以在试穿者身上进行调整。[56]因此，无论是在设计阶段，还是在试衣阶段，巴伦西亚加的第一代制服都受益于这位设计大师本人的重视。

根据法航1968年12月发布的新闻稿，这次设计出来的制服符合"优雅、行动自由、适应气候突然变化以及即使在长途旅行后也能保持漂亮外观"的需要。[57]无论是冬季制服还是夏季制服，都能彰显巴伦西亚加对纺织材料和裁剪的精通，以及他对实用性的执着。夏季制服由淡蓝色或淡粉色的涤纶两件套组成，涤纶是一种合成纤维，由于不易变形，因此自20世纪50年代后半期开始广为流行，此外还具有不易起皱、容易洗涤的特点，并因"新颖性和柔韧性"而被选用。[58]制服上身是夹克，双排扣，领子向下翻，覆在一个深

图114 成衣生产商弗雷德里克·斯塔克推出的套装，灵感源自巴黎世家，《时尚与面料》（*Fashion and Fabrics*，1951年11月）
一本贸易杂志发布了一款半合身的巴黎世家套装："这是一款全新的苏格兰粗花呢箱式夹克套装，前胸合身，后背挺直。还有一种是黑色巴拉西厄面料的，由生产商弗雷德里克·斯达克提供。帽子是威尼尔（Vernier）品牌。"英国的批发商经常从巴黎时装秀上获取自己的设计，尤其是那些属于伦敦时装屋集团的成员，伦敦时装屋集团是一个高端成衣生产商集团。这张照片中的服装与巴黎世家套装的关系是显而易见的，尽管材料和纽扣的使用少了些许大气，而且领子是朝下的。
弗雷德里克·斯塔克档案馆、V&A博物馆艺术与设计档案馆收藏。

图115、图116　法国航空公司夏季和冬季制服，1969年
巴伦西亚加很乐观，希望能在退休后为所有空姐量身定做新制服。他的设计符合既定的礼仪——帽子和手套要在户外佩戴，空姐在飞机里要穿夹克。

蓝色的罗纹蝴蝶结上面，下身是裙子，很合身，裙子上有两个褶裥，便于穿着者活动，裙摆刚好在膝盖上方。衣兜缝在前侧缝位置，为袋鼠兜的样式。一顶海军蓝的帽子、一件有两个银色纽扣的海军蓝雨衣、一双白色的棉质手套、一个海军蓝的挎包和一双五厘米高（这显然是避免脚累的最佳高度）的海军蓝船型鞋，这就是一套完整制服的组成。肉色的长筒袜必须与夏季、冬季制服搭配穿用，除了一块不显眼的手表、一只手镯和两枚戒指外，公司禁止穿着者携带任何珠宝。[59]

与之形成对比的是，冬季制服包括一件衣长在膝上的防水海军蓝外套、一件海军蓝套装（夹克与裙子）和一件白色衬衫。外套和夹克都没有领子，而白衬衫有一个高领。夹克有四个补丁口袋，两个在胸前，另两个在左右袖的肘部以上位置；袖子为七分袖。下身裙子采用了与夏季款

相同的基础剪裁和标准，衣兜直接设计在腹部，允许一定程度的扩张，同时又不失优雅。配饰是一顶蓝色帽子，在刮风的情况下可以戴在蓝色丝巾的下面，同时搭配海军皮靴或船型鞋，以及一个海军肩包和无处不在的白色棉质手套。帽子上的银色纽扣、带扣与法航的标志相匹配。所用的布料也很实用：采用勒叙尔（Lesur）的毛哔叽制作西服（耐磨），采用涤纶面料制作衬衫（耐磨、耐洗）。

从外表上看，只有帽子和胸前的法航标志，以及脖子上的小领结这些小细节可以透露出这些服装是制服。原本，这些服装可能直接从巴黎世家20世纪60年代中后期的高级时装定制系列中挑选，选择那些变得时髦、略显保守的小西服。然而，从内部看，无论是衬里质量还是修饰，都标志着这些套装是成衣，尤其是那些可以追溯到第二代或更晚一代的产品。[60]虽然从某些层面来看，

这种服装组合既实用又光鲜，非常适合空姐的工作，但从另一些层面来看，它也并不是绝对合适。合成纤维在高温下可能会让穿着者感觉非常不舒服，而冬季西服的袖子又会妨碍人体活动。法国航空公司仍然坚持空姐作为"法国时尚大使"的传统社交礼仪观念，不支持许多美国航空公司偏爱的功能性更强、不那么正式的员工着装，法航的空姐们既不脱外套，也不系围裙，即使在长途飞行中也是如此。[61]

新闻界和空姐们对这些制服的回应迅速而广泛，但并非完全是恭维的。从很多方面来看，这揭示了巴伦西亚加在被任命这一年关闭了时装屋的明智所在。自战争以来发生，时装屋不再适应很多重大社会变化，20世纪60年代末学生革命带来的变化正在加剧。新一代的设计师正以新的时尚理念对此做出回应。《费加罗报》(Le Figaro)记者菲利普·布瓦德(Philippe Bouvard)不仅反对那些他声称空姐们不喜欢的制服，而且还抱怨法航选择了"一个几近放弃职业的外国人"。毕竟，"空姐们每年要飞数万公里，到处都会被拍到，她们是法国时尚界真正的大使，多亏了她们，甚至远在地球另一端的人都知道其时装设计师的名字。"[62]时尚女装设计师皮尔·卡丹(Pierre Cardin)和泰德·拉皮迪斯(Ted Lapidus)曾惋惜这样一个事实：没有选择更现代、善于应对生活变化的人。拉皮迪斯在谈到巴伦西亚加时说道："他的服装非常适合从劳斯莱斯汽车上走下来、去参加舞会的女士，但不适合穿着者走在波音飞机的过道上。我想知道法航为什么不和设计师库雷热合作。"[63]

空姐们也很不满，记者在新闻中也有相关报道。空姐们认为设计师没有把她们工作条件的特殊性考虑在内。舱内的压力会使她们的腰和脚肿胀，她们需要容许其自由活动的制服。冬装被挑出很多问题，遭到批评，这不仅有材料重量的原因，也有军事风格的原因。最后，服饰的一致性和缺乏其他选择使她们苦恼万分；[64]毕竟，她们属于婴儿潮时期出生的一代，期待自我表达。[65]这些公共交流对漫长而报酬丰厚的职业而言无疑是令人伤感的结局，同时也掩盖了巴黎世家仍有忠实追随者的事实——西班牙的情况更是如此，那里的社会环境才刚刚开始发生改变，其部分原因在于这里与来自北方地区的游客始终保持联系。

西班牙社会

到了20世纪60年代，巴黎世家的西班牙沙龙很可能已经成为这个瞬息万变世界中的一块绿洲。它们不仅吸引了西班牙女性，还吸引了通过小道消息和西班牙旅游指南得知它们存在的游客。这些指南描述了不同于美国或北欧的习俗，这些习俗鼓励人们光顾旧式时装屋。记者波比·理查德(Poppy Richard)在20世纪50年代初写道：

> ……这位富有的西班牙女士很时髦……她有大量时间可以出席社交场合。她外出时穿着英伦风格的花呢和裁剪精良的套装。她有漂亮的包包和漂亮的鞋子……这些完美服饰品组成了巴伦西亚加的时髦装束。这位非常害羞且独具匠心的设计师——在西班牙比设计师迪奥更具影响力——在马德里吸引的游客比普拉多美术馆游客还要多……这里需要特别多提一句，普拉多博物馆的美术馆是世界上最好的美术馆之一。[66]

几年后，也就是1959年，出版了一本

图117 得克萨斯石油公司的女继承人克劳迪娅·赫德·德·奥斯本从车里走出来，巴黎，1955年

这件来自巴黎世家1955年春季系列的礼服，无论是款式还是颜色都是引人注目的西班牙风格——樱桃色真丝塔夫绸搭配白色蕾丝，配有带环状裙撑的衬裙。松索尔·戴兹·德里维拉从马德里的时装屋里买了同样的款式，她的服装也采用同样的塔夫绸制作，但最后用的是白色英格兰刺绣。25年后，赫德·德·奥斯本夫人把这件礼服捐给得克萨斯州时装陈列馆时，她写道："亲爱的上帝！我希望您能欣赏这个，因为我认为这是他创作的最迷人的舞会礼服。不要称它为鸡尾酒会礼服。它不是……我穿着它去了米兰的斯卡拉歌剧院（La Scala in Milano），然后出席了一场非常优雅的歌剧舞会。我的礼服先在我们的包厢里引起了轰动，然后又在舞会上引起了轰动……我戴着长长的白手套和一顶新鲜的栀子花冠。我丈夫很生气，所以我要放弃它了。"

《福多尔公司女性欧洲旅游指南》（*Fodor's Woman's Guide to Europe*），乔斯林·布什（Jocelyn Bush）对不同的生活方式和穿衣搭配进行了观察，并在书中提出了一些看法。她指出，西班牙并不是一个以女性为主导的国家，几个世纪以来，西班牙女性"在国家的教育和职业生活中扮演着次要角色"，直到现在才开始"走出沙龙、托儿所和厨房，找工作、上大学、投身商业。然而，在西班牙的一些城市，女性仍局限于家庭生活，很少在公共场合露面。"[67]虽然她们从事慈善工作，但职业女性这一概念是令人厌恶的，而且她们认为家庭条件好的女性显然应该把时间花在社交活动、娱乐和着装上。

确实，西班牙女性习惯花大量的时间在服装上。她们会在商店里花上几个小时来寻找她们想要的面料，花上几个小时去一些不寻常之地，花上几个小时去小巧又便宜的裁缝店，花上几个小时去试戴帽子或挑选鞋子，花上几个小时在理发店做发型。毕竟，对女人来说，还有什么比这更有趣吗？[68]

不出所料，大量的裁缝（多为女裁缝）会花时间来为这些女性服务：在马德里，西班牙内战前夕有585名裁缝，1945年有807名裁缝，1958年约有472名裁缝；在巴塞罗那，1945年约有670名裁缝。[69]在这些裁缝中，只有十几位在战后成了一流的经营者，且只有巴伦西亚加和曼纽尔·佩特加斯（Manuel Pertegaz）发展壮大到可以成立有限公司。20世纪60年代，西班牙出现了高级时装，这反映了人们在购买习惯上出现了新愿景与新变化。渐渐地，成衣取代了定制服装，当然富人服装除外。到1966年，马德里有2名女装设计师，巴塞罗那有6名女装设计师，总体而言，服装生产商已经失去了在全国贸易名录中的地位。但是巴黎世家/EISA仍坚守原有的高定经营。[70]

然而，在20世纪60年代之前，西班牙裁缝很少拥有国际大师的名号，也极少有人能与巴伦西亚加成为竞争对手。佩德罗·罗德里格斯（Pedro Rodriguez，1895—1990）和曼纽尔·佩特加斯（1917—2014）是他在20世纪50年代的主要同行，他们熟悉巴黎时尚，并且在时尚界刚开始关注西班牙时尚时，就得到了认可。内战前，罗德里格斯曾是巴伦西亚加的导师，同时活跃在马德里、巴塞罗那与巴黎这三个城市，而年轻的佩特加斯只在巴塞罗那和马德里这两个城市工作。然而，佩特加斯领导着一个更大的企业，这家企业早在1952年就打入了美国市场，被称为"年轻的巴伦西

亚加"。1957年，他甚至被认为可能是克里斯汀·迪奥可靠的未来接班人。[71] 根据加泰罗尼亚地区纺织商业帝国的恩里克·罗意威·林奇（Enrique Loewe Lynch）的说法，设计师佩特加斯逐渐让加泰罗尼亚地区的资产阶级妇女放弃前往巴黎世家的巴黎时装屋的旅程（据推测，大约发生在该品牌的西班牙时装屋关闭的期间）：

> 来自加泰罗尼亚的上层资产阶级的女性过去常常穿着巴黎世家的服装……每年两次去巴黎，分别是在春季和秋季，这样国王就会欣然同意她们作为特权阶层，提升自己的美貌，把自己变成梦想中的公主。她们从头到脚都是"巴黎世家"产品，美丽精致，她们的丈夫为此花了一大笔钱，在黑市上买卖棉花。[72]

还有最后一项观察，着重提醒人们注意西班牙20世纪30年代末～40年代末的社会状况：大多数人口由于各种各样的物资短缺而困难重重，但是也有少数人则从中获益，他们通过投机活动获得利益，并乐于消费。第二次世界大战期间，大多数法国时装设计师都从黑市商人的女性亲属中找到了新客户，尽管在近代时装史中，西班牙时装设计师并没有被人们单挑出来加以评论。[73]

当然，自20世纪20年代以来，巴伦西亚加就一直为贵族和统治阶级提供服装，在某些情况下，光顾他的时装屋成为同一家族两到三代人的传统，例如，第六任卡萨·托雷斯侯爵夫人（1869—1935）将其服装传给了孙女法比奥拉·德·莫拉·阿拉贡（Fabiola de Mora y Aragón，1928—2014），法比奥拉是比利时王后，1960年

在与比利时国王的婚礼上，她身穿巴黎世家的镶有白色毛皮的白色绸缎礼服；西班牙第一夫人卡门·波罗女士（1900—1988）内战之前是这家时装屋的赞助人，1972年，她看着孙女穿着巴伦西亚加设计的最后一件婚纱走在T台上（请参见本书第五章），虽然卡门·波罗女士的第一件巴黎世家礼服与其孙女的第一件巴黎世家礼服相隔了30多年，在风格和色彩上形成了鲜明对比，但是它们有一个共同的特点，那就是简洁高贵和材料精致。前者是1935年她在丈夫佛朗哥接管巴利阿里群岛时所穿的一件黑色斜裁罗缎礼服，风格简洁，[74] 而后者是

图118　穿着巴黎世家服装的四代人，1966年

这张照片中所有的服装很可能都来自巴黎世家。1945年巴伦西亚加为松索尔·戴兹·德里维拉设计的白色蝉翼纱圣餐服由她女儿穿着，而她自己则穿了一套红白格子斜纹羊毛套装，她后来在2011年巴黎世家博物馆开幕时又穿了该套装。她的母亲兰尼尔侯爵夫人穿着一套定制的羊毛套装。哈罗德百货公司在其1965年发行的"秋季时尚新闻"（Autumn Fashion News）中刊登了这款套装的广告，售价37英镑16先令（£37 16s），这大约是巴黎原版服装价格的三分之一。

位于吉塔里亚的巴黎世家基金会收藏。

一件飘逸贴身的白色绸缎礼服，前身饰有几排闪闪发光的宝石（请参见本书第157页）。现在这两件作品都成了巴塞罗那设计博物馆的时装收藏品。

松索尔·德伊卡萨·德莱昂，兰佐尔侯爵夫人（1914—1996）是巴黎世家最忠实的顾客之一，她是巴伦西亚加的赞助人，也是他的朋友，他们之间的友谊也传递给她的女儿松索尔·戴兹·德里维拉，德里维拉现在是西班牙吉塔里亚的巴黎世家基金会的重要赞助人。据她女儿说，他们的友谊始于一种奇妙的缘分：

> （我的母亲）怀孕在身，怀着我的兄弟，她试图让她们（女店员）给她提供马德里时装屋的优惠，现在她身材臃肿，因此挑中的这件衣服以后将无法继续穿着……但是她们断然拒绝，我的母亲还是很执着，当她看到巴伦西亚加在走廊上行走时，便大胆地挡住了他的路，并请求他把这件服装的价格降低……如她所期望的那样。巴伦西亚加透过眼镜看着她，说道："为什么只因为您的期望，我就不得不给您打折？我不是应该被责怪的人。"我的母亲发现这句话真的很有趣，从那时起他们就成了好朋友，直到巴伦西亚加去世为止。[75]

这则轶事表明，有钱的顾客有时会期望得到特殊待遇，有时也会谨慎地考虑自己的支出。

这位兰佐尔侯爵夫人一直到20世纪70年代初都穿着巴黎世家（巴黎时装屋）的服装。摄影师胡安·吉恩斯拍摄的照片，捕捉到了她对巴黎世家最具时尚性的产品系列的快速接纳，这些系列在日间服装和晚礼服中都得到了发展。她是如此的新潮和有见识，以至于被选为1953年11月法国版《时尚》杂志封面模特。但她有时也会重新穿用一件已十年左右的服装，这表明她对自己的外表和身材都很在意。她的身高、苗条的身材和优雅的举止适合巴伦西亚加的设计作品，甚至是那些最怪异的设计作品。在这些精美的服装中，有许多都是她女儿松索尔·戴兹·德里维拉保存下来的。松索尔·戴兹·德里维拉在很小的时候就开始与巴伦西亚加有联系了，她的第一件圣餐服就是由巴伦西亚加制创作的。后来，这件服装成了一件传家宝，她的女儿和孙女都穿过，最后捐赠给了巴黎世家基金会。成年后，松索尔·戴兹·德里维拉在许多时尚社交活动中都穿着巴伦西亚加设计的服装。她的婚纱属于专门设计和制作的高定礼服。[76]21世纪初，她穿着这件衣服出现在西班牙唯一的百货商场——英格列斯百货商场（El Corte Inglés），这里既有设计师品牌服装，也有非设计师品牌服装，德里维拉坚信优雅并不取决于时装潮流。[77]作为一个年轻的母亲，她自信满满，巴伦西亚加想要扯下她在商店购买的服装的袖子、想要重新设计，而她阻止了他的想法。[78]尽管如此，巴伦西亚加对这个家族的影响还是给人留下了深刻的印象：最极端的例子是，这个家族的四代女性——祖母、母亲、女儿、孙女，都在家族活动中穿着由巴伦西亚加的一个西班牙时装屋设计制作的服装（请参见本书第137页）。

尽管巴伦西亚加在Eisa分行的客户大多数是西班牙人，但也有一些来自更远的地方。同在法国一样，有些客户是始终如一、非常痴迷的消费者，而有些客户则是偶尔光顾的消费者。在衣着方面，嫁到西班牙或爱上西班牙可能是致命的。1948年，得克萨斯石油公司的女继承人克劳迪娅·赫德·德·奥斯本（1988年去世，请参见本书第136页）嫁给了西班牙雪利酒商人拉斐尔·德·奥斯本（Rafael de Osborne），之后她的生活主要是在巴黎的丽兹酒店和马德里的丽兹酒店度过。她对时尚充满热情，这促使她参加了巴黎世家设在这两个城市的沙龙，并成为其忠诚而热情的顾客，直至这家时装屋关门。在她生命最后的15年时光里，她光顾了纪梵希、伊夫·圣·洛朗、菲利萨（Felisa，巴伦西亚加的前同事）、璞琪（Pucci）、最后是拉克鲁瓦（Lacroix）的时装屋。[79]她的爱好是参加巴黎的时装秀，实际她更喜欢待在马德里——她自己的屋子，而不是时装屋；1967年秋天，她第一次缺席巴黎的时装发布会，巴伦西亚加欣然为她提供了200张照片，这些照片目前都保存在档案馆。正如她写给一位朋友的信中所说那样："他们从不展示这些照片，因为这些照片是不能让公众看到的，但我已经习惯了，我总能说出那些照片中的服装信息。"[80]就像兰佐尔侯爵夫人一样，她与这位女装设计师有着特殊的关系，不仅与他交往，而且还将这种关系延续至下一代：松索尔·戴兹·德里维拉的女儿在1958年穿着的由巴伦西亚加创作的第一件圣餐服，与1948年德里维拉的着装彼此呼应，这件衣服现收藏在纽约大都会艺术博物馆。

巴黎世家的设计和服务吸引了各种各样的私人和专业客户，其中一些客户从巴黎世家成立到关门，始终对该品牌忠心不二。在20世纪60年代，许多客户都没有抛弃巴黎世家时装屋，因为战前的社交礼仪仍然左右着她们的生活（她们的服装设计师设计了迷你裙和裤装，已经在与时俱进，尽管克劳迪娅·赫德·德·奥斯本等人对这种创新持谨慎态度）；她们必然不会扔掉自己的服装。不过，随着"婴儿潮时期出生的一代"成为重要的市场，北欧和美国时装界的重心无疑会发生转变。具有讽刺意味的是，这些年轻人并不理解巴黎世家曾为迎合他们的需求打下的基础：巴伦西亚加培养了安德烈·库雷热，在物质上支持库雷热建立自己的时装屋；巴伦西亚加还建议自己的一些客户去光顾新的时装屋。[81]当巴伦西亚加退休后，其他客户——她们成熟而忠诚——知道她们的最初家园所在。因此，令人悲哀的是，《新闻周刊》指出："库雷热为推出年轻化造型而做的大量工作，让巴黎世家的客户对女性化造型感到恐慌……随着时髦的年轻设计师们迅速登上头条，巴伦西亚加自身的趣味时尚气息……黯然失色。"[82]

五年后，凭借善于事后观察的优势，弗雷泽·肯尼迪（Fraser Kennedy）在评论1973年巴伦西亚加作品回顾展时，从消费者的角度敏锐地注意到了这个问题：

这并不是说年轻女性永远不能穿巴黎世家的服装，而是说，那些不再年轻的女性显然可以穿得很有特色。不将中年女性排除在外至今也是令人惊叹的、很少见的。这些服装是给臀部和胸部较为丰满的女性设计的，甚至是为身材有一两个奇怪凸起的女性设计的。（他的一位试衣者说，"巴伦西亚加先生喜欢小肚子"。）他的许多创新使年长的女性受益匪浅。无腰身的造型令她们显得更漂亮，这种效果如背部蓬松的紧身连衣裙一样，都独具魅力，它遮住了人体的下背部，而下背部的曲线，原本只有在女性很年轻的时候才会迷人。[83]

时尚领袖：
社交名媛、女学者和女演员

一般而言，购买巴黎世家品牌系列的女士有参加时装秀的空闲时间，为了自己订购的服装可以接受三次试穿，并具备支付巴黎产品高昂价格的能力。下面列举三位捐赠巴黎世家品牌服装给V&A博物馆的女士，从中可以看到，她们喜爱设计师巴伦西亚加，他对她们的生活产生了深远影响。

社交名媛：格洛丽亚·吉尼斯，娘家姓鲁比奥·阿尔塔雷 [Rubio Altatorre，1913年生于墨西哥瓜达拉哈拉（Guadalajara），1980年逝于瑞士埃帕林斯（Epalinges）]

在V&A博物馆中，一件黑色植绒蝉翼纱、椭圆形低领口的晚礼服是巴黎世家品牌中最早、最引人注目的晚礼服之一。格洛丽亚·吉尼斯应塞西尔·比顿的请求，捐赠了这件礼服，该礼服属于巴黎世家1953年的时装系列，其风格表现为夸张的沙漏型"新风貌"。正如博物馆里另外两款黑色晚礼服那样，反映了当时的时尚：一款是1960~1961年的高腰黑色"安芙拉"（amphora）晚礼服，另一款是1967年的黑色丝质亮面长绒呢"教

士风格"斗篷和长袍（请参见本书第13、28、29页）。吉尼斯还捐赠了八顶帽子、一件白色夜用披肩、一整套白色晚装，以及保琳·德·罗斯柴尔德挑中的一件鲜艳的粉色刺绣丘尼克束腰外衣（请参见本书第148页）[1]。

格洛丽亚总是位于时尚前沿，并以时尚记者和富有的社会名流身份出现在《时尚》和《时尚芭莎》杂志上。1959~1963年，她荣登"最佳着装榜"（the Best Dressed List），1964年入选"国际最佳着装名人堂"（the International Best Dressed List Hall of Fame）。格洛丽亚并非只光顾巴伦西亚加时装屋，但他俩因母语相同、交流方便而成为好友[2]。据时尚编辑贝蒂娜·巴拉德所言：

……格洛丽亚身材苗条、皮肤黝黑，是一位有穿衣品位的墨西哥女士。这恰好符合的巴黎世家的着装者特征。格洛丽亚在西班牙度过了战争岁月，期间，巴伦西亚加作为朋友为她设计服装。她喜欢

图119（对页图） 约翰·罗林斯（John Rawlings）摄影作品，格洛丽亚·吉尼斯，刊载于《时尚》，1946年11月15日，第176页

图120（对页图） 黑色植绒丝晚礼服（款式编号：61号），巴黎世家，1953年冬

服装由洛厄尔·吉尼斯夫人穿着并提供。

V&A博物馆馆藏号：T.16-1974。

图121（本页图） 格洛丽亚·吉尼斯佩戴的两个帽子，巴黎世家，1951~1965年

从左到右：

黑色鸵鸟羽毛帽，饰有两条绒边，帽子里面有一把梳子，1955~1960年（V&A博物馆馆藏号：T.60-1974）。

用玻璃纸制作的帽子，帽子固定在黑色天鹅绒的发箍上，发箍上别着两把梳子，约1951年（V&A博物馆馆藏号：T.61-1974）。

白色皮帽，圆顶状，帽檐向后延伸，1965年（V&A博物馆馆藏号：T.64-1974）。

带褶裥的黑色帽子，背面有蝴蝶结，帽里有两枚别针，约1960年，兰佐尔侯爵夫人也买了这款帽子（V&A博物馆馆藏号：T.67到B-1974）。

帽子由洛厄尔·吉尼斯夫人穿着并提供。

一遍又一遍地穿相同的黑色针织连衣裙，配上两串贵重的珍珠和一件巴黎世家黑色貂皮大衣。这都得到了巴伦西亚加的完全认可，因为对她而言这是最好的装扮。[3]

格洛丽亚毫不畏惧选用巴黎世家饰品，以符合自己的品位。《女装日报》的退休编辑约翰·费尔柴尔德（John Fairchild）指出："吉尼斯夫人……热衷于新奇的事物，她在丈夫的游艇上填满廉价的墨西哥纸花，开心地穿着巴黎世家套装，系着廉价商店里购买的黑色围巾。"这位女士独具韵味。[4]

格洛丽亚·吉尼斯作为一位墨西哥记者的女儿，是一名世界公民。她有四次婚姻史。最后一任丈夫是空军上校托马斯·洛厄尔·吉尼斯（Thomas Loel Guinness，1951年结婚）。吉尼斯家族产业分布在世界各地，在欧洲和美洲拥有众多房产，例如：曼哈顿的一套公寓，佛罗里达州（Florida）棕榈滩（Palm Beach）附近的一幢豪宅，墨西哥阿卡普尔科（Acapulco）的一所农舍，洛桑（Lausanne）附近一座18世纪的农舍，巴黎马蒂尼翁大道一栋七层楼高的房子，诺曼底（Normandy）的一处马场。夏天，他们驾驶350吨游艇航行地中海，并留有三架飞机以便去世界各地旅行。

1963~1971年，格洛丽亚担任《时尚芭莎》特约编辑。1973年，格洛丽亚为巴伦西亚加撰写了一段感人至深的悼念词：

……我有点担心，担心身材不够好而无法穿他的服装，担心他的服装太难穿、无法穿上。但事实

图122～图124（本页图、对页图） 黑色波特（poult）晚礼服的正面、背面和细节，巴黎世家，1960年

这件"安芙拉"礼服采用挺括的罗纹绸制成，高腰，廓型为茧型，后背衣片呈宽腰带状并系结后垂下。裙子后面靠近下摆的部位被夹住，没有衬里。礼服的紧身胸衣具有厚重的骨架，衬垫插入内衬中，从而使礼服的领口远离人体。

V＆A博物馆馆藏号：T.22-1974。

图125（本页图） 晚礼服与
白缎长裤的组合，巴黎世家，
1955年

这是保琳的羊毛外套，呈半圆
形。外套的后面，一排排荷叶
边固定在简单的网衬上；外套
的前面，一排排荷叶边则固定
在一排排厚重的中褐色绸带上。
这样就产生了支撑前部的重量，
而后部则显得更蓬松、更轻盈、
更丰满，可使穿戴者有腾空之
感。在服装内部，每条侧缝处
都缝有一个环襻，用来提起裙
裾，便于行动。

服装由菲利普·德·罗斯柴尔
德男爵夫人穿着并提供。

V & A博物馆馆藏号：T.18-
1974。

图126（对页图） 霍斯特·P.
霍斯特（Horst P. Horst）摄
影作品，保琳·德·罗斯柴尔
德在木桐庄园的客厅里，1963
年7月

这是为美国版《时尚》（1963
年7月1日）中的生活方式版面
而拍摄的照片。自1954年保琳
与男爵结婚以来，庄园产生了
新气象。保琳穿这件笨重的衣
服凸显了她的勇气，她喜欢露
肩的款式。从前面可以看到横
在其手臂上用来固定荷叶边的
褐色绸带。

并非如此。它们的结构很漂亮，设计完美，以至于
世上没有哪一位女性不能穿。他设计的服装就像艺
术品一样，不需要改进或迎合别人。[5]

**女学者：保琳·德·罗斯柴尔德，娘家姓波特[（Potter，
1908年生于法国帕西（Passy），1976年逝于美国加利
福尼亚州（California）圣巴巴拉（Santa Barbara）]**

与格洛丽亚·吉尼斯一样，令人敬仰的保琳·德·罗
斯柴尔德是巴黎世家二十年的老客户。20世纪60年代

末，塞西尔·比顿说服她向V&A博物馆捐赠三件引人
注目的晚礼服：一件是1955年的黑色蕾丝晚礼服；另
两件分别是1961年、1967年的绣花丘尼克外衣。因为
保琳喜欢展示她的长腿，所以巴伦西亚加将上述三件服
装搭配瘦长的绸缎裤，每一件服装要么开口够大，要么
衣长够短，从而都可以展现保琳的长腿。巴伦西亚加
在其系列中为两件绣花丘尼克外衣搭配了裙子，而非
裤子。[6]对待每一件服装，都需要有一定的激情和信心：
这件粉色丘尼克外衣太吸引眼球了，上面装饰有与帕
科·拉巴纳（Paco Rabanne）合作的创新性材料——闪

亮的塑料"亮片",并发出声响。保琳在那个时代并非传统意义上的美女,但她的身高引人注目。

这件黑色大衣被命名为"黑色绵羊",趣味十足。这或许因为巴伦西亚加只给样衣编号,因此保琳自创了这个名字。1954年,她嫁给了法国木桐庄园的老板菲利普·德·罗斯柴尔德男爵,并且做了好几年的女主人(从社会标准来看,这是一个"败家子")。他们在波尔多(Bordeaux)葡萄园附近的乡间庄园——木桐庄园举行了盛大的婚礼。战后,巴黎《时尚》杂志的首任欧洲特刊编辑罗莎蒙德·伯尼尔作为留宿的宾客曾言,此次晚宴最重要的是礼节:"男士每晚都要系黑色领带,并鼓励女士穿舞会礼服。巴伦西亚加为保琳设计了充满韵律感的服饰,她称其为'我的木桐庄园服'"。[7]

保琳不仅是社会名流,而且婚姻美满:她在伦敦和巴黎的公寓里尽情施展其室内装饰的天赋,如在乡间庄园一样,没有财务顾虑。保琳在纽约、巴黎、比亚里茨和巴尔的摩(Baltimore)度过了漂泊不定的童年。之后,她经历了自己的第一次婚姻(婚姻存续时间1930~1939年),期间她在纽约担任私人采购员,为富有的社会名流提供衣物购买建议;移居欧洲后,她在马略卡岛(Majorca)经营一家服装店,然后她在伦敦和巴黎为夏帕瑞丽公司工作。20世纪40年代,她在纽约短暂地创立了自己的时装屋;随后在海蒂·卡耐基学院的服装定制系担任了近十年的主管。保琳十六岁自学成才,成为《时尚芭莎》和《时尚》杂志的撰稿才女。她和丈夫一起翻译诗歌,在1966年出版了一本关于苏联之旅的回忆录《非理性之旅》(*The Irrational Journey*)。保琳沉浸在时尚、艺术和室内装饰的世界里,痴迷于细节——这是她和设计巴伦西亚加共有的品质。[8]

1969年,保琳被入选"国际最佳着装名人堂"。1973年,她在纽约参观巴伦西亚加的第一次作品回顾展时,表达了自己对这位设计师由衷的尊敬与赞赏:

我有幸身穿巴伦西亚加设计的服装长达23年之久。我也认识、喜欢其他的设计师,并理解他们,但巴伦西亚加是最为神秘的。他在服装领域占据优势地位。他做自己的事,走自己的路。在创造

图127（对页左图）带亮片的波特塔夫绸丘尼克束腰外衣，巴黎世家，1967年夏
这件晚礼服有四分之三身长，配以粉红色的波特塔夫绸长裤，裤子膝盖处收紧，同时搭配罗杰·维维亚（Roger Vivier）品牌透明PVC鞋。这种鞋饰以粉红色PVC和白色皮革，凿子鞋头，低跟。巴伦西亚加选择一条短裙作为这件丘尼克束腰外衣的理想搭配。
服装由菲利普·德·罗斯柴尔德男爵夫人穿着并提供。
V&A博物馆馆藏号：T.38-1974。

图128（对页右图）用聚酯薄膜和水晶珠刺绣而成的雪尼尔丘尼克外衣，由法国巴黎莱萨基刺绣工坊绣制，巴黎世家，1961年
虽然巴伦西亚加起初展示这款粉红色丘尼克外衣的时候，搭配的是一条短裙，但保琳穿着这款外衣时搭配的却是伊夫·圣·洛朗设计的粉色丝绸斗牛士长裤。伯特·德·温特（Bert de Winter）穿着这款服装时，搭配的是一条粉红色长裙和一件粉红色披风（得克萨斯州时装系列）。这款外衣与三年后的阿舍尔马海毛外套一样，接缝线很少，经裁剪袖子成为前、后身片的组成部分。服装自然下垂，外观因其重量显得较为挺括。
这件服装的款式编号表明这是1961年制作的服装，然而这件服装的用料、风格与后期的服装更为一致。但是巴黎莱萨基刺绣工坊档案馆中保存的刺绣样品也是1961年制作的。
服装由菲利普·德·罗斯柴尔德男爵夫人穿着并提供。
V&A博物馆馆藏号：T.23-1974。

图129（本页图）艾娃·加德纳穿着晚礼服——黑色长裙和米色网状大衣出席宴会，20世纪60年代中期
电影明星艾娃·加德纳穿着米色大衣现身V&A博物馆。之后，她在两袖口都添加了鸵鸟羽毛。这件大衣类似于巴黎世家1964年秋冬系列中一件带扇形边的晚礼服，但面料却完全不同，很可能是西班牙制造的。

力、与人打交道、影响穿着者的身躯与思想层面，他毫不妥协。超越他们的肉体，直至灵魂。[9]

女演员：艾娃·加德纳[1922年生于美国北卡罗纳州（North Carolina）史密斯菲尔德（Smithfield），1990年逝于英国伦敦]

美国女演员艾娃·加德纳拥有麦色皮肤，肤色很美，堪比格洛丽亚·吉尼斯的肤色之美，也和大多数西班牙女性的美丽肤色一样。1950年，艾娃在拍摄《潘多拉和飞翔的荷兰人》（Pandora and the Flying Dutchman）电影期间，第一次来到西班牙，从而爱上西班牙，神魂颠倒。[10]1955年12月，她将此地作为居住地，直至1968年迁居伦敦。在个人自传中，她实事求是地解释了西班牙的吸引力：

那是一段自然美好的时光，生活充满戏剧性、历史感，而生活成本很低，这难以想象，我居住于国外，故免交一些税费。我本质追求节俭生活。[11]

图130~图132（本页左上图、右上图、对页图）"郁金香"粉色透明丝绸晚礼服的正面、背面和内部，EISA商标，1965年秋冬（款式编号：76号）

这件服装显然很受欢迎，时装展览结束后被很多时尚记者所关注。其廓型结构清晰，贴合人体，服装还配有一件合身的紧身胸衣，这是客户可以选择的，而不一定是时装屋制作的（例如本书第80~81页的纱丽连衣裙所示）。"玛琳夫人"（Lady Marlene）的标签意味着这是一件客户定制的服装。服装由阿特丽斯·科尔夫人（Mrs Beatrice Cole）和米拉·皮尔斯夫人（Mrs Myra Pearce）提供，谨纪念艾娃·加德纳。
V & A博物馆馆藏号：T.435-1985。

图133（本页下图）"郁金香"晚礼服时装屋照片，1965年秋冬（款式编号：76号）

从这件服装的时装屋照片中可以看出，背带原本是为佩戴在脖子和耳朵上的珠宝而设计的。位于巴黎的巴黎世家档案馆收藏。

艾娃18岁进入好莱坞，之后在漫长的职业生涯中多次外出旅行。1957年之前，她获得了第一份电影合约和角色，并且有过三次婚姻经历。西班牙是逃避现实的好地方，乡村和大城市都对艾娃有吸引力。在首都马德里，她与作家欧内斯特·海明威（1899—1961）交好，并对斗牛产生了浓厚的兴趣，随后她遇到下任丈夫——斗牛士路易斯·米格尔·多明格斯（Luis Miguel Dominguín，1926—1996）。[12]她知道"自己是独居离异的女人，非天主教徒，而且还是一位女演员，身上代表着西班牙人不欢迎的一切方面"。[13]

作为一名非常成功的电影明星，艾娃银幕内外都穿着当时最优秀的时装师设计的服装，这些服装设计大师包括巴伦西亚加、巴尔曼、迪奥和她喜欢的意大利设计师芳塔纳姐妹（the Fontana Sisters）。很遗憾，在其个人自传中并未提及她如何发现EISA，也许她经常光顾格兰维亚大道对面的奇科特咖啡馆，这是时尚的约会地，

图134（本页左图）时装屋草图，黑色透明丝织晚礼服和披肩，1965年秋冬（款式编号：125号）

草图显示了最初礼服和披肩的构思是力求质朴简洁。

图135、图136（本页右图、对页图）亚伯拉罕设计的晚礼服和黑色丝绸披肩的背面和正面细节，EISA商标，1965年秋冬

艾娃的这件礼服是为客户或西班牙市场专门设计的典例。礼服的下摆、披肩的领口和接缝处都添加了黑色人造花，这样就隐藏了明显的线条。

服装由阿特丽斯·科尔夫人和米拉·皮尔斯夫人提供，谨纪念艾娃·加德纳。

V & A博物馆馆藏号：T.292&A-1990。

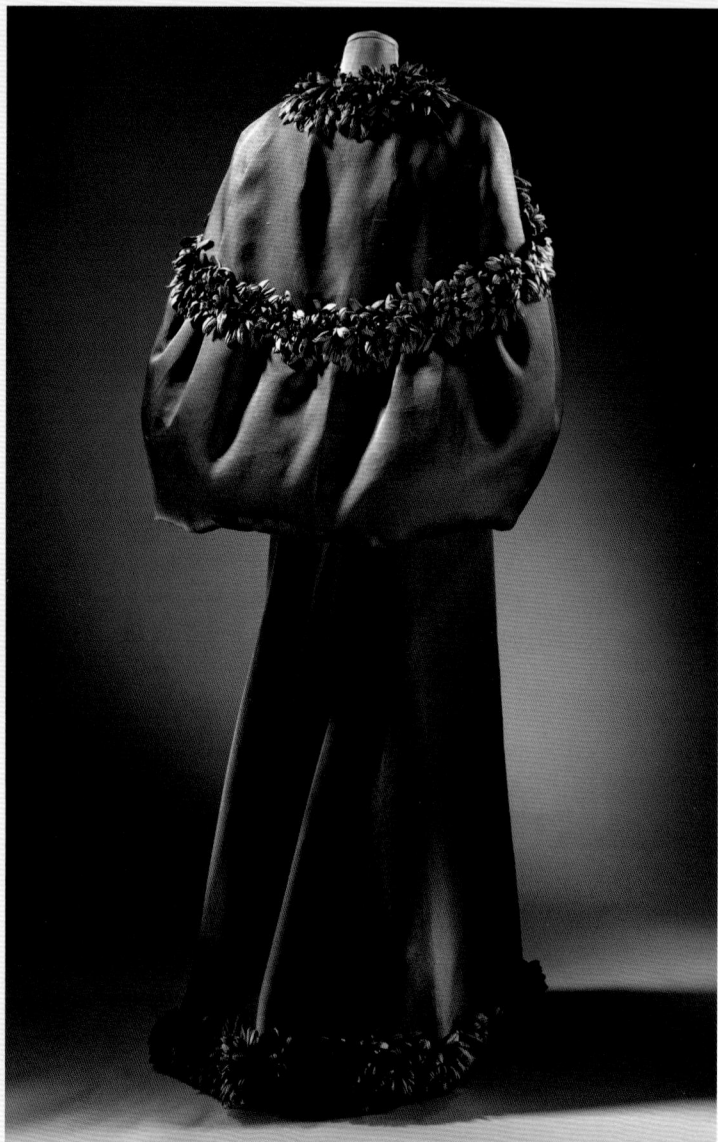

也许因为她已熟悉巴黎这家时装屋。西班牙的物价可能对她很有吸引力，符合她"节俭的一面"，其原因无疑在于她成长过程中家庭财富的起起落落，从而影响其所得的遗产。

艾娃搬至伦敦后，居住在离V&A博物馆不远处的埃尼斯莫尔花园（Ennismore Gardens）的拐角处，直至1990年逝世。1985年，她首次向V&A博物馆捐赠衣物，并留下遗言：馆长瓦莱丽·门德斯（Valerie Mendes）能为博物馆索要她遗留的衣物。[14]收藏的七套服装都是晚礼服（六件礼服及与其搭配的短外套／披肩，一件长外套），这些服装均由其私人裁缝胡安·艾

米拉斯于1960～1965年间在马德里制作而成，最能体现巴黎世家品牌后期简洁的设计风格。艾娃在这一阶段倾向于前卫款式，与其在20世纪50年代经常摆拍的紧身、性感服饰风格大相径庭。1965年冬季系列的粉色"郁金香"礼服在当年时尚记者圈中颇受欢迎。[15]时装屋照片中缺少珠宝带持有者（请参见本书第150页）。

女演员艾娃在购买服装时或购买后修改了特定的服装。例如，艾娃对一件搭配华丽黑色丝绸连衣裙的披肩进行了人造花朵装饰，而原始披肩是朴实无华的。她初次试穿米色晚装外套后，在袖子上装饰了一根鸵鸟毛。此织物中的透明丝质硬纱和卷状网纱很可能产自西班牙。

第五章

传世

他高傲、古典、带着西班牙风情；宛如一尊奇特的岩石，屹立在千变万化的时尚汪洋之中；即使变幻莫测的时尚潮流尽力将他驱逐，他也终将经久不衰。[1]

—

塞西尔·比顿，1954年

这幅肖像照展示了巴伦西亚加"在家里"的样子。不难看出，他喜欢收藏艺术品：令人印象深刻的精装书、约19世纪的时装图样、现代绘画、油画、摄影艺术品和青铜艺术品。据塞西尔·比顿说，巴伦西亚加还收藏了大量的水晶、中国瓷器、古老的银器、18世纪的家具以及昆卡（Cuenca）地毯。

早在1954年，塞西尔·比顿就非常认可巴伦西亚加的前瞻性眼光及其作品的持久品质。60多年后，他的这番话得到印证，因为"巴伦西亚加"这个名字已经成为时尚大师们眼中的"品质"代名词。而且，由于巴黎世家品牌的全球化，以及众多有关巴伦西亚加本人的展览和出版物，使"巴伦西亚加"这一名字具有更广泛的文化影响力。在这个人才辈出，且一不小心就会引起争议的行业中，巴伦西亚加因其个人品质和其作品的无差错、高水准而脱颖而出——至今依然如此。就在他77岁去世的前两周，他仍在工作，用他挑剔的眼光审视自己的最后一件创作，并亲自动手进行修整。这最后一件创作是一件婚纱，如优秀的时装秀作品，它引起了媒体的关注与报道。这件婚纱是西班牙独裁者的孙女玛丽亚·德尔·卡门·马丁内斯–博尔迪乌·佛朗哥（María del Carmen Martínez-Bordiú y Franco）与安如·卡迪兹公爵阿方索（Alfonso, Duque de Anjou y Cádiz）于1972年3月8日结婚时所穿。婚纱由巴伦西亚加本人在马德里亲自监制，水准之高可以想象。新娘是其家族中第三代穿着巴黎世家婚纱的新人，她还记得婚礼两天前试穿婚纱时

的烦人过程。她后来甚至说："我当时都以为这件婚纱可能会推迟我的婚期呢。"[2]

在某种程度上，这段婚姻预示着佛朗哥政权的终结，也左右着巴伦西亚加在西班牙的生活。实际上，早在佛朗哥的孙女嫁入西班牙王室时，佛朗哥执政者就刻意与王室之间保持一定距离。然而，就在3年前，也就是在佛朗哥提名西班牙王位合法继承人的1969年，这一切都发生了变化。佛朗哥认为，一旦新的"西班牙王子"胡安·卡洛斯（Juan Carlos）继任国王，就意味着他会维持现状。然而这无疑促成了西班牙向民主国家的过渡。很多方面，巴伦西亚加设计的时装展现了佛朗哥统治时期西班牙设计的典型特征：这就是一位历史学家所说的"差异"，即传统的流行设计被政府大力推广，与欧洲其他地区流行的现代主义风格之间形成了对立关系。[3]然而，巴伦西亚加去世的时候，现代主义风格在他的设计中占据了主导地位，并预示着时尚的未来，这与巴伦西亚加故乡的社会风俗与经济发展一致。当时时尚业的社会经济正在向欧洲北部的模式发展——设计师和裁缝的数量不断下降。到20世纪80年代，一种新的西班牙成衣模式已经出现，工业部

开始推广时尚设计，其方法途径有：时装秀，例如高迪沙龙（Salon Gaudí，1985—2005）；克里斯托伯尔·巴伦西亚加国家时装大奖（1987年和1988年）；2009年以来的国家时尚设计奖（National Fashion Awards）。[4] 马德里的服装博物馆（Museo del Traje）于2004年开馆；经过11年的酝酿，巴伦西亚加博物馆也于2011年开馆，俯瞰着吉塔里亚的大海[5]。巴伦西亚加博物馆是由西班牙教育和文化部赞助的，其目的是建立一个时尚中心，"培育、传播和强调克里斯托伯尔·巴伦西亚加在时尚界，尤其是在作为艺术创作重要组成部分的高级时装界中的卓越性、重要性和突出地位"。[6]

巴黎世家时装屋

1968年，巴伦西亚加在巴黎退休，而就在他退休的4年前，艾曼纽埃尔·卡恩（Emmanuelle Khahn）曾向媒体发表了挑衅性的声明，称高级定制时装已不复存在。[7] 卡恩是巴黎世家和纪梵希在1957～1961年的时装模特，她代表了想要设计街头时装的年轻一代。她的做法呼应了巴黎当年颇具影响力的学生示威活动，学生通过示威表达对时装设计的不满，巴伦西亚加本人正是在那一年离开。可以说，在巴伦西亚加掌握其商业运作的时候，世界时尚界也发生了很大的变化。无论巴伦西亚加的时装制作方法看上去多么过时，但是他的地

图138（本页图）玛丽亚·德尔·卡门·马丁内斯-博尔迪乌·佛朗哥与卡迪兹公爵的婚礼，1972年3月，当时她的祖父弗朗西斯科·佛朗哥将军也在场新娘穿着白色的缎袍。缎袍的接缝处都饰有珍珠、钻石和亮片；缎袍的裙裾像宫廷的斗篷一样从肩上垂下，裙裾边缘也绣着珍珠、钻石和亮片。这件婚纱由巴伦西亚加设计，在他的监督下由前巴黎世家首席执行官菲利萨制作，由何塞·路易斯·莫利纳（José Luis Molina）担任助手。照片背景中，新郎母亲的着装将现代时尚与传统的西班牙曼蒂拉纱巾结合在一起，这样的着装常出现于教堂和成人礼中（请参见本书第44～46页）。

图139 希比拉（Sybilla）设计的红色丝绸衬衫，2015、2016年秋冬

1987年，希比拉（1963年出生）赢得了第一届克里斯托伯尔·巴伦西亚加时装大奖，并在日本市场取得了巨大成功。隐退10年后，她于2014年回归时尚界，并于2015年获得国家时尚设计奖。在这个系列中，她凭借可控的体量和大胆的用色呼应了巴伦西亚加的作品，并表达了巴伦西亚加在其圣塞巴斯蒂安成长岁月中对设计师维奥内特和日本产品的深情敬意。

位却很显著，称得上传奇。时至今日，巴伦西亚加的声誉依然如故，部分原因是巴黎世家转向成衣设计、任命有才华的设计师（或现在所知的创意总监）以及维持配饰和香水的销售，所有这些都是其至今"历久弥新"的原因。

直到20世纪下半叶，时装设计师们才开始思考如何使其时装屋在竞争中立于不败之地。他们认识到他们的学徒早晚将会独立出去，以自己的名字创办企业。[8]当巴伦西亚加和他的合伙人在1937年成立工作室时，创始合同规定了50年的期限，他们知道，合同按照规定的时间在他们死后就会自然终结。[9]然而，巴黎世家时装屋却幸存了

下来。从1972年巴伦西亚加去世到1978年，巴黎世家的继承人——他的侄子和侄女，一直在销售香水和配饰。1978年，德国赫斯特（Hoechste）集团买下了巴黎世家时装屋，并推出了第一批成衣系列。仅仅7年之后，赫斯特集团就把巴黎世家卖给了法国香水集团积克·宝格（Jacques Bogart），该集团开始提升巴黎世家的品牌形象，使之符合巴黎世家的传统。次年，还在美国和中国香港设立了分公司。[10]2001年，古驰（Gucci）将巴黎世家纳入旗下顶级奢侈品业务之列。[11]那时，开云集团（Kering Group，2013年前称PPR集团）已经开始建立奢侈品部门，最初是于1999年收购古驰的少数股权。之后开云集团逐渐提高了比例，到2004年时，其持股比例达到99.04%。[12]现在它已完全拥有古驰和巴黎世家。[13]在其业务组合中，巴黎世家与古驰、宝缇嘉（Bottega Veneta）、圣罗兰（Saint Lauren）、亚历山大·麦昆（Alexander McQueen）、布里奥尼（Brioni）、克里斯托弗·凯恩（Christopher Kane）、麦蔻（McQ）、斯特拉·麦卡特尼（Stella Mc-Cartney）、托马斯·迈尔（Tomas Maier）、宝诗龙（Boucheron）、渡渡鸟（Dodo）、芝柏（Girard-Perregaux）、尚维沙（JeanRichard）、宝曼兰朵（Pomellato）、麒麟（Qeelin）和雅典表（Ulysse Nardin）齐名。

自20世纪70年代以来，巴黎世家的新掌管者们就尝试更新时装屋的整体形象或产品，关注原设计师的理念或灵感，在不断完善中宣传品牌形象的改变。1989年，安德莉·普特曼（Andrée Putman）——巴黎最著名的室内设计师之一，为宝格重新设计了乔治五世大道10号的巴黎世家时装屋。2003年，在古驰的领导下，当时的创意总监尼古拉斯·盖斯奇埃尔（Nicolas Ghesquière）与法国艺术家多米尼克·冈萨雷斯－弗斯特

（Dominique Gonzalez-Foerster）联手，重新装修了一家位于巴黎传统奢侈品中心圣奥诺雷街（Rue Saint-Honoré）的巴黎世家新旗舰店。2016年，新创意总监德姆娜·格瓦萨利亚（Demna Gvasalia）已经透露了这两家巴黎店的下一次改造，他的意图是使世界各地所有巴黎世家时装屋都保持相同的美学风格，但同时又根据其地理位置的不同对每家店铺进行个性化装修。[14]

在巴黎世家香水的生产中，也具有相似的"现代感"，特色同样鲜明。法国香水集团积克·宝格在1982～1998年推出了五款新香水。[15]在由古驰占据行业主导地位的岁月里，巴黎世家继续生产和销售这五款新香水，包括巴伦西亚加在世时推出的初款香水。[16]此后，巴黎世家就没有再推出新款香水，直到2008年科蒂（Coty）集团获得了香水许可证。2010～2015年，大约有八款体现"新"巴黎世家风格的香水问世，其中包括调香师多米蒂尔·贝蒂尔（Domitille Bertier）于2014年推出的巴黎世家"至真"香水（B. Balenciaga Paris）。[17]正如广告中所展示的那样，巴黎世家的经典传统也在香水上重温再现：

受到新旧结合的启发，巴黎世家"至真"香水以现代化的方式回顾了巴黎世家时装屋的经典传统。香水瓶子的磨砂玻璃有独特的裂纹纹理，其灵感来自于最初的位于乔治五世大道10号的巴黎世家时装屋的大理石瓷砖。瓶身的形状类似一个六面体的建筑，而瓶盖独特的外露拱形则是向巴黎世家时装和配饰中的拱形致敬。[18]

或许，最令人震惊的是巴黎世家配饰系列的蓬勃发展。对巴黎世家而言，配饰原本只是用来搭配特定服装的物品，而不是重点发展的商品系列。2001年，巴黎世家推出了Lariat手袋——一种以软皮革、扣钉、金属扣环、拉链、链式流苏为重要特征的"机车包"。在15年后的今天，这款手袋仍在以不同的尺寸和颜色生产制造。2010年，它的设计师尼古拉斯·盖斯奇埃尔将它的成功归因于人们对它的熟悉：

这款"机车包"包身上没有品牌标识，同时非常轻便，又具有浓郁的复古风情。无论是成熟女士，还是年轻女孩，都认为这是一款她们可以拎一辈子的手袋。"机车包"是一件新鲜物品，但它看上去又旧旧的，如同一件旧的、好用的、友好的物品。仿佛只要拎上"机车包"，你就会成为一名"巴黎世家"女孩。[19]

自1978年推出成衣系列以来，巴黎世家时装屋的设计管理的变更与公司所有权的变更相比，有过之而无不及。尽管这些设计师在巴黎世家任职期间一直主抓高级成衣，但他们大多都曾接受过女装设计师的培训，并在高级定制时装领域工作

图140 盖斯奇埃尔为巴黎世家设计的手袋，于2001年首次推出，2016年
在过去的20年里，配饰在时尚界的地位发生了巨大变化，手袋成了重要的品牌商品。不仅对那些买得起名牌成衣的人来说是如此，对那些习惯在商业街购物的人来说也是如此。盖斯奇埃尔注意到了其工作室中的模特对这款手袋初始样品的积极反应。他本没有期望这款手袋会热卖，而只是凭着直觉将这款手袋投入生产，但最终他的直觉得到了回报。现如今，Lariat手袋有多种尺寸和颜色可供消费者选择。
位于巴黎的巴黎世家档案馆收藏。

过。例如：米歇尔·戈马（Michel Goma，1986~1991年担任巴黎世家设计师），20世纪50~60年代为珍妮·拉法罗（Jeanne Lafaurie）和让·帕图（Jean Patou）工作；约瑟夫斯·梅尔基奥·西敏斯特（Josephus Melchior Thimister，1991~1997年担任巴黎世家设计师）曾为卡尔·拉格菲尔德和让·帕图工作；尼古拉斯·盖斯奇埃尔（1998~2012年担任巴黎世家设计师）曾为让-保罗·高提耶（Jean-Paul Gaultier）工作。与之相较，美籍亚裔设计师亚历山大·王（Alexander Wang，2012~2015年担任巴黎世家设计师）则来自成衣行业。新近任命的设计师是德姆娜·格瓦萨利亚（2016年至今担任巴黎世家设计师），曾为概念设计师马丁·马吉拉（Martin Margiela）工作，后担任路易·威登（Louis Vuitton）成衣女装系列设计师，之后又推出了个人品牌"维特萌"（Vêtements），该品牌专注于"给人穿的服装，而不是花哨的概念服装"。[20] 戈马为他的继任设计师们开创了新局面：他注重从巴伦西亚加的全部作品中汲取灵感，在其任职期间组建了巴黎世家档案馆，并在法国里昂举办了第一届巴伦西亚加回顾展。戈马追随的高级定制时装潮流是由卡尔·拉格菲尔德在1983年担任香奈儿首席设计师时开创的。通过组建档案馆，巴伦西亚加的精神得以保存。

在戈马时代，巴黎世家时装屋再次吸引了来自纽约的波道夫·古德曼和南方各州的诺德斯特龙（Nordstrom）等商店的顾客（从1991年开始）。这些商店都是时装屋管理层精心挑选的，它们是唯一有权销售巴黎世家的美国百货商店。这些店铺的目标受众属于特定的客户群体：年龄大多介于25~40岁、能够负担如此高昂价格的职业女性。这些女性购买成衣的意愿，体

现了一种早已明确的趋势，即从高级定制时装转向高档、昂贵的成衣替代品。1995年盖斯奇埃尔接手后，更多的零售商店为巴黎世家的魅力所折服，顾客中开始出现了娱乐圈的迷人女性，包括麦当娜（Madonna）和妮可·基德曼（Nicole Kidman）。亚历山大·王的主要贡献是使巴黎世家进驻中国，他个人的民族背景和普通话水平也符合这一倡议。[21] 2006年，一件象牙色的丝绸鸡尾酒会礼服价值3000欧元，而10年后，采用刺绣或氯丁橡胶机织而成的最昂贵的礼服，价格则攀升到2295~3050欧元。即使是最低价格，一件简单的纯棉T恤售价也高达约215欧元。[22] 当然，现在互联网已经成为奢侈时尚品牌有效的营销工具和高效的销售渠道。高级定制时装需要三次个性化试衣的时代已经一去不复返。

因此，巴黎世家的故事与其竞争对手们的故事非常相似。[23] 它原本是一家独立的时装屋，现在是一家大型企业集团旗下一系列奢侈品品牌的子公司之一。它为各行各业的阔太太们提供服务，通过各种手段在国际上销售产品，并始终强调其悠久而独特的历史，旨在保护其品牌的声誉。

"时装屋之外"

在成衣设计师崛起、高级定制时装屋运用其档案馆创建"签名珍藏品"的同时，通过拍卖会和易趣（eBay）购物网站，以及许多独立设计师的大型展览，具有收藏价值的高级定制服装和古着也在悄然兴起。从1975年起，伦敦的苏富比（Sotheby's）和佳士得（Christie's），以及稍晚一些的斯宾克斯（Spinks），开始在拍卖会上销售高级定制时装。它们的销售额主要来自于迟暮之年的20世纪50~60年代的高级定制时装客户。随后，纽约和巴黎都

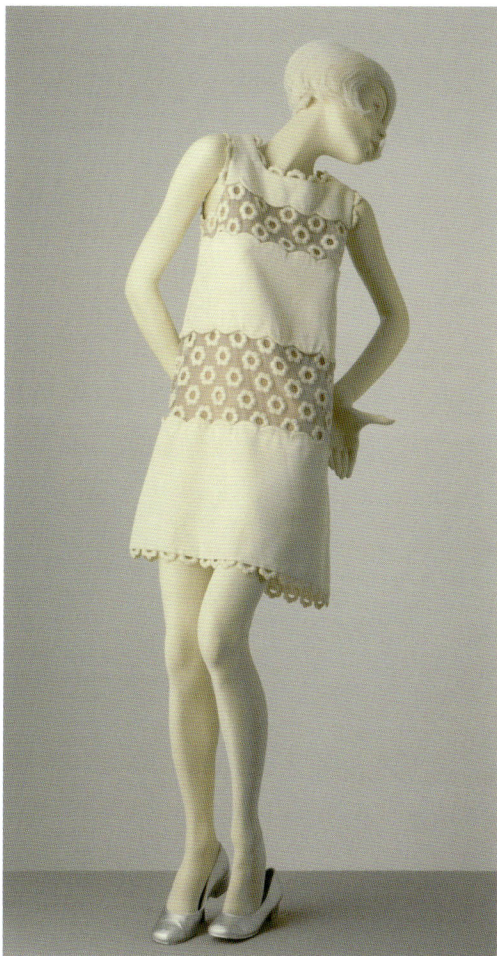

图141（左图） 华达呢羊毛大衣，库雷热设计，1967年
格洛丽亚·吉尼斯是巴黎世家的客户之一，她曾是库雷热开设自己时装屋时的赞助人之一。在选择巴黎世家黑色亮面长绒呢和披风（请参见本书第28、29页）的同一年，她也从库雷格斯的设计系列中选择了这件外套。这件外套具有极简的线条和大胆的色彩对比，这与她一生的品位相一致。
由格洛丽亚·洛厄尔·吉尼斯夫人提供。
V&A博物馆馆藏号：T.102-1974。

图142（右图） 棉质机绣欧根纱迷你裙，库雷热设计，1967年
这款迷你裙具有简洁的线条，纹理密集，图案区域透明，这让人想起多年来巴伦西亚加用蕾丝和硬纱做的实验。这件作品被巴黎世家曾经的一位客户购买，这位客户是前美国总统夫人杰奎琳·肯尼迪（Jacqueline Kennedy）的妹妹。
由斯坦尼斯洛斯·拉齐维尔王妃 [Princess Stanislaus Radziwill，娘家姓李·布维尔（née Lee Bouvier），生于1933年] 穿着并提供。
V&A博物馆馆藏号：T.100-1974。

加入了这一行列。[24]大量的时装展览和出版物在促进这些交易发展的同时，也提升了包括巴伦西亚加在内的设计师的公众认知度（见"导言"和"参考书目"）。许多时尚编辑将巴伦西亚加视为"高品质"的标杆，小说家们也乐于借用"巴伦西亚加"这一为人们所熟知的名字来为其小说增添"真实性"。[25]2016年，在西班牙，巴伦西亚加甚至被搬上了电视。这部电视剧改编自通俗小说《难言之爱》，讲述了巴伦西亚加的西班牙缪斯女神兰佐尔侯爵夫人与佛朗哥连襟之间的风流韵事。[26]

许多时装设计师也在其回忆录和媒体采访中表达了对巴伦西亚加的敬意，尤其是在巴伦西亚加作品大型展览的开幕式上，例如1985年在里昂和2006年在巴黎举办的

展览，包括2011年吉塔里亚新博物馆的落成典礼。[27]这些时装设计师属于不同时代，他们与巴伦西亚加的作品有着不同程度的接触，因而他们以不同的方式向巴伦西亚加致敬。他们中的一部分人有幸认识巴伦西亚加或接受过巴伦西亚加的培训；而另一部分人则是通过外部途径（私人收藏、巴黎世家档案馆或博物馆、V&A博物馆）来研究巴伦西亚加的作品。[28]还有一些设计师是纯粹通过摄影媒介来欣赏巴黎世家，欣赏其独创的风格和采用的面料。通过这些照片，他们分析了巴黎世家作品的裁剪和结构、省道和缝合、衬里和夹层，并从中获得了不同的见解。毫无疑问，设计师们根据自己的工作方法和产品模式确定其致敬巴伦西亚加的方式，并明确如何将巴

图143 亨利·克拉克摄影作品，模特穿着奥斯卡·德拉伦塔（Oscar de la Renta）设计的服装，在瓦哈卡州（Oaxaca）圣多明哥（Santo Domingo）的修道院回廊里摆出造型，1968年1月10日

这件带有荷叶边裙摆和袖子的红色印花欧根纱连衣裙，无论是其大胆的配色还是夸张的设计，都让人联想到弗拉门戈风格的连衣裙。青果领边缘镶有精美的流苏，其灵感来源于西班牙传统节庆所穿的披肩（请参见本书第41页）。在奥斯卡·德拉伦塔的职业生涯中，他一直以富有戏剧性的晚装和婚纱而闻名，在奥斯卡颁奖典礼或名人的婚礼上时常可见身着其作品的身影。

黎世家的作品融入自己的作品中。

在工作实践中，与巴伦西亚加有近距离接触的是他的助手于休伯特·德·纪梵希（请参见本书第164~166页）和他的学徒安德烈·库雷热（1924—2016）、伊曼纽尔·温加罗（请参见本书第167、168页）以及在他的工作室里接受培训并继续创业的男女裁缝们。1961年，在接受了巴伦西亚加11年的教导后，库雷热和他的妻子科奎琳·巴利耶（Coqueline Barrière）成立了自己的高级定制时装屋，他的妻子也曾是巴黎世家的一名女裁缝。1965年，他们凭借"太空时代"（space age）的现代方正造型、迷你裙和热裤在国际上声名鹊起。这些设计迎合了公共领域的杰出年轻客户，如碧姬·芭杜（Brigitte Bardot）、凯瑟琳·德纳芙（Catherine Deneuve）和杰奎琳·肯尼迪（1929—1994）。1971年，塞西尔·比顿在V&A博物馆的展览中展出了七套这样的服装。在20世纪90年代库雷热离开巴黎世

家之前，成衣系列、配饰和香水一直是库雷热为"现代"女性打造的产品。[29]与此形成对比的是，在西班牙，受过巴黎世家培训的裁缝可能会以差异性的、不那么国际化的形象创办企业。胡安·马里·艾米拉斯（1931—2010）从17岁开始在EISA马德里分行上班，在他父亲主管的缝纫车间里接受缝纫培训。20世纪20年代中期，他父亲曾在圣塞巴斯蒂安接受巴黎世家的培训，随后，巴黎世家于1933年将他父亲派往马德里新成立的时装屋，监督缝纫车间。因此，他父亲指导了库雷热、温加罗和他自己儿子的最终培训。1964年艾米拉斯的父亲去世，之后，艾米拉斯以剪裁师的身份一直留在EISA分行，直到1968年，艾米拉斯和他的家人回到了他们位于圣塞巴斯蒂安的老家，创办了一家自己的裁缝店。一次偶然的机会，他在圣塞巴斯蒂安一家最好的布料店中，与已经退休了的巴伦西亚加结缘，开始了他与巴黎世家的合作，为其私人客户加工服装，这种状态一直持续到巴伦西亚加去世。在妻子的帮助下，艾米拉斯也一直工作到生命的最后一刻。[30]

在前面提及的案例中，库雷热和艾米拉斯都是从巴伦西亚加和那些经验丰富的手艺人那里理解并掌握了服装的面料、裁剪和结构，并且对服装剪裁制作始终持有"高标准"。时装设计师菲利普·维尼特（Philippe Venet，生于1929年）和阿瑟丁·阿拉亚（Azzedine Alaïa，生于1940年）最初分别在里昂和突尼斯为当地高级女装裁缝师工作，这些高级女装裁缝师的主要工作是为私人客户复制高级定制时装模型。菲利普·维尼特和阿瑟丁·阿拉亚在工作中不断学习，并从"解剖"高级定制时装中彻底了解了巴黎世家。后来，他们在实践中形成了自己对服装剪裁和结构的理解。两人

后来都在巴黎创立了自己的高级定制时装屋，不过他们也拓展了成衣业务。阿拉亚收集了巴黎世家的一系列服装，他称自己是服装的"塑造者"，并且和巴伦西亚加一样，当他设计"极具雕塑感的"或"柔软、紧身的服装"时，他会直接在模特身上操作面料，从而体现其对于面料的精确裁剪和完美解读。慢时尚，不一定会出现在按季节编排的时装秀上，因为只有当它的创造者对它感到满意时，它才会出现。[31]

1989年，现任康泰纳仕集团总裁的尼古拉斯·柯勒律治（Nicholas Coleridge）将巴黎世家定义为"用鲜明的地中海色彩装饰的巴黎世家"，这成为"巴黎世家"的另一个标志。多米尼加的设计师奥斯卡·德拉伦塔（1932—2014）是"红毯"的宠儿，也是许多美国第一夫人的首选设计师。[32]1950年，德拉伦塔离开家乡圣多明哥，到位于马德里的圣费尔南多艺术学院（Academia de San Fernando）学习美术，随后受到巴伦西亚加的赏识，让他在位于马德里的巴黎世家时装屋里画了六个月的草图。半个世纪后，德拉伦塔在美国成为一名非常成功的设计师，并担任纽约索菲亚女王西班牙学院（Queen Sofia Spanish Institute）的主席。他鼓励并支持由美国版《时尚》杂志欧洲特约编辑哈米什·鲍尔斯（Hamish Bowles）策划的关于"巴黎世家和西班牙"的首次大型展览（2010年）。德拉伦塔对充满活力的印花和浪漫的荷叶边的运用，实际与他的西班牙或加勒比人的血统有关，但他也使用了一些由巴伦西亚加开创的更具雕塑感的设计元素。他的多才多艺为他赢得了巴尔曼时装屋高级定制时装系列设计师的职位（1993～2002年）。当他在朗万（一家以聘用西班牙设计师而著称的时装公司）旗下接受培训时，他回到了巴黎的高级定制时装发源地（请参见本书第26页）。[33]

除了那些因设计作品或工作方法与巴伦西亚加或其时尚屋有直接联系的设计师之外，现在仍有几代设计师欣赏并吸收了巴伦西亚加所开创的服装廓型。这些后辈设计师们有着不同的文化背景、服饰传统，他们对于流行时尚体系持有截然不同的观点。他们的设计作品展现了对巴伦西亚加的崇敬，也表明了巴伦西亚加的开创性设计所具有的深远影响力：巴伦西亚加设计的服装廓型打破了流行于16～20世纪初的那种紧紧包裹女性身体（或紧身胸衣）的传统沙漏型轮廓。[34]的确，正如"型风塑尚：服装设计大师巴伦西亚加"的策划人卡西·戴维斯·斯特罗德（Cassie Davies Strodder）所评论的那样：

> 一旦你见过并了解巴伦西亚加的设计和廓型，你会发现他的影响无处不在——无论是在J.W.安德森（J.W. Anderson）等设计师的高档成衣中，还是面向有设计意识但不太富裕的客户群的高街品牌（如COS等）中，都可见其身影。[35]

当然，这并不是说，这些高街品牌的服装品质可以与巴伦西亚加亲手制作的服装或今时今日巴黎世家时装屋设计的服装相提并论。这里想表达的是，巴伦西亚加对时尚以及女性身体的思考具有深远的影响和意义。尽管自20世纪60年代以来，人们就对高级定制时装的未来感到担忧，但是它并没有消亡。现如今，仅有少数设计师在高级定制时装领域工作，大多数设计师为成衣系列提供服装原型。而这些服装原型中，一部分会用于小批量生产，另一部分则会用于大批量生产。[36]服装的品质也就随之发生变化。

要点

继承人和追随者：
门徒、学徒和传承人

V&A博物馆内现存三位设计师设计的服装，他们有机会亲自学习巴黎世家高级定制时装，向巴伦西亚加大师致敬。其中两位是新一代设计师，而第三位设计师在20世纪90年代末重振了该品牌时装屋。他们与巴伦西亚加的关系各不相同，设计特点也各不相同。

门徒兼朋友：休伯特·德·纪梵希（生于1927年）

纪梵希是对巴伦西亚加最直言不讳、善于表达的仰慕者之一。1952~1953年，纪梵希的一位纽约客户把他介绍给巴伦西亚加，同年他开创了自己的高级定制时装屋，随即两人成为亲密的朋友。1956年，在巴伦西亚加的建议与资金支持下，纪梵希时装屋搬到了巴黎乔治五世大道3号。[1]同年，他听从巴伦西亚加，在巴黎时装周期间不向媒体展示自己的时装系列，而是效仿巴伦西亚加的做法。对纪梵希而言，巴伦西亚加就像一位父亲：

> 他鼓励我……40年前，当你告诉你的家人你想成为一名设计师时，他们不明白。只有他帮助并

给予我方向。他的作品是那么严格纯洁……他是个了不起的男士，一个下午就能完成100次试衣。[2]

纪梵希和巴伦西亚加的成长背景很不一样。1927年，纪梵希出生于波维市（Beauvais）的一户艺术设计氛围浓郁的家庭，曾在巴黎著名的美术学院短暂学习。随后，纪梵希为多位设计师做设计，1945年为企业家兼服装设计师杰奎斯·菲斯做设计，然后为罗伯特·皮盖特（Robert Piguet）做设计，1946年为卢西安·莱隆（Lucien Lelong）做设计，1947~1951年为艾尔莎·夏帕瑞丽做设计。1952年，他在蒙索街（Plaine Monceau）开创自己的高级定制时装屋，在1954年推出了个人首个成衣系列，并于1969年推出了个人首个男装系列。在这段时间里，他被认为是："高级定制时装领域中的巨大能量……他为奥黛丽·赫本（Audrey Hepburn）设计电影角色的服装，数百万人观看过其服装作品。大规模的批发商不会向纪梵希施压，因为如巴伦西亚加一样，纪梵希不仅仅是潮流的引领者，而且是服装标准的引领者。"[3]巴伦西亚加的许多客户都同时光

顾过这两家时装屋，而其他客户则在巴伦西亚加退休后才光顾纪梵希时装屋。

塞西尔·比顿为其1971年 V&A 博物馆举办的"时尚：选集"展览选择了纪梵希21件作品，其中许多作品都加入了装饰元素，展示了巴黎配饰和刺绣的精妙运用，这些配饰和刺绣也是巴伦西亚加非常欣赏中意的。纪梵希一直坚持创新这类经典的晚礼服以及类似巴黎世家风格的简洁小套装，直到1995年退休。1988年，他将自己的时装屋卖给了奢侈品集团LVMH。与巴伦西亚加一样，纪梵希因对法国时尚的贡献于1983年荣获法国荣誉军团勋章，并且于1992年荣获法国艺术与文学勋章。纪梵希收集了一批巴伦西亚加设计的原版样品，这些都来自于光顾两家时装屋的女士。许多物品被捐赠

图144 休伯特·德·纪梵希在为其时装系列做最后准备，1969年春

纪梵希身着白色外套，正在审视与巴伦西亚加在20世纪60年代中期以来合作设计的套装——以帽子、手套作为配饰的素雅格子套装。沙龙已准备就绪，以便迎接记者、客户和买家的到来。镀金的小椅子排成一行行，贴上了名牌，并准备了清洁闪亮的烟灰缸，以备随时使用。

图145（本页左图） 纪梵希晚礼服，1987年秋冬

在这件晚礼服上，纪梵希采用了马雷斯科特蕾丝制造商的亮片蕾丝，该公司在20世纪50~60年代一直与纪梵希合作。礼服的裙子采用了蓬松的淡绿色真丝罗缎，横向装饰一排排黑色天鹅绒和褶皱丝绸缎带。这些皱缎缎带由雅各布·施莱普弗（Jacob Schlaepfer）设计，是20世纪末在巴黎仍可买到的优质丝绸装饰品。

V&A博物馆馆藏号：T.318-1987。

图146（本页右图） 纪梵希晚装，1968年8月

这件服装采用了奢华材料——天鹅绒和绸缎，并饰有染色的黑色羽毛，这些材料是巴伦西亚加退休时期高级定制服装的优雅与工艺的缩影。纪梵希与其导师一样，继续在服装面料和服装结构领域奉行同样的高标准。

服装由皮埃尔·斯伦贝谢夫人（Mrs Pierre Schlumberger，1929—2007）穿着并提供。

V&A博物馆馆藏号：T. 232-E-1974。

图147　弗朗索瓦·格雷厄穆（François Gragnon）摄影作品，导演让·奥莱尔（Jean Aurel）执导的电影《情妇玛侬》（*Manon 70*），1967年9月12日
凯瑟琳·德纳芙与温加罗和一名员工在他最近开张的时装屋里合影，对影片中的一套服装做最后的润色。与库雷热的时装屋一样，它的装修及家具都是现代的、有棱角的。白色的墙壁和巨大的镜子通过现代的聚光灯显得更加突出。

给了吉塔里亚的巴黎世家博物馆，而他一直是该博物馆的主要赞助人和支持者。[4]

学徒：伊曼纽尔·温加罗（生于1933年）

温加罗在1958～1962年给巴伦西亚加当学徒，然后为库雷热做过短期助理。1965年，温加罗与合作伙伴、纺织面料设计师索尼娅·科纳普（Sonia Knapp）创立了自己的时装屋。作为最后一位被广泛接受的高级女装设计师，温加罗于1995年将公司的大部分股份卖给了菲拉格慕集团（Ferragamo），从此继续走高级时装路线。当时，他的高级定制时装系列只卖出了大约300套，损失惨重，只好依靠在日本的25项专利收入而生活。2005年，他与他的导师同龄退休，并将品牌卖给了商人阿西姆·阿卜杜拉（Asim Abdullah）。[5]与导师不同，温加罗在其30年的商业生涯中掌握了高级定制服装不断变化的趋势，于1967年在都灵（Turin）推出由GFT集团授权生产的首个精品系列，以及1973年个人首个男装系列和1983年个人首个香水系列。据说在2000年，温加罗仍拥有200多位高级时装定制客户，其中大约有60人每一季都会订购。[6]

温加罗的青年时代背景与巴伦西亚加类似：其一，温加罗受到法西斯暴动影响而滞留法国；他的父亲在20世纪30年代逃离了墨索里尼（Mussolini）统治下的意大利；其二，温加罗也是从其父母那里学习的缝纫技术，他的父亲和哥哥都是普罗旺斯地区艾克斯（Aix-en-Provence）的裁缝；其三，温加罗在20岁出头时大胆前往巴黎寻找财富，同龄的巴伦西亚加则从法国时装设计师那里购买服装，以便在圣塞巴斯蒂安做生意；其四，温加罗也痴迷于工作，他在蒙田大道的工作室与导师的环境如出一辙；其五，温加罗致力于理解和遵循导师的方法，先确定面料，然后画草图。"当我把鼻子凑近布料时，同事们总是取笑我……我抚摸它、闻它、听它，一件衣服应该用多种方式表达。"[7]

温加罗的个人首个系列包括了20件迷你羊毛衫和彩色双面羊毛衫，其裁剪都是按照他所接受的训练模式进行的。颇具戏剧性的是，他拒绝展示晚礼服，认为它们彼此属于不同的时代。不出所料，塞西尔·比顿多年后为温加罗的展览选择了6件日礼服，这些都是为巴伦西亚

图148 带丝绸衬里的华达呢
大衣，温加罗，1968年

图149 华达呢连衣裙和夹克，
温加罗，1966年

20世纪50年代末，英国出生
的布伦达·阿扎诺（Brenda
Azario）及其意大利丈夫在都灵
创办了纳蒂埃公司，生产高级定
制服装的面料。作为在工作和生

活中的生产商合作伙伴，她穿着
高级定制服装，她的衣橱里存放
了该公司面料制作的各种服装。
在20世纪60年代末，她光顾了
巴伦西亚加以及其弟子库雷热和
温加罗的时装屋。
服装由布伦达·阿扎诺夫人穿
着并提供。
V & A博物馆馆藏号：T.320&A-
1978；T.31&A－1978。

加的老客户设计的，如斯塔夫罗斯·尼亚科斯夫人与斯
坦尼斯洛斯·拉齐维尔王妃，后者是杰奎琳·肯尼迪的
妹妹，如凯瑟琳·德纳芙一样都成了温加罗的客户。[8]具
有讽刺意味的是，"优雅浪漫的法国形象"、他钟爱的紫
红色和对玫瑰的喜爱后来成为他的"标签"。在20世纪
80～90年代，他设计的褶皱礼服很大程度上要归功于巴
伦西亚加，尤其是1986年夏天在里昂成功举办回顾展之
后推出的系列，备受赞誉。杂志《时装业》曾这样报道：

温加罗……把他的藏品献给了他的老师巴伦西
亚加。设计大师巴伦西亚加的影响体现在一系列黑
色丝绸连衣裙中：方肩高颈，服装轻巧蓬松，下摆
在膝盖上，衣身丰满部位束有细腰带。这些服装以
及黑色波纹泡泡式蓬松披风都具有巴伦西亚加的印
记，然而里面的白色蘑菇状无肩带褶裙只能由温加
罗设计而成。[9]

2001年，温加罗加入了几场提议在巴斯克地区建
立巴黎世家基金会的讨论，10年后他怀有学徒般的敬畏

图150 克里斯·摩尔（Chris Moore）摄影作品，尼古拉斯·盖斯奇埃尔在巴黎世家时装秀上走下T台，巴黎时装周，2006年10月3日

从这张照片中，可以追溯到盖斯奇埃尔在一个特别的系列中向巴伦西亚加致敬的那一年，这一年恰逢巴黎时装与纺织品博物馆（Musée de la Mode et du Textile）举办大型展览。和大多数创意总监一样，盖斯奇埃尔希望在每一场时装秀结束时都能在热烈的掌声中亮相。相比之下，在之前各季的时装系列发布上，巴伦西亚加会都处于幕后。

之心，重新回忆，"被引导接触知识、严谨、力量和伟大，具有真实强烈之感"。[10]

传承人：尼古拉斯·盖斯奇埃尔（生于1971年）

在纪梵希和温加罗的设计历程中，巴伦西亚加的个性和职业道德都是不可忽视的影响因素。相比之下，在巴伦西亚加去世前一年，尼古拉斯·盖斯奇埃尔才在法国北部出生，但这位服装设计师在20世纪90年代末重振了巴黎世家品牌声誉。盖斯奇埃尔起初并不认识这位大师，只知道他的名声；直至进入专业领域，他才真正认识到巴伦西亚加的设计水准。盖斯奇埃尔在学校假期间曾在阿尼亚斯贝（Agnès B）和科尔尼·科布森（Corinne Cobson）两家公司实习；1990~1992年，他担任让-保罗·高缇耶的助理；之后，他在不同的公司工作直至受聘于巴黎世家，并为亚洲市场做服装设计工作。盖斯奇埃尔年仅25岁就被提升为巴黎时装屋的主管，以高度商业化的模式复兴巴黎世家，并成为时尚界宠儿。2006年，他被《时代》（Time）杂志评为年度最具影响力的人物之一，2014年被提名为英国时尚大奖年度国际设计师。2012年，盖斯奇埃尔转到路易·威登担任女装创意总监，其合同于2018年到期。他的理想是创立属于自己的商标。[11]

盖斯奇埃尔的许多作品与巴伦西亚加的时装作品没有明显关联。然而，编辑哈米什·鲍尔斯指出，盖斯奇埃尔的一些工作方法与设计大师巴伦西亚加的方法遥相呼应：

> 盖斯奇埃尔不断地研究，巧妙运用细节、灵感。甚至当他公开引用巴黎世家的灵感时，都是通过他独有的，与他工作时代的相关情感来实现的……尼古拉斯·盖斯奇埃尔有非凡的设计感，是设计师中的设计师。[12]

盖斯奇埃尔对新材料充满好奇，对高性能运动装所用的橡胶——氯丁橡胶进行了时尚方面的研究开发，并将其纳入自己的系列化产品中。他对合作者的忠诚被认为与巴伦西亚加的作风相一致：忠诚于缪斯女神夏洛特·甘斯堡（Charlotte Gainsbourg），信赖合作的造型师玛丽-艾米丽·索韦（Marie-Amélie Sauvé）和艺术家多米尼克·冈萨雷斯-弗斯特。

图151（左图）尼古拉斯·盖斯奇埃尔为巴黎世家设计的作品，2006、2007年秋冬

这件灰色斗篷选用的是丝绸材料，以巴黎世家1963年夏季系列中的195号服装为参照。它参考的原型是右图中的斗篷，但由于选用的是泡泡织物，故服装与最初的丝织物服装在造型上大为不同，廓型更加硬挺丰满。

位于巴黎的巴黎世家档案馆收藏。

图152（右图）采用亚伯拉罕白色丝织物制作而成的斗篷（款式编号：195号），1963年2月

这是格洛丽亚·吉尼斯穿过的套装中的一件斗篷。它是用来搭配晚礼服的。不同的客户定制了不同颜色的套装。

服装由格洛丽亚·吉尼斯穿着，洛厄尔·吉尼斯夫人提供。

V & A博物馆馆藏号：T.31-1974。

　　盖斯奇埃尔作为创意总监，为了重振巴黎世家品牌，他经常观摩摄影师欧文·佩恩拍摄的图片或参观展览，来熟悉大师的作品，之后又转向他办公室楼下的巴黎世家档案馆，了解其服装和设计。[13]2004年，他推出了"版本"系列（Edition collection），将其定义为"根据时尚情绪重新设计并发布的原创性设计"。[14]虽然在某些情况下必须在合作企业倒闭前找到可用的替代品，但盖斯奇埃尔仍坚持采用原来的款式，也尽可能与原来的纺织品供应商合作。[15]2006年秋，他与帕梅拉·戈尔宾（Pamela Golbin）在巴黎时装与纺织品博物馆联合策划了一场大型时尚服饰回顾展。盖斯奇埃尔大量使用了20世纪60年代的藏品，"为了与回顾展紧密联系，我希望每一套服装都能成为一个引证，与巴黎世家有直接的联系，无论是面料、帽子，还是印花……以此拼构出一幅巴黎世家的形象。"[16]盖斯奇埃尔成功推出了一眼就能认出来的20世纪60年代巴黎世家风格的花呢套装，配以赛马帽、平底靴和皮鞭——这是盖斯奇埃尔的典型风格，完全符合市场变化趋势。

图153（左图） 尼古拉斯·盖斯奇埃尔为巴黎世家设计的迷你丝绸裙，2006年

巴黎世家高级定制时装与盖斯奇埃尔向巴黎世家致敬的高端成衣之间的相似之处，主要体现在面料的质量（素绸和锦缎）、装饰（水晶纽扣和刺绣）以及蓬松的造型上，褶裥和荷叶边绗缝裙可以通过内部不同织物的聚集形成蓬松效果。

服装由巴黎世家档案馆提供。

V&A博物馆馆藏号：T.115-2011。

图154（右图） 尼古拉斯·盖斯奇埃尔为巴黎世家设计的迷你裙，2004年秋冬

这件服装并没有让人立刻联想到巴黎世家，但它确实表明了盖斯奇埃尔对新材料的兴趣，以及对新旧技术的试验和结合。服装采用可印花的橡胶——氯丁橡胶（一种高性能运动装面料）制作，并结合羊毛针织面料一起使用。裙子通过腰部和臀部的带子和金属扣固定在身上。氯丁橡胶面料有两种不同的图案，一种是红色地涂鸦图案，另一种是黑色地涂鸦图案。

服装由巴黎世家档案馆提供。

V&A博物馆馆藏号：T.113-2011。

注释

导言

1　Beaton 1954, p.259.
2　The exhibition was curated by Cassie Davies-Strodder, with assistance from Stephanie Wood and advice from Sonnet Stanfill and myself. See also *Balenciaga in Detail* (forthcoming London, 2018), edited by Cassie Davies-Strodder.
3　Jackson 1965.
4　Beaton 1954, pp.259–71.
5　Hugo Vickers, 'Cecil Beaton and his Anthology of Fashion', in Wilcox 2007, p.160, citing letter from Beaton to Pope-Hennessy, 14 October 1969, in V&A Archives; Clark et al. 2014, pp.58–120.
6　*The Golden Age of Couture, 1947–57,* curated by Claire Wilcox, 2007, with accompanying publication.
7　The objects were selected by Beaton; the catalogue entries were put together by the Museum's Curator of Dress, Madeleine Ginsburg. She had acquired the only other piece in the collections at that point: V&A: T.427–1967. London 1971; Delahaye in Clark et al. 2014, pp.58–120.
8　Clark et al. 2014, pp.110 and 72. The photograph was mounted on a curved wall by Atlas Photography.
9　Now V&A: T.26–1974. London 1971, frontispiece, plates 12b, 13a & b, 14a & b.
10　St John's Library, Cambridge, Beaton Archive A2/28: undated typescript letter to Beaton, dating to 1971–2 (during run of exhibition).
11　Clark et al. 2014, p.74.
12　See, in particular, Grumbach 1993 and Palmer 2001.
13　The first retrospective was actually held during Balenciaga's lifetime at the Musée Bellerive, Zurich, in 1970, the couturier lending items from the house collection.
14　Diana Vreeland, *D.V.* (New York, 1985), p.139.
15　See Bibliography for full list of exhibition publications.
16　Most comprehensively, *Balenciaga Paris* at the Musée des Arts Décoratifs, Paris, in 2006, curated by Pamela Golbin, in collaboration with Nicolas Ghesquière, then creative director at Balenciaga, with accompanying publication by Golbin.
17　*Hommage à Balenciaga,* Musée Historique des Tissus, Lyons, 1985; *Balenciaga: magicien de la dentelle,* Cité de la dentelle et de la mode, Calais, 2015 (and then Museoa Balenciaga, Getaria, 2016); both with accompanying publications.
18　*Cristóbal Balenciaga,* Museo Nacional de Escultura Policromada, Valladolid, 2000; *Designing the Limits,* Museo de Bellas Artes de Bilbao, 2010: https://www.museobilbao.com/in/exposiciones/balenciaga-designing-the-limits-150 (accessed 3 June 2016); with accompanying publications.
19　*Fashion Game-Changers,* MODA, Antwerp, 2016; and *Balenciaga: Shaping Fashion,* Victoria and Albert Museum, London, 2017. *Balenciaga and Spain,* curated by Hamish Bowles and shown in both New York and Los Angeles, 2010 and 2011; *Cristóbal Balenciaga: collectionneur de modes,* Musée Galliera, Paris, 2012; *Carbóny terciopelo: miradas sobre el traje popular de Ortíz Echagüe y Balenciaga,* Balenciaga Museum, Getaria, 2016; and *L'oeuvre au noir de Cristóbal Balenciaga,* Musée Bourdelle, Paris, 2017; all with accompanying publications. Nicklas 2013.
20　*Mona Bismarck, Cristóbal Balenciaga, Cecil Beaton* at Fondation Bismarck, Paris, 1994; *Cristóbal Balenciaga y la Marquesa de Llanzol,* Fundación Balenciaga, Getaria, 2004; *Balenciaga and his Legacy,* Dallas, 2006; *Fashion Independent: The Original Style of Ann Bonfoey Taylor,* Phoenix, 2011; all with accompanying publications.
21　Arzalluz 2010 (English translation, 2011); Balda Arana 2013 and 2015; Blume 2013.
22　In the post-war years other countries set up their own couture system, often using a translation of the French term: in Britain, just couture; in Italy, *alta costura;* in Spain *alta costura.*
23　In 2015 there were only 13 true couturiers active in Paris. Official website of La Fédération Française de la Couture du Prêt à Porter des Couturiers et des Créateurs de Mode: http://www.modeaparis.com/2/federation/ (accessed 11 May 2016).
24　Grumbach 1993, appendix 2, pp.266–72. See, too, for contemporary description to an American audience, Jarnow and Judelle 1965, pp.91–8.
25　Grumbach 1993.

第一章　在巴黎的西班牙人

1　Beaton 1954, pp.262–3.
2　Virginie Merlin-Teysserre, 'Balenciaga devient visage', *Paris-Match* (10 August 1968), p.57, cited in Balda Arana 2013, p.29.
3　Glynn 1971, p.6. Hereafter, all references to Glynn and Balenciaga in conversation are from this article; only direct quotes are noted.
4　Quoted in Tokyo 1987, p.86.
5　Quoted in Jouve and Demornex 1989, p.96.
6　Savage 1985, p.51.
7　Latour 1958, p.260.
8　Carr 1988, p.151, refers to Guernica as 'the most notorious event' of the Civil War, immortalized by Picasso. German bombers destroyed the town entirely on 26 April 1937. The painting now hangs in the modern art museum, the Museo Reina Sofía in Madrid.
9　More than half a million died in the Civil War and a further half-million were in exile. Thousands more died in post-war repression. Shubert 1990, p.206.
10　Kitty Lillaz, 'La semaine sainte en Espagne', French *Vogue* (March 1951), p.82.
11　For example, Lillaz, 'La semaine sainte' (cited in note 10); and André Villeboeuf, 'Bientôt La Temporada', French *Vogue* (April 1952), pp.127ff. Information for brochures for this period in Thomas Cook Archive.
12　Carr 1988, p.157.
13　He seems not to have paid any taxes in 1932, or advertised showings of his collections. Arzalluz 2010, p.156.
14　Félix Luengo in Artola 2000, pp.406–7.
15　Madge Garland, *The Changing Form of Fashion* (London, 1970), p.112; Savage 1985, p.51.
16　Shubert 1990, p.211.
17　This was Pertegaz's experience and he gradually supplanted Balenciaga in the post-war years as the Spanish bourgeoisie's favourite designer. *Pertegaz* (Madrid, 2004), p.104.
18　Until Manuel Pertegaz was established, according to Enrique Loewe Lynch's testimony, *Pertegaz* (cited note 17), p.111.
19　Archivo de la Villa de Madrid, 28-385-51. *Licencia* applied for on 26 December 1941 and granted on 30 April 1942 to establish himself in Avenida José Antonio. He was in the telephone directory for Barcelona in 1937, but not in 1940, and requested planning permission from the city authorities in 1942. *Guía telefónica de Cataluña* (1937 and 1940); Arxiu Municipal Administratiu, Barcelona, no. 6.687A. On advertising shows, see Arzalluz 2010, pp.187–9.
20　Blume 2013, p.56, mentions the temporary closure of Balenciaga. Miren Arzalluz reveals the case made to prevent closure of all his Parisian workshops in 1944, after he contravened German restrictions on the use of fabrics in the elaborate hats made for his autumn/winter collection of 1943. The Spanish Ambassador intervened on his behalf with the German authorities, resulting in the closure of only his hat-making workshops for three months. Miren Arzalluz, 'Fashion in Exile' in *The International Dimension of the Basque Government led by Lehendakari Jose Antonio Agirre* (forthcoming Nevada, 2017).
21　Florette's notebooks cited in Blume 2013, p.48; more generally in couture, Veillon 2002, chapter 5.
22　Savage 1985.
23　Glynn 1971, p.6.
24　Madge Garland, *Fashion* (London, 1962), p.81; *Woman* (15 February 1947), p.6.
25　Grumbach 1993, pp.48–53. See too Lesley Ellis Miller in Wilcox 2007, pp.113–35.
26　Ducharne, cited in Florence Charpigny, 'L'étoffe de la mode: soierie lyonnaise et haute couture, l'example de la maison Ducharne', in *Mode: des parures aux marques de luxe,* ed. Danielle Allérès (Paris, 2005), p.31.
27　Golbin 2006, p.18. The Beaton Archive reveals that he stayed at the Dolder Grand Hotel in Zurich. St John's College, Cambridge, Beaton A1/28, undated letter.
28　*L'Officiel* (1938), p.1.
29　Arzalluz 2015 suggests 1939 for Raphael's establishment in Avenue George V. Death notice in *ABC* (11 November 1984): died in Torremolinos on 4 November, to be buried in Paris, Requiem Mass to be offered in Madrid. Givenchy moved into this address at Balenciaga's suggestion and with his financial support when Raphael moved out. Liaut 2000, p.99.
30　Arzalluz 2015.
31　Quoted in Bowles 2011, p.15.
32　*Woman's Journal* (September 1939), p.17.
33　Organized by The International Committee for the Safeguarding of Spanish Art, which comprised museum directors from major international collections, who were anxious about the welfare of Spanish collections. 'Exhibit in Geneva Authorized by Franco', *New York Times* (21 April 1939), cited in Bowles 2011, p.16.

34 *Harper's Bazaar* (1948), cited in Bowles 2011, p.16.

35 *Silk and Rayon* (November 1949), p.1462.

36 *Elle* (23 March 1962), cited in Golbin 2006, p.124; *Harper's Bazaar* (July 1962).

37 Walker 2006, pp.13–14. Arzalluz 2010, p.190, citing Archivo de protocolos del distrito de Donostia-San Sebastián, Constitución de compañía mercantil anónima denominada Eisa SA, Escritura no. 633 ante el notario Fernando Fernández Savater, 18 July 1942. The partnership was for 'dressmaking and similar products, sale of sundry ready-made garments, and in general, all manner of goods related to women's toilette'. According to Arzalluz in Arrizoli et al. 2011, pp.27–8, Balenciaga sent Juan Emilas to run the tailoring workshop, Paquita Ormazázabal the dressmaking workshop and Elena Gurruchaga to become the manager and administrator in Madrid; Dominica Zubiarrain and her husband Luis Villazón moved from San Sebastian to Barcelona to set up the business.

38 Bizcarrondo had been a candidate for election to represent Guipúzcoa in the Cortes in 1933; he apparently moved money to Switzerland before his flight. Martin Mucha and Cristina Zueger-Albuja, '16 españoles con "cuentas perdidas" en Suiza', *El Mundo* (31 January 2016), no.16.

39 Ballard 1960, p.110.

40 Ducharne, cited in Charpigny (cited note 26), p.29.

41 Lucien François anecdote.

42 In the tailoring workshop, the following had trained in Madrid: Philippe (1956–8), Salvador (1944–8), Ungaro (1958–60), Felissa Salvaguar, who had been born in Spain; in the dressmaking workshop, Jacqueline (1956–8). Golbin 2006, p.24. Courrèges worked in Salvador's atelier.

43 Miller 2007, p.21.

44 Archives départementales du Loiret, Conservation des hypothèques, No. 67 bis, 6 March 1943 Château de la Reynerie bought by Wladzio D'Attainville.

45 Ballard 1960, p.111.

46 Ballard 1960, pp.116–18.

47 Percy Savage in conversation with Linda Sandino, National Life Story Collection in partnership with the London College of Fashion, 11 July 2004.

48 Paris 2012.

49 The Museo Histórico, Artístico y Arqueológico was opened in 1902 by the Real Sociedad Bascongada de Amigos del País, and moved to the monastery of San Telmo in 1932. The building had been named a National Monument in 1913 and purchased by the city in 1928. The opening celebrations included a concert by Manuel de Falla, with the support of the painter Ignacio Zuloaga. For the opening, the Catalan mural painter Josep Maria Sert was commissioned to decorate the walls of the former church –now to be a public functions room – with allegorical scenes of the Basque Country. http://www.santelmomuseoa.com/index.php?option=com_flexicontent&view=item&id=12&cid=0&Itemid=26&lang=es (accessed 4 June 2016).

50 Commission for Infanta dress from Madame Bemberg for the Beaumont Ball in 1939 in red velvet and white organdie; Jouve and Demornex 1989, p.40.

51 Arzalluz 2010, pp.19–20, 33. His father was José Balenciaga Basurto (1862–1906), his mother Martina Eisaguirre Embil (1864–1944); his older siblings were his sister María Agustina Balenciaga Eisaguirre (1888–1966) and his brother Juan Martín Balenciaga Eisaguirre (1889–1955), who became the father of ten children. Golbin 2006, p.30.

52 On the Spanish education system, see Shubert 1990, p.182.

53 In 1959 the population was 1,518, inhabiting 144 residences. *Diccionario geográfico de España*, vol.12 (Madrid, 1960), pp.146–7.

54 *Guía oficial de San Sebastián y de la Provincia de Guipúzcoa*, ed. El Sindicato de Iniciativo y Propaganda (San Sebastian, 1924–5), pp.115–16. He owned works by El Greco, Zurbarán, Goya and Rodin. Arzalluz 2004, p.9.

55 *Censo de España* (Madrid, 1897); *Diccionario geográfico de España*, vol.12 (cited note 53), pp.316ff.

56 Garate Ojanguran et al, 1995, pp.269–311.

57 *Guía ilustrada para el forastero en San Sebastián* (San Sebastian, 1913), p.7.

58 For example, *Guía ilustrado … San Sebastián* (cited note 57), p.64; *La voz de Guipúzcoa* in various issues sampled for June to August 1919, the year Balenciaga set up with the Lizaso sisters. For example, the shop called La Perla Vascongada advertised textile novelties of all kinds and used both Spanish and English in its advertisement: 'Sastrería … Taylor'. *La voz de Guipúzcoa*, p.36.

59 Arzalluz 2010, pp.91–8.

60 Thomas Cook Archive, holiday brochures for 1930s to 1960s.

61 Captain L. Richardson, *Things Seen in the Pyrenees* (London, 1928), p.122.

62 His mother's earliest surviving bill is reproduced in Golbin 2006, p.30.

63 Arzalluz 2010, p.86.

64 Ballard 1960, p.112.

65 Latour 1958, p.259.

66 According to Balenciaga's nephew Agustín Balenciaga Medina, cited in Bowles 2011, p.19, based on an interview in September 2010.

67 Cited in Howell 1990, p.3.

68 Cited in Howell 1990, p.3.

69 Jouve and Demornex 1989, p.370.

70 Jouve and Demornex 1989, p.99.

71 Ballard 1960, p.113.

72 Ballard 1960, p.113.

73 Howell 1990, p.3.

74 Savage in conversation with Sandino (see note 47 above).

75 Alison Adburgham, 'The Weather in the Salons', *Harper's Bazaar* (1960), reprinted in Adburgham 1966, p.19, and in a letter to the author, 9 March 1991.

76 Lyons 1985, p.39.

77 Ballard 1960, p.113.

78 Balda Arana 2013, pp. 102–7; and Liaut 2000.

79 Beaton 1954, p.267.

80 This is the title of an article in the catalogue for the exhibition *El mundo de Balenciaga* held in Madrid in 1974.

要点

1 For thorough evaluation of the impact of ethnographic recordings of traditional dress, see Balda Arana 2013, pp.101–81; Bowles 2011 and Paris 2012.

2 Ballard 1960, p.112.

3 Shubert 1999, introduction.

4 Shubert 1999, pp.182, 213–14.

5 Arzalluz 2004, p.9.

6 André Villeboeuf, 'Bientôt la temporada', French *Vogue* (April 1952), pp.127–9, 169, 175.

7 Danièle Carbonel and Peter Müller, *Oro Plata: habits de lumière créés par Fermín* (Paris, 1994).

8 Isabel de Palencia, *El traje regional de España* (Madrid, 1926), pp.21–3; Bowles 2011, p.118, discusses the shawl as an accessory of flamenco dress.

9 De la Puerta 2006, pp.203–5.

10 De la Puerta 2006, pp.202–3.

11 For example, Narcisa Barañana de Goicoechea, 1810, in Metropolitan Museum of Art, New York, since 1929; Duchess of Alba, 1797, in Hispanic Society of America. By the early twentieth century art galleries in London, Paris and New York had such works on display.

12 For some plates, see José Ortiz Ehcagüe, *España: tipos y trajes* (Barcelona 1933).

第二章　从面料到收藏品

1 Beaton 1954, p.263.

2 Zumsteg (1968), cited in Lyons 1985, p.38.

3 Jouve and Demornex 1989, p.78.

4 For a much more detailed year-by-year breakdown, seen through the eyes of international journalists and examples of the sketches, see Golbin 2006.

5 Bertin 1956, p.229.

6 For a good description, see Veillon 2002, chapter 5. It has been suggested that Balenciaga was able to supplement his supplies by bringing materials from Spain, which is surprising given the state of post-Civil War Spain. The content of the collections changed, to follow wartime directives, so lace and embroidery were perhaps more abundant than one might expect. Fewer evening gowns were shown. Blume 2013, pp.57, 60–61.

7 *Harper's Bazaar* (April 1947), p.29.

8 *Draper's Record* (13 August 1955).

9 'The Paris Designers Must Have Hearts of Flint', *Evening Standard* (3 September 1955), p.11. She rang Adrienne Corri, Moira Lister, Mary Ure, Margaret Leighton and Mrs Laurie Newton Sharp. Mrs Newton Sharp had seen the potential of the new style immediately: 'She intends to buy a late afternoon dress and wear it with one of the new three-quarter-length-coats. She says she could then go to an informal dinner in the dress and wear it with the coat for lunch.'

10 *Draper's Record* (12 August 1950).

11 *Daily Express* (31 July 1958).

12 Archives de la grande chancellerie de la Légion d'honneur, Dossier de la Légion d'honneur de Cristóbal Balenciaga, no. 226 LHE 58: 31 March 1958.

13 American *Vogue* (15 October 1957), p.68.

14 In Christian iconography, St James the

Great, patron saint of Spain, is depicted in long flowing (shapeless) robes, with a wide, brimmed hat with a cockleshell badge on it.

15 Fake fur jacket, winter 1967. Musée Galliera, inv. no.MMC 90.12.5. Acquisition of the City of Paris from Mme Roux.

16 L'Officiel (September 1938), p.102.

17 Harper's Bazaar (October 1938), p.49.

18 Woman's Journal (September 1938), p.17.

19 Balenciaga Museum, inv. no.CBM 06.1999: Cocktail dress of chiné taffeta with a pink floral motif on a white ground, EISA, 1958. Worn by the Marquesa de Llanzol. Arizzoli-Clémentel et al. 2011, p.366.

20 Balenciaga Museum, inv. no. CBM 2000.18: Evening coat, made for Mona Bismarck in the workshop of Felisa in Paris. Balenciaga, model 124, summer 1964. Arizzoli-Clémentel et al. 2011, p.387. Judith Barbier was founded in Paris in 1895 and worked with many couture houses in the early to mid-twentieth century.

21 Beaton 1954, pp.265–6.

22 Beaton 1954, p.266. This latter sentiment was an echo of Geneviève Dariaux's suggestions in A Guide to Elegance (originally published in 1964, reprinted London, 2003).

23 Women's Wear Daily (23 August 1990).

24 Ballard 1960, p.120.

25 Kennedy 1985, p.84.

26 Beaton 1954, p.267.

27 Lyons 1985, p.31.

28 'Rounding off this remarkable success enjoyed by Bernat Klein in the Paris autumn collections – his fabrics were used by 13 couturiers – comes the news that Balenciaga has also included one of his sensational new "velvet tweeds". Balenciaga used a velvet ribbon in dark brown interwoven with uncut mohair loop threads in black.' Drapery and Fashion Weekly (4 September 1964), cited in Bernat Klein and Lesley Jackson, Bernat Klein: Textile Designer, Artist, Colourist (Selkirk, 2005), p.15.

29 Lyons 1985, p.31.

30 Diana Vreeland, D.V. (New York, 1985), p.139.

31 Cited in Florence Charpigny, 'L'étoffe de la mode: soierie lyonnaise et haute couture, l'example de la maison Ducharne', in Mode: des parures aux marques de luxe, ed. Danielle Allérès (Paris, 2005), p.32.

32 Grumbach 1993, appendix 2, pp.266–71; Golbin 2006 for number per season; Archives Nationales de France, F^{12} 10.505: Déclarations d'acte de candidature Couture-Création, 1953 and 1954.

33 The thickness of the thread – measured in deniers – became important to the fashion-conscious after the war once nylon was readily available and rationing over – 15 denier was very fine, 30 medium-fine, and in Britain by 1950 stockings came in 45, 48, 51, 54, 60 and 66 gauge in plain mesh or lace knot. In other words, Balenciaga's 10-denier stockings were exceptionally fine. In the 1960s stocking became thicker again because of the miniskirt, and in the middle of the decade Balenciaga's black seamed lacy stockings sat in the middle of the market at £1 10s. 6d., as compared with 9s. 6d. for ribbed stockings by Corah and £4 10s. for hand-knitted stockings from Women's

Home Industries. Jeremy Farrell, Socks and Stockings (London, 1993), p.79, citing British Vogue (January 1965), p.59; Daily Express (20 August 1965).

34 Glynn 1971, p.6.

35 Miller in Wilcox 2007.

36 On subsidies, see Jarnow and Judelle 1965, p.95. From 1950 to 1963 couture houses received a subsidy raised by tax levied against French textile manufacturers. As much as one-third of some Balenciaga collections used fabrics from Abraham. Jouve and Demornex 1989, p.107, and Golbin 2006.

37 Pierre Ducharne, cited in Charpigny (cited note 31), p.30.

38 Soie Pirate: Design Archive v.2: The Fabric Designs of Abraham Ltd (Chicago, 2013).

39 James P.P. Higgins, Cloth of Gold: A History of Metallised Textiles (London, 1993), p.98.

40 Golbin 2006, p.21, note 22.

41 Percy Savage in conversation with Linda Sandino 2004.

42 Tom Kublin filmed shows from 1960 onwards, thus providing a record of the collections. Archives Balenciaga, Paris.

43 Harper's Bazaar (1 October 1967), p.135.

44 Evidence from El hogar y la moda, based on a sampling of issues from the 1950s and '60s.

45 Latour 1958, p.261.

46 María Pilar del Comín in conversation with Montse Stanley, Barcelona, autumn 1991. New England was the name of a venture that Casa Gómez had in Madrid in Balenciaga's formative years, so this may explain her memory. Arzalluz 2010, p.91.

47 Tailor in contract of 1919 with the Lizaso sisters, and modisto in Madrid directories in 1934. Golbin 2006, p.26, citing former; Guía commercial de Madrid (Madrid, 1934) for latter.

48 H.V. Morton, A Stranger in Spain (London, 1955), p.285.

49 Kitty Lillaz, 'La semaine sainte en Espagne', French Vogue (March 1951), p.113.

50 Beaton 1954, p.263.

51 See, for example, El Greco to Goya: The Taste for Spanish Paintings in Britain and Ireland (London, 1981); Oropesa 1999; Manet et Velázquez: la manière espagnole au XIXe siècle (Paris, 2002); Jean Clair, Europeans: Henri Cartier-Bresson (London, 2001).

52 Arzalluz makes a strong case for Balenciaga's absorption of the Spanish popular and elite culture that surrounded him during his formative years and his probable assimilation of the work of artists such as his fellow Basque Ignacio Zuloaga. Arzalluz 2010, pp.193–242. Parsons 2003 comments on the mixture of popular and modern cultures in the metropolis from the late nineteenth century until the Civil War. The Hispanic Society of America sponsored Ruth Mathilda Anderson's work, 1954, and collecting for what is now the Museo del Traje in Madrid was under way by the 1920s–1930s. Balda Arana 2013.

53 Miller 2007, p.55; Bowles 2011, pp.106–43.

54 Juan de Alçega, Geometría y traças pertenecientes al oficio del sastre (Madrid, 1580).

55 Arzalluz 2010, pp.256–67.

要点

1 For birth of fashion system in Paris, see Joan Dejean, The Essence of Style (New York, 2005); and general introduction to haute couture, De Marly 1980.

2 Nancy Green, Ready-to-Wear, Ready to Work: A Century of Industry and Immigrants in Paris and New York (Durham, NC, 1997).

3 Golbin 2006, p.21, note 22.

4 For an excellent overview of materials used in Balenciaga garments, see Porcel Ziarsolo 2012.

5 On the making of sleeves in Balenciaga garments, see Kennet 1984, pp.76–9. The forensic examination of garments in the V&A collections for the exhibition Balenciaga: Shaping Fashion (May 2017–February 2018) will be published in Balenciaga in Detail (forthcoming), edited by Cassie Davies-Strodder.

6 In Paris, tailoring workshop heads: Denis (1938–58), Philippe (1958), Henri (1937–50), Maurice (1947–51), Paul (1952–64), Marcel (1947–68), Salvador (1948–68), André [Courrèges] (1956–61), Emanuel [Ungaro] (1961–4), Felissa (1956–68); dressmaking workshop heads: Suzanne (1938–68), Catherine (1938–40), Louise (1938–41), Pepita (1946–50), Evelyne (1947–8), Claude (1938–62), Lucia (1952–68), Jacqueline (1962–8), Ginette (1962–8); millinery workshop: Janine (1941–68), Hélène (1941–60), Ginette (1960–68). Golbin 2006, p.24.

7 Nylon zips pioneered by Talon in 1960 and in USA, by 1974, more than 43 per cent of zip sales were non-metallic. Robert Friedel, Zipper: An Exploration of Novelty (New York, 1994), pp.239–40.

8 The Musée Bellerive, Zurich, preserves some of the stands made up to the house mannequins' dimensions, and the Archives Balenciaga still own that of Balenciaga's American client Bunny Mellon. I am grateful to Gaspard de Massé for the latter information.

9 Maite Gil on pressing: personal communication with the author, San Sebastian, May 2016.

第三章　商业文化

1 Beaton 1954, p.259.

2 Harry Yoxall, A Fashion of Life (London, 1966), chapter 7. Palmer 2001 gives the fullest description of the North American experience.

3 Janine Hénin, Paris Haute Couture (Paris, 1990), p.61.

4 For a good overview, see Grumbach 1993.

5 Arzalluz 2010, p.115.

6 In an advertisement for the opening of a branch of Lanvin in Barcelona in 1918, Balenciaga is named as one of three businesses then authorized to show Lanvin in San Sebastian. He was licensed to show four models; Barthé and Arin were licensed for three and one, respectively. El Heraldo de Madrid (1 November 1918); I am grateful to Igor Uria Zubiarreta for providing me with this reference.

7 He appears for the first time in Madrid trade directories in 1934, in the section

'Dressmakers' ('Modistos y modistas'), mis-spelt as Balciniaga, c/Caballero de Gracia 42. Bailly Baillière, *Guía comercial de Madrid* (Madrid, 1934). He had reopened after the Civil War by the time the directories resumed publication in 1944, this time as Eisa, Gran Vía José Antonio 9, and continued at that address. He was in Barcelona by 1937, and returned in 1941 to the same address, Calle Santa Teresa 10. He is not listed in the *Guía de comercio general de España*, vol. II (Madrid, 1935), but is in that of 1945 (vol. II); he was in the *Guía telefónica de Cataluña* of 1937, but not in that of 1940; he was back in Barcelona by 1941 (Arxiu Municipal Administratiu, Barcelona, Año 1942: Reforma Cristóbal Balenciaga).

8 At least two collaborators and seven employees according to details given in Golbin 2006, p.24.

9 In the pre-Civil War years garments bore the label EISA B.E, thereafter simply EISA. It is more than likely that B.E. was merely an abbreviation for his full name 'Balenciaga Eisaguirre', since these letters do not correspond to any specific legal business terminology – although his great-nephew has suggested that the EI came from his mother's name and the SA was for Sociedad Anónima. Walker 2006, p.13.

10 Barcelona is not mentioned in the newspaper reports of the Spanish closures at the end of 1968. 'Cierre definitivo de la firma de alta costura "Casa Balenciaga"', *Voluntad* [Gijon] (13 November 1968); 'Balenciaga cerró ayer sus talleres dejando sin trabajo a 219 mujeres', *Baleares* [Palma de Mallorca] (13 November 1968).

11 'Inscripción en el registro de comercio de Guipúzcoa' (15 January 1919) and 'Enregistrement au greffe du tribunal de commerce de la Seine de la Société Balenciaga' (7 July 1937). Golbin 2006, p.26. Both documents of formation are reproduced here, sadly not in their entirety. Bizcarrondo (75,000 pesetas), d'Attainville (20,000 pesetas).

12 Arzalluz 2010, pp.125ff and 163ff.

13 Arzalluz 2010, pp.167ff; Bailly-Baillière-Riera, *Anuario general de España*, vol.II (1935); Bailly Baillière, *Guía comercial de Madrid* (1934), p.953.

14 Arzalluz 2010, pp.116–27, 163–71, 177–9; Arzalluz in Arizzoli-Clémentel et al. 2011, p.27.

15 Golbin 2006, p.26; Archives nationales de France, F[12] 10.505: Declaration forms for classification as Couture-Création, 1954.

16 'Augmentation du capital social de la société Balenciaga, acte notarié' (4 September 1946), cited in Golbin 2006, p.26.

17 'Achat, acte notarié' (July 1949), cited in Golbin 2006, p.26.

18 Bizcarrondo 74.65 per cent, Balenciaga 25 per cent, Renée Tamisier 0.05 per cent, Juan Tomás de Bareno 0.1 per cent, Ramón Esparza 1 per cent, Marcel Leyrat 0.1 per cent and Etienne Hommey 0.05 per cent. 'Augmentation du capital' (27 June 1950), cited in Golbin 2006, p.26.

19 'Ouverture du capital de la société Balenciaga à de nouveaux actionnaires' (6 July 1955), cited in Golbin 2006, p.27. I am grateful to Serge Chassagne for explaining to me the implications of the change in status. In theory, the annual turnover should therefore have been deposited at the Stock Exchange subsequently.

20 Création de la Société à Responsabilité Limitée 'Parfums Balenciaga' (1958), cited in Golbin 2006, p.27.

21 Golbin 2006, p.21, note 3.

22 Archives de Paris, Registre du commerce de la Seine, no.71 388, registered 27 December 1930: Couture pour hommes, dames et enfants, fourrures, fabrication et ventes. Still there in 1955. Archives nationales de France, F[12] 10.504: Questionnaire relatif à la classification couture création. See *L'Officiel* and *Vogue* for coverage of Raphael during these years, in both editorial and advertising space. Raphael was born in Madrid in 1900, probably the son of a dressmaker, since three dressmakers by the name of Cebrián were active in Madrid before the Civil War; Bailly Baillière, *Guía comercial de Madrid* (1934), p.953: Jerónima, Josefa and María Cebrián in calles Porvenir, Gal. Portlier and Torrijos, respectively. Only Josefa was still active at the same address in 1945; *Guía commercial de Madrid* (1945), p.726. She had moved to Calle Hermanos Miralles by 1958; *Guía commercial de Madrid* (1958), p.926. See, too, the biographical sections in *50 años de moda en España* (Madrid, 1990). Death notice in *ABC* (11 November 1984), p.98. Arzalluz notes he came from a tailoring family in Madrid in Saillard et al. 2014; Arzalluz 2015.

23 Archives de Paris, Registre de commerce, Bizcarrondo at 26 Avenue Marceau, and Balenciaga and d'Attainville next door at no.28.

24 Archives nationales de France, F[12] 10.505: Declarations Couture-Création, 1953–5.

25 For example, Mona Bismarck, whose house was in Avenue de New York on the banks of the Seine.

26 The various addresses in San Sebastian in the 1930s are somewhat confusing, but it seems that the Calle Oquendo and Avenida de la Libertad premises may have comprised workrooms and salons, respectively, since they were at the corner of a street.

27 Carles Carreres i Verdaguer, 'L'evolució del centre comercial de la ciutat', in *Els barris de Barcelona*, ed. Ramón Alberch i Fugueras, vol.I (Barcelona, 1999), p.66; Lluís Permanyer, *Historia de l'Eixample* (Barcelona, 1990), p.114.

28 Arxiu Municipal Administratiu, Barcelona: Año 1942, Ayuntamiento de Barcelona A. No. 6.687a Comisión de Ensanche: Expediente de permiso a Don Cristóbal Balenciaga para reformar casa en la calle de Santa Teresa, no. 10, including plan of the building, Barcelona, April 1942. The cost of work was to be 25,000 pesetas; the rent was 400 pesetas per month.

29 Madame Jouve asserts that Caballero de Gracia was the works entrance. The café Chicote is still in business today at no.12, selling itself on its past history as Madrid's most famous cocktail bar 'with the same 1930s interior design it had when the foreign press came to sit out the Spanish Civil War, although the sound of artillery shells along the Gran Vía could be heard at the time. Long a favourite of artists and writers, the bar became a haven for prostitutes in the late Franco era': www.frommers.com/destinations/Madrid/N3065 (accessed 2 November 2006).

30 Jouve and Demornex 1989, pp.57–8. Claude d'Anthenaise, *Janine Janet: métamorphoses* (Paris, 2003), pp.36–47, 56–7, 64–9, 87.

31 D'Anthenaise (cited note 30), p.38.

32 V&A: T.187–1931: Panel of brocaded silk, probably designed and manufactured by Philippe de Lasalle.

33 'Pour les dix-huit ans de Carole', French *Vogue* (June 1960), pp.142–5.

34 Violette Leduc, 'Balenciaga par Violette Leduc', French *Vogue* (April 1965), p.73. She noted that 'le tapis n'a pas changé pendant vingt-trois années'.

35 Based on the very useful floor plans presented in Golbin 2006, pp.22 and 24.

36 Glynn 1971. Certainly at its height, the house had ten workrooms. See, too, Golbin 2006.

37 Ballard 1960, p.123.

38 Ginette Spanier explains the costing system at Balmain and number of hours of labour in a morning dress (70–90) and in an embroidered evening dress (200–300); Ginette Spanier, *It Isn't All Mink* (London, 1961) and in Lynam 1972, p.14.

39 Lyons 1985, p.49.

40 The late Florette Chelot provided this information through Marie-Andrée Jouve, former archivist at Archives Balenciaga, Florette's notebooks, 1947.

41 Florette's notebooks, 1947–68; and confirmed by Christopher Carr-Jones. See Chapter Four.

42 'Paris Copies', *The Times* (1 March 1965).

43 Florette's notebooks, 1947–68.

44 Evidence for this practice in Paris in the notebooks of sales of the Countess of Bismarck, displayed at the exhibition *Mona Bismarck, Cristóbal Balenciaga, Cecil Beaton* in 1994, not reproduced in the publication Paris 1994; for Spain, Margaret Lane in correspondence with the author in 1990.

45 Lyons 1985, p.42.

46 Beaton 1954, p.267.

47 'Quadrille is a fully-fashioned 10-denier 66 gauge style. Dix is seamless, 10-denier 474 needles, while Des Heures is a 15-denier micromesh.' *Draper's Record* (17 September 1960), p.23.

48 Glynn 1971; L. Perschetz, *W: The Designing Life* (New York, 1987), p.64.

49 'Je regrette de n'être pas plus jeune, car je créerais un prêt-à-porter amusant mais de bon goût ainsi que l'exige l'époque à laquelle nous vivons. Pour moi c'est trop tard.' Lyons 1985, p.29.

50 Glynn 1971; personal communication from Mariu Emilas to the author, San Sebastian, May 2016.

51 Cited in Valérie Guillaume, *Jacques Fath* (Paris, 1993), p.58.

52 Edmonde Charles-Roux et al., *Le théâtre de la mode* (Paris, 1990), cat. nos.5 and 161, pp.148 and 160; Golbin 2006, p.53 (Archives Balenciaga, Paris: 1945E000–PAO1, day

dress in white broderie anglaise). In the exhibition curated by Golbin and Ghesquière, the second figure owned by the Archives Balenciaga was also displayed: a white evening dress in duchesse satin with black velvet trim (1945E058–PAO1).

53 Evidence of announcements in local press between 1918 and 1925 in Arzalluz 2010, pp.120, 122, 129.

54 In French *Vogue*, annually in October.

55 On reputation in business, see Bob McDowell, 'Reputational Risk: Without Reputation You Have No Business', posted on 22 May 2006 on www.theregister.co.uk (accessed 1 April 2013).

56 American *Vogue* (1 May 1956), p.128.

57 *Sunday Times* (6 March 1960), p.19.

58 Jeanne Molli, 'Selections from Balenciaga and Givenchy Arrive Here', *New York Times* (29 February 1964).

59 For a good overview of sexual politics in Spain and how they changed after 1975, see John Hooper, *The Spaniards* (London, 1990), chapters 15 and 16.

要点

1 Ginette Spanier, *It Isn't All Mink* (London, 1959), p.162.

2 At Balenciaga, the *directrices* were Baroness d'Echtall before the Second World War and Renée Tamisier afterwards until closure.

3 Latour 1958, pp.226–7.

4 Florette still had her notebooks at the time of her death.

5 Information provided by Marie-Andrée Jouve, based on the list of clients for Alice, *vendeuse* at Balenciaga.

6 The Henry Ford Museum owns a number of Balenciaga gowns bought by Elizabeth Parke Firestone (1897–1990) via her *vendeuse* Alice, as well as correspondence between them when Mrs Firestone was not able to attend shows or was preparing for a particular journey. Some were shown in an exhibition in 2002: *Fabulous in the Fifties: The Clothing of Elizabeth Parke Firestone*: http://ophelia.sdsu.edu:8080/henryford_ org/03-23-2014/exhibits/pic/2002/02.mar. html (accessed 22 April 2016).

7 Golbin lists all *premières vendeuses* and the names of their assistants between 1938 and 1968: Florette (with Anita, Betsy, Sylvia), Marthe (with Margot), Maria (with Janine), Lili (with Odette), Alice (with Claudia), Claude, Marie, Margot, Belita (for hats), Jenny (for the boutique). Golbin 2006, p.24.

8 Née Amélie Flore Delion, born in Burgundy, married Pierre Chelot in Paris in 1931. Blume 2013, especially pp.27–34.

9 Blume 2013, pp.28, 33.

10 Blume 2013, pp.121.

11 Blume 2013, pp.99, 119.

12 Blume 2013, p.107.

13 Blume 2013, p.33.

14 Blume 2013, pp.8–9, and Leslie Camhi, 'Rosamund Bernier: The Flaming Debutante', *Vogue* (10 October 2011) http://vogue. com/865405/rosamond-bernier-the-flaming-debutante/(accessed 2.03.2016): Camhi records Bernier's description of the 'motherly Madame Maria', Bernier's *vendeuse* at Balenciaga, calling her up 'when there was

going to be a sale' because she knew what would fit her. These were probably dresses worn by the mannequins.

15 Charles Creed, *Maid to Measure* (London, 1961), p.83. As a result of the Second World War he returned to London and set up a house there.

16 *Vogue* tended to have different copy for each country, whereas the editorial content of *Harper's Bazaar* was very similar in the 1950s. Rowlands 2005; Balda Arana 2013.

17 Elizabeth Honour, 'In a Diamond-Studded Paris–Rome–New York World where Trench Coats Are Mink-Lined, Obsolescence Is Dreaded: Nancy White of *Harper's Bazaar* Sits at the Crossroad of the Most Glamorous Business on Earth', *Cosmopolitan Magazine* (March 1960), in Jarnow and Judelle 1965, p.205. Nancy White was fashion editor from 1957 to 1971.

18 Ballard at American *Vogue* (1936–54); Bousquet at *Harper's Bazaar* (loosely associated from 1937; editor from 1947); Carmel Snow at *Harper's Bazaar* (1933–57).

19 Alexandra Palmer, *Dior* (London, 2009), chapter 2.

20 Rowlands 2005, pp.477–8; 'Bettina Ballard's Busy Day', *Life Magazine* (March 1951).

21 Rowlands 2005, p.502.

22 Balda Arana 2015.

23 See Grumbach 1993.

24 Lyons 1985, p.41; Blume 2013, p.111.

25 Ballard 1960, p.123.

26 Figueras 2003, p.44.

27 Balda Arana 2015.

28 Jane Mulkerring, 'China Machado on her Fabulous Life', 5 March 2013: http://fashion. telegraph.co.uk/news-features/TMG9899911/ China-Machado-on-her-fabulous-life.html (accessed 5 March 2016). She had modelled for Balenciaga in Paris in the mid-1950s, then left for New York in 1958 where her first exposure in *Harper's Bazaar* was in 'bat-wing Balenciaga hot-pink pyjamas'.

第四章　客户和服装

1 Beaton 1954, p.264.

2 Charles Creed, *Maid to Measure* (London, 1960), p.202.

3 Alexandra Palmer's pioneering work of 2001 on couture in North America and Canada is a crucial model for re-evaluating this approach. I follow her lead in the way I try to break down how Balenciaga's clothes were consumed and by whom, as a method that could be attempted more exhaustively through museum collections and private records.

4 For consumption, see Paris 1994; Walker 2006; Getaria 2004; Getaria 2006; Sewell 2011. Palmer 2001 also used private clients, as did an exhibition at the Phoenix Museum of Art in 2002.

5 American *Vogue* (October 1967), p.135.

6 Amy Finnerty and Camille Sweeney, 'Narrative Threads', *New York Times* (24 August 1997).

7 See Palmer 2001. In the UK, sales of couture models worn by mannequins were advertised at the back of *Vogue*; usually their labels were removed first.

8 A second-hand couture model did not

become collectable or wearable 'vintage' until the late 1980s. Francesca Galloway, quoted in Meredith Etherington-Smith, 'Saving Graces', *ES: Evening Standard Magazine* (February 1992), pp.36–9; Palmer in Palmer and Clark 2005, pp.197–213.

9 He made 212 for spring/summer 1954 and 209 for autumn/winter. Archives nationales de France, F^{12} 10.505: Déclaration Couture-Création, 1954. See Golbin 2006, in which the number of models shown each season is recorded, compiled from the House Archives.

10 Dior and Fath made more than double this number. Archives nationales de France, F^{12} 10.505.

11 Golbin 2006, p.17.

12 'Pour les dix-huit ans de Carole', French *Vogue* (June 1960), pp.142–5; Jean Cocteau, *Le testament d'Orphée* (1960).

13 Handlist for an exhibition held at Phoenix Art Museum, November 2001–February 2002, bill accompanying exhibit 16. My thanks to Dennita Sewell for drawing my attention to this excellent research tool. Golbin offers the following breakdown: in 1937 an outfit for daytime or a coat cost 4,500 francs (£36); in 1943 a coat cost 5,500 francs (£31); in 1963 a simple day suit cost 4,900 francs (£357), an evening dress 6,000 to 10,000 francs (£437–£729). Golbin 2006, p.21, no.5.

14 Elizabeth de Gramont cited in Lyons 1985, p.33. See note on wages at front of book.

15 Cited in Golbin 2006, p.17; Christie's sale, London, 2 July 1991, p.15, lot 114; and in 'Back to Doge's Venice for "one glorious night"', *The Advertiser* [Adelaide] (5 September 1951), p.1.

16 Savage in conversation with Linda Sandino 2004.

17 Vreeland cited in Michael Gross, 'Purloined Sweater: A Case of Who Copied Whom First', *New York Times* (17 December 1985): http://www.nytimes.com/1985/12/17/style/ purloined-sweater-a-case-of-who-copied-whom-first.html (accessed 2 February 2016).

18 Fodor's *Woman's Guide to Europe* (London, 1959), pp.373–4.

19 The authority on bonded models is Palmer 2001; this example is from p.214.

20 Elizabeth Parke Firestone was one such client who did not always attend the Paris showings, but had sketches sent to her, for example, 'Fashion Proposal of 1954': Henry Ford Museum Inv. no.THF120750. http//:www.thehenryford.org.

21 Diana Vreeland, *D.V.* (New York, 1985), p.141.

22 *Newsweek* (3 June 1968), p.59.

23 Lyons 1985, p.24.

24 Taken from a letter written by the Marquesa to Laurie Thompson Hancock, June 1990. Illustrated in Miller 1993, p.7.

25 *Pertegaz* (Madrid, 2004).

26 She purchased 88 outfits in 1963, 144 over the next two years. Jouve in Paris 1994, p.57; the *vendeuse*'s notebooks exhibited revealed the purchase of mannequin garments at reduced prices.

27 Paris 1994.

28 Paris 1994, p.58; www.fundacionbalenciaga. com.

29 Walker 2006, introduction.

30 She then patronized Givenchy, and also

bought from Courrèges, Cardin and Philippe Venet. *Textiles, Aubusson Designs and Costume including the Balenciaga Wardrobe of Mrs Godfrey Bonsack*, Christie's South Kensington, 6 February 1996, pp.26–33, lots 226–63, 276, 278, 279, 280, 281, 286 and 287.

31 Margaret Lane's dress, collection of the author; Calais 2015, pp.90–91, and cat.22 dress in collection of Cité internationale de la dentelle et de la mode de Calais and cat. 82b sample in the Lesage archives.

32 On this point regarding couture in general, see Palmer 2001, pp.218ff. and Chapter Two in the present book.

33 Geneviève Dariaux, *A Guide to Elegance* (originally published in 1964, reprinted London, 2003), pp.181–2: 'if you take care to select a model that is in the long-range general fashion trend rather than a passing fancy, a well-made suit is often wearable for five years or more – especially the Balenciaga models, which are at the same time in advance of the mode and independent from it'.

34 Ballard 1960, cited in Palmer 2001, p.220.

35 *Newsweek* (2 April 1973), p.33.

36 American *Vogue* (15 March 1960), pp.98, 100.

37 Laurie Thompson Hancock in conversation with the author, summer 1991.

38 For other examples, not necessarily related to Balenciaga, see Palmer 2001, chapters 5–7.

39 Jarnow and Judelle 1965, p.94; Christopher Carr-Jones, son of the founder of Susan Small, in conversation with the author, autumn 1990.

40 Christopher Carr-Jones remarked to the author that this was so, and Anny Latour made a similar comment at an earlier date: Latour 1958, p.261.

41 The main sources of these names are fashion magazines such as *Vogue*.

42 De Pietri and Leventon 1989, pp.23ff., and Jouve and Demornex 1989, p.67.

43 Jouve and Demornex 1989, p.33. Harrods' choice was, incidentally, totally different from the models selected by *Woman's Journal* and *The Scotsman*. *Harrods News* (October 1938).

44 'Paris Copies', *The Times* (1 March 1965); also reported in *The Guardian* by Phyllis Heathcote on 27 February 1965.

45 The reasons cited for Harrods choosing his couture in *The Queen* (7 April 1964).

46 *Weekend Telegraph* (24 September 1965).

47 Jackson 1965.

48 British *Vogue* (15 April 1966), p.97.

49 'One Woman's Wardrobe', *London Life* (27 August 1966).

50 Serena Sinclair, 'The Great Price Tag Mystery', *Daily Telegraph* (2 November 1964).

51 Müller 2004, p.63. This book gives an excellent introduction to how Air France uniforms fitted with social change from 1946 to 2004.

52 Air France, 'The New Air France Uniform', Press Release for the new Christian Lacroix uniform, April 2005.

53 American *Vogue* (July 1957), p.50.

54 Madge Garland, 'Travel', in *The Intelligent Woman's Guide to Good Taste*, ed. Susan Chitty (London, 1958), p.66.

55 The letter dated 27 March 1968 is reproduced in Golbin 2006, p.152.

56 Bernadine Morris, 'Salute to the Art of Balenciaga', *Special to the New York Times* (1 October 1985).

57 Air France Press Release, 'Description du nouvel uniforme des hôtesses d'Air France', 9 December 1968.

58 Air France Press Release 1968 (cited note 57).

59 Müller 2004, p.75.

60 Deduced from an examination of suits at the Air France Museum, Paris, with the help of Mary Brooks in 2006.

61 Personal communication from Pascale Monmarson-Frémont, Archivist, Air France Museum, 2006.

62 Philippe Bouvard, 'L'uniforme des hôtesses d'Air France supporte-t-il une fermeture?', *Le Figaro* (6 November 1968).

63 Bouvard 1968 (cited note 62).

64 'La tenue des hôtesses navigantes: image de prestige ou vêtement de travail?', *Le Monde* (25 December 1968), cited in Müller 2004, p.75.

65 Up to 1963 air stewardesses had to retire when they married; thereafter they could work until the age of 50. Müller 2004, pp.45 and 63. On the rise of the birth rate in the 1950s, see J.-P. Rioux, *The Fourth Republic* (Cambridge, 1989), chapter 17.

66 Poppy Richard, 'Femme du Monde', *Woman's Journal* (October 1953), p.56.

67 *Fodor's Woman's Guide to Europe*, p.373.

68 *Fodor's Woman's Guide to Europe*, p.374.

69 Bailly Baillière, *Guía comercial de Madrid* (1935, 1945, 1958).

70 Bailly Baillière, *Guía comercial de Madrid* (1935, 1945, 1958); Bailly-Baillière-Riera, *Anuario general de España*, vol.II (1945, 1966).

71 *Pertegaz* (cited note 25), p.62.

72 Testimony in *Pertegaz* (cited note 25), p.111.

73 Veillon 2002.

74 Formerly Museu Tèxtil i de Indumentária, Barcelona (now Museu del Disseny), inv. no.109.922 and inv. no.109.848.

75 Getaria 2004, p.11.

76 Wedding dress, Balenciaga Museum inv. no.CBM11.1999ab, mentioned in Beatriz Miranda, 'Señoras que … tienen Balenciagas', *El Mundo* (31 May 2011).

77 Carmen Duerto, 'Sonsoles Diez de Rivera: "Mi Zara de la época era Balenciaga"', *La Razón* (18 October 2014).

78 Cristina Torres (interview with Sonsoles Diez de Rivera, Patrona de la Fundación Balenciaga), 'Hay que destacar, porque la multitud es penosa'. http://servicios. elcorreodigital.com/vizcaya/pg050818/prens/noticias/Cultura_VIZ/20 (accessed 29 January 2006).

79 *Four Decades of High Fashion: The Wardrobe of the Late Mrs Heard De Osborne*, Christie's South Kensington, Tuesday, 21 June 1994, p.4.

80 Walker 2006, p.45.

81 Jouve and Demornex 1989 and Golbin 2006; Lyons 1985, p.31.

82 'A Retiring Master', *Newsweek* (3 June 1968), p.59.

83 Kennedy 1985, p.84.

要点

1 Further information is available through the V&A website (https://www.vam.ac.uk) by searching the collections for garments: T.16–1974, T.22–1974, T.23–1974, T.24–1974, T.30–1974, T.31–1974, T.39–1974; for hats: T.59–1974, T.60–1974, T.61–1974, T.62–1974, T.64–1974, T.65–1974, T.66–1974, T.67–1974.

2 She also patronized Chanel, Chaumont, Dior, Givenchy, Schiaparelli, Valentino Garavani and Halston.

3 Ballard 1960, p.119.

4 Quoted by Cathy Horyn, 'On the Block: Grande Dame Décor', *New York Times* (13 March 2003).

5 New York 1973, p.15.

6 For further information go to the V&A website and search the collections for: T.18–1974, T.23–1974, T.38–1974.

7 Bernier 2011, p.208. See Valentine Lawford, 'Power of Dreams: What Imagination and Intelligence Have Created at Mouton: The Château of the Baron and Baroness Philippe de Rothschild', American *Vogue* (1 July 1963), pp.88ff.

8 Philippe de Rothschild and Joan Littlewood, *Milady Vine: The Autobiography of Philippe de Rothschild* (London, 1984); Elizabeth Lambert, 'Pauline de Rothschild's Secluded London Apartment', *Architectural Digest* (May–June 1977); Mitchell Owens, 'Pauline On My Mind', *New York Times Magazine* (5 November 2000).

9 New York 1973, p.19.

10 The Ava Gardner Museum, Grabtown, North Carolina, opened in October 2000 and honours the life, loves and legacy of one of Hollywood's most glamorous leading ladies. http://www.avagardner.com/about/biography. html; http://www.avagardner.org/index. php/2013-02-06-14-58-47/faqs-about-ava (both accessed 22 May 2016).

11 Ava Gardner, *Ava: My Story* (London, 1992), p.247. At the beginning of the 1950s the American film industry discovered the benefits of using Spain as a location for many films that did not necessarily have a Spanish content. It would be instructive to explore whether American film stars gave the Spanish fashion industry a boost and encouraged Spanish designers to seek patronage abroad.

12 A relationship now fictionalized in Nieves Herrero, *Como si no hubiera un mañana* (Madrid, 2015).

13 Gardner (cited note 11), p.247. For further information on garments in the V&A, see the Museum website and search the collections for: T.435–1985, T.436–1985, T.437–1985, T.438–1985, T.292–1990, T.293–1990, T.294–1990. T.290–1990 is also attributed to Balenciaga.

14 The rest was auctioned at Sotheby's in 1990, along with the sumptuous furnishings of her flat. *The Ava Gardner Collection*, Sotheby's, London, 1990.

15 Golbin 2006, pp.138–9.

第五章　传世

1 Beaton 1954, p.268.

2 Bernadine Morris, 'Salute to the Art of

Balenciaga', *Special to the New York Times* (1 October 1985).

3   Julier 1990.

4   Edward Schumacher, 'Spain's Fashion Renaissance', *Special to the New York Times* (9 March 1985); Dent Coad 1990, pp.76–96; Balenciaga prizes were awarded only on two occasions, first to Sybilla and then to Jesús del Pozo. Aguja de Oro ran from 1981 to 2007; Premio Nacional de Diseño de Moda took over from Aguja de Oro and has been run by the Ministerio de Cultura since 2009.

5   http://cristobalbalenciagamuseoa.com/ History.html; and for current trustees, see http://cristobalbalenciagamuseoa.com/ Trustees.html. Patrons have included: Hubert de Givenchy, the opera star Plácido Domingo and Queen Fabiola of Belgium (1928–2014), Sonsoles Diez de Rivera e Icaza. The museum is now run by the national, regional and municipal governments. Suzy Menkes, 'Temple to a Monk of Fashion: Museum to Open in Basque Designer's Birthplace', *International Herald Tribune* (24 May 2003); Beatriz Miranda, 'Señoras que … tienen Balenciagas', *El Mundo* (31 May 2011).

6   See http://www.fundacionbalenciaga.com//; Arizzoli-Clémentel et al., 2011.

7   Cited in Joel Lobenthal, *Radical Rags: Fashions of the Sixties* (New York, 1990), p.45.

8   Valérie Guillaume, 'Haute couture: reconquête et "new look"', in *Paris, 1944–1954: artistes, intellectuals, publics: la culture comme enjeu*, ed. Philippe Gumplowicz and Jean-Claude Klein (Paris, 1995), p.96. The possible exception was Worth, whose sons carried on in the trade, and whose names clearly suggested some continuity.

9   Archives de Paris, Registre du tribunal de commerce, no.34673, acte no.274 232B: Enregistrement (26 July 1937).

10 Lola Galán, 'La escada Gucci llega a Balenciaga', *El País* (15 July 2001).

11 Julia Finch, 'Gucci Liked the Designer So Much It Bought Balenciaga', *The Guardian* (7 July 2001).

12 http://www.kering.com/en/group/history (accessed 15 May 2016).

13 http://www.kering.com/en/group/about-kering (accessed 15 May 2016).

14 Opened in July 2012 in the Rue Saint-Honoré; http://www.wearona.com/style/ balenciaga-paris-one-word-contemporary/ (accessed 20 May 2016); 'Exclusive: Demna Gvsalia on the New L.A. Balenciaga Store', *Vogue* (8 July 2016) http://www.vogue. com/13455884/balenciaga-los-angeles-store/ (accessed 8 July 2016).

15 Prelude (1982), Rumba (1988), Pour Homme (1990), Talisman (1994) and Cristobal (1998): http://www.nstperfume.com/perfume-houses-a-to-b/balenciaga (accessed 14 May 2016).

16 James McArthur, Executive Vice President of Gucci Group and President and CEO of Balenciaga, quoted in Miller 2007, p.115.

17 Balenciaga Paris L'Essence (2011), Balenciaga Florabotanica (2013), Balenciaga Rosabotanica (2013), Balenciaga Paris L'Eau Rose (2013) and B. Balenciaga (2014), Balenciaga Paris L'Edition Mer (2015) and

B. Skin (2015): www.nstperfume.com/ perfume-houses-a-to-b/balenciaga (accessed 14 May 2016).

18 See http://balenciagafragrance.com/content/ b-balenciaga (accessed 12 May 2016).

19 Bridget Foley and Laurent Folcher, 'The Balenciaga Factor', *Women's Wear Daily Accessory Issue* (15 August 2011).

20 Alexander Fury, 'The Label Vetements is the Most Radical Thing to Come Out of Paris in Over a Decade. So What's the Big Idea?', *The Independent* (16 October 2016); Laird Borrelli-Persson, 'Cristóbal Balenciaga and Demna Gvasalia Have More in Common Than You Think', *Vogue* (5 March 2016). http://www.vogue.com/13411764/designers-cristobal-balenciaga-demna-gvasalia-similarities/ (accessed 5 March 2016).

21 Eric Wilson, 'An American in Paris, Again', *New York Times* (7 December 2012); 'The Balenciaga China Edition: Customising a Luxury Brand' (Beijing, May 2014): http://www.wearona.com/style/balenciaga-china-edition/ (accessed 19 February 2016).

22 Harriet Quick, 'Saint Nicolas', British *Vogue* (October 2006), p.324; http://www. mytheresa.com/en-gb/designers/balenciaga/ clothing.html (accessed 16 May 2016).

23 On the broader context of luxury brands, see Giorgio Riello and Peter McNeil, *Luxury: A Rich History* (Oxford, 2016), especially chapters 7 and 8. Reference to Balenciaga, pp. 257, 286.

24 I am grateful to the specialist fashion auctioneer Kerry Taylor for correcting my previous chronology on the development of couture sales in Miller 2007. Christie's London have held 18 sales of couture wardrobes; the first – in 1975 – was their first ever textile sale. I am grateful to Pat Frost for this information. Francesca Galloway initiated the selling at Spinks, inspired by her visit to the important retrospective exhibition of Balenciaga's work at the Musée des Tissus in Lyons in 1985. Drouot Richelieu in Paris initiated annual sales from 1990. Paula Deitz, 'ARTS/ARTIFACTS: Haute Couture is Never Passé', *New York Times* (29 August 2013); Doyles in New York have also sold couture wardrobes

25 Sara Paretsky, *Black List* (London, 2003), pp.26–7. 'The next family news was a clipping welcoming Geraldine [an American debutante of the first half of the twentieth century] home from Switzerland in the spring of 1931', this time in a white Balenciaga suit, 'looking interestingly thin after her recent illness'. Sadly, the Balenciaga dress is attributed to 1931, an unlikely purchase by someone who had been in Switzerland at finishing school. The plot around a mysterious designer who would not come out of her workshop and face the cameras is explained by the fact that she trained as a seamstress chez Balenciaga in Sally Beauman, *Danger Zones* (London, 1997), pp.236–7. My thanks to Mary Brooks for drawing my attention to Beauman's novel. In Rosamund Ham, *The Dressmaker* (2015), now a major film starring Kate Winslet (directed by Jocelyn Moorhouse, distributed by Universal Pictures, 2015), an Australian

dressmaker returns home to a rural setting where Paris fashion is known only through magazines. Her claim to fame was her association with Madeleine Vionnet who recommended her to Balenciaga because of 'her unusual talent for bias cutting' (pp.130–31).

26 Nieves Herrero, *Lo que escondían sus ojos* (Madrid, 2013). TV mini series, directed by Salvador Calvo, distributed by Telecino, Spain, 2016, with Javier Rey in the role of Balenciaga, sporting a moustache. The descriptions of the garments in the novel are recognizable, but the date at which they are donned is often before they were actually made.

27 Lyons 1985; Golbin 2006; Getaria 2011.

28 The V&A received no fewer than 41 requests to study Balenciaga garments between January 2015 and May 2016.

29 Steff Yotka, 'Remembering André Courrèges', *Vogue* (8 January 2016). http://www.vogue. com/13385541/remembering-andre-courreges (accessed 2.07.2016); Valérie Guillaume, *Courrèges: Fashion Memoir* (Paris, 1998); Spanier in Lynam 1972, chapter 4.

30 Personal communication from Mariu Emilas and her mother Maite Gil, widow of Juan Mari Emilas, San Sebastian, May 2016.

31 Philippe Venet, cited in Morris 1985 (cited note 2); Claire Wilcox, 'Azzedine Alaïa': http://fashion-history.lovetoknow.com/ fashion-clothing-industry/fashion-designers/ azzedine-alaia (accessed 18 May 2016); Olivier Saillard (ed.), *Alaïa* (Paris, 2013); Suzy Menkes, 'Azzedine Alaïa on Fashion's Current Turbulence', *Vogue* (6 April 2016). http:// www.vogue.it/suzy-menkes/2016/04/06/ azzedine-alaia-fashions-current-turbulence/ (accessed 5 May 2016).

32 Nicholas Coleridge, *The Fashion Conspiracy* (London, 1989), p.25; Merle Ginsberg, 'How Oscar de la Renta Went from the Dominican Republic to Ruling the Red Carpet', *Hollywood Reporter* (22 October 2014); André Leon Talley, *Oscar de la Renta: His Legendary World of Style* (New York, 2015).

33 Suzannah Ramsdale, 'Oscar de la Renta: The Stunning Designs that Influenced the World of Fashion', *Marie Claire* (8 July 2014); Paula Deitz, 'Balenciaga's Spanish-Influenced Designs', *Financial Times* (26 November 2010). See, too, Chapter One.

34 For a challenging and insightful overview, see Van Godstenhoven et al. 2016.

35 Cassie Davies Strodder in conversation with the author, May 2016. In *Balenciaga: Shaping Fashion* the following designers are used as examples of Balenciaga's legacy: Alyx, J.W. Anderson, Hussein Chalayan, Comme des Garçons, André Courrèges, Nicolas Ghesquière, Hubert de Givenchy, Molly Goddard, Demna Gvasalia, Roksanda Illincic, Calvin Klein, Alexander McQueen, Issey Miyake, Corrie Nielson, Rick Owens, Rory Parnell Mooney, Mary Quant, Paco Rabanne, Simone Rocha, Ralph Rucci, Yves Saint Laurent, Sybilla, Emanuel Ungaro, Iris Van Herpen, Dries Van Noten, Yohji Yamamoto and Yuki.

36 There are only 13 couturiers still practising in Paris today.

要点

1　For the fullest account of Givenchy's relationship with Balenciaga from 1953 to 1972, see the official biography Liaut 2000.
2　Bernadine Morris, 'Salute to the Art of Balenciaga', *Special to the New York Times* (1 October 1985).
3　Roma Fairley, *A Bomb in the Collection* (London, 1969), p.24.
4　Liaut (cited note 1). Two retrospectives of his work were held, the first at the Fashion Institute of Technology in New York in 1982 and the second at the Musée Galliera in Paris in 1991, both to celebrate anniversaries of the founding of the house in 1952. Givenchy was the Founding Chairman of the Balenciaga Foundation: http://cristobalbalenciagamuseoa.com/Patronos.html (accessed 21 May 2016).
5　Teri Agins, *The End of Fashion: The Mass Marketing of the Clothing Business* (New York, 1999), chapter 2: 'Fashioning a Makeover for Emanuel Ungaro', pp.52–78.
6　*Vogue* biography of Ungaro: www.vogue.co.uk/spy/biographies/emanuel-ungaro-biography (accessed 12 May 2016).
7　Agins (cited note 5), p.54, citing Charlotte Aillaud, 'Emanuel Ungaro', *Architectural Digest* (September 1988).
8　London 1971, p.45.
9　*Draper's Record* (9 August 1986), pp.21–2; see, too, *Women's Wear Daily* (23 July 1990). This dress actually derived from a Balenciaga rose-grey sheath ballgown, worn with black faille cape from the collection of summer 1961, reproduced in Irvine 2013, p.69.
10　Agins (cited note 5), p.61, citing Ungaro in Gruppo GFT, *Emanuel Ungaro* (Milan, 1992), p.38.
11.　'Nicolas Ghesquière to Leave Louis Vuitton' in *Fashion Law*, 20 July 2016. http://www.thefashionlaw.com/home/report-nicolas-ghesquiere-to-leave-louis-vuitton (accessed 22 July 2016).
12　Pierre-Alexandre De Looz, 'The Story of Nicolas Ghesquière and How Balenciaga Became 21st Century Fashion', *032c*, issue 24 (Summer 2013), pp.49–86: http://032c.com/2013/the-story-of-nicolas-ghesquiere-and-how-balenciaga-became-21st-century-fashion/ (accessed 16 May 2016).
13　Spindler 2002, pp.53–8. See, too, Suzy Menkes, 'Nicolas Ghesquière, a Creative Young Spirit in the Master Class: Balenciaga: Reviving and Revering', *New York Times* (20 November 2001).
14　Harriet Quick, 'Saint Nicolas', British *Vogue* (October 2006), p.326.
15　Information provided in Balenciaga Press Pack, 2006.
16　Quick (cited note 13), p.326.

参考书目

This bibliography comprises secondary sources on Balenciaga, couture and historical context, as well as significant newspaper articles on him. Additional articles in the press, archival and museum sources are referenced in the endnotes.

Adburgham 1966
Adburgham, Alison, *A View of Fashion* (London, 1966)

Aguirre Franco 1984
Aguirre Franco, Rafael, *Carteles en Guipúzcoa* (San Sebastian, 1984)

Alçega 1589
Alçega, Juan de, *Tailor's Pattern Book 1589*, facsimile, ed. J.L. Nevinson, trans. J. Pain and C. Bainton (Bedford, 1979)

Anderson 1951
Anderson, Ruth Matilda, *Spanish Costume: Extremadura* (New York, 1951)

Arizzoli-Clémentel et al. 2011
Arizzoli-Clémentel, Pierre, Miren Arzalluz and Amalia Descalzo, *Balenciaga* (London, 2011)

Artola 2000
Artola, Miguel (ed.), *Historia de Donostia San Sebastián* (San Sebastian, 2001)

Arzalluz 2004
Arzalluz, Miren B., 'Cristóbal Balenciaga: The Making of a Work of Art', unpublished MA dissertation, Courtauld Institute of Art, University of London (2004)

Arzalluz 2010
Arzalluz, Miren B., *Cristóbal Balenciaga: la forja del maestro* (San Sebastian, 2010; translated into English, London, 2011)

Arzalluz 2015
Arzalluz, Miren B., 'Los otros Balenciaga: los modistos españoles que triunfaron en París en el siglo XX', *El País* (1 February 2015)

Balda Arana 2013
Balda Arana, Ana, 'Cristóbal Balenciaga: una singular política de comunicación frente al avance del *prêt-à-porter*', unpublished doctoral thesis, Facultad de Comunicación, Universidad de Navarra, 2013

Balda Arana 2015
Balda Arana, Ana, 'Models Wearing Balenciaga in the Fashion Press: A Comparative Study', *International Journal of Fashion Studies* (2015), vol.2, no.2, pp.203–23

Ballard 1960
Ballard, Bettina, *In My Fashion* (New York, 1960)

Baroja 1986
Baroja, Julio C., *Los Vascos* (Madrid, 1986)

Beaton 1954
Beaton, Cecil, *The Glass of Fashion* (New York, 1954)

Bernier 2011
Bernier, Rosamund, *Some of My Lives: A Scrapbook Memoir* (New York, 2011)

Bertin 1956
Bertin, Célia, *Paris à la Mode: A Voyage of Discovery*, trans. Marjorie Deans (London, 1956)

Bilbao 2003
Zuloaga: désde la barrera, exh. cat., Museo Taurino de Bilbao and Museo San Telmo de San Sebastián, 2003

Blume 2013
Blume, Mary, *The Master of Us All: Balenciaga, His Workrooms, H is World* (New York, 2013)

Bosc et al. 2014
Bosc, Alexandra, et al., *Les années 50: la mode en France, 1947–1957* (Paris, 2014)

Bowles 2011
Bowles, Hamish, *Balenciaga and Spain* (New York, 2011)

Calais 2015
Balenciaga: magicien de la dentelle/Balenciaga: Master of Lace, exh. cat., Cité de la dentelle et de la mode, Calais, 2015

Carr 1988
Carr, Raymond, *Modern Spain, 1875–1980* (Oxford, 1988)

Carter 1960
Carter, Ernestine, 'Are We Women or Are We Mice?', *Sunday Times* (6 March 1960)

Carter 1960a
Carter, Ernestine, 'Reign of Spain', *Sunday Times* (20 March 1960)

Carter 1961
Carter, Ernestine, 'How It Crumbles, Kooky-wise', *Sunday Times* (17 September 1961)

Carter 1961a
Carter, Ernestine, 'New Names in Fashion', *Sunday Times* (24 September 1961)

Casamartina i Parassols 2009
Casamartina i Parassols, Josep (ed.), *Barcelona alta costura/Barcelona haute couture: From the Collection of Antoni de Montpalau* (Minorca, 2009)

Cerillo Rubio 2010
Cerillo Rubio, Lourdes, *La moda moderna: génesis de un arte nuevo* (Madrid, 2010)

Clark et al. 2014
Clark, Judith and Amy De La Haye with Jeffrey Horsley, *Exhibiting Fashion: Before and After 1971* (New Haven and London, 2014)

Clapés and Martín i Ros 1987
Clapés, Mercedes, and Rosa María Martín i Ros, *España: 50 años de moda* (Barcelona, 1987)

Comín 1972
Comín, Pilar, 'Balenciaga ha muerto en España', *La Vanguardia* [Barcelona] (25 March 1972), pp.1, 7, 8

De la Puerta 2006
De la Puerta, Ruth, *La segunda piel: historia del traje en España* (Valencia, 2006)

De Marly 1980
De Marly, Diana, *The History of Haute Couture, 1850–1950* (New York, 1980)

Dent Coad 1990
Dent Coad, Emma, *Spanish Design and Architecture* (London, 1990)

De Pietri and Leventon 1989
De Pietri, Stephen, and Melissa Leventon (eds),

*New Look to Now: French Haute Couture,
1947–1987* (New York, 1989)

Emerson 1972
Emerson, G., 'Balenciaga, the Couturier, Dead at
77', *New York Times* (25 March 1972)

Figueras 2003
Figueras, Josefina, *Moda española: una historia
de sueños y realidades* (Madrid, 2003)

Garate Ojanguren et al. 1995
Garate Ojanguren, Montserrat, and Javier Martín
Rudi, *Cien años de la vida económica de San
Sebastián, 1887–1987* (San Sebastian, 1995)

Getaria 2004
Cristóbal Balenciaga y la Marquesa de Llanzol,
exh. cat., Fundación Balenciaga, Getaria, 2004

Getaria 2006
Balenciaga: el lujo y la sobriedad, exh. cat.,
Fundación Balenciaga, Getaria, 2006

Glynn 1971
Glynn, Prudence, 'Balenciaga and *La vie d'un
chien*', *The Times* (3 August 1971)

Golbin 2006
Golbin, Pamela, *Balenciaga Paris* (Paris, 2006)

Grumbach 1993
Grumbach, Didier, *Les histoires de la mode*
(Paris, 1993)

Guillaume 1995
Guillaume, Valérie, 'Haute couture: reconquête
et "new look"', in *Paris, 1944–1954: artistes,
intellectuals, publics: la culture comme enjeu*,
ed. Philippe Gumplowicz and Jean-Claude Klein
(Paris, 1995), pp.96–105

Healy 1992
Healy, Robyn, *Balenciaga: Masterpieces of
Fashion Design* (Melbourne, 1992)

Hooper 1987
Hooper, John, *The Spaniards: A Portrait of the
New Spain* (London, 1987)

Howell 1990
Howell, Georgina, 'Balenciaga the Magnificent',
in *Sultans of Style: Thirty Years of Passion and
Fashion, 1960–90* (London, 1990)

Ironside 1962
Ironside, Janey, *Fashion as a Career* (London,
1962)

Irvine 2013
Irvine, Susan, *Vogue on Balenciaga* (London,
2013)

Jackson 1965
Jackson, Winefride, 'Balenciaga: The Man Behind
the Clothes', *Sunday Telegraph* (26 September
1965)

Jarnow and Judelle 1965
Jarnow, Jeannette A., and Beatrice Judelle,
Inside the Fashion Business (New York, 1965)

Jouve 1997
Jouve, Marie-André, *Balenciaga* (New York, 1997)

Jouve and Demornex 1989
Jouve, Marie-Andrée, and Jacqueline Demornex,
Balenciaga (New York, 1989)

Julier 1990
Julier, Guy, *Spanish Design* (London, 1990)

Kennedy 1985
Kennedy, Fraser, 'Balenciaga', in *The Fashionable
Mind: Reflections on Fashion, 1970–1982*
(Boston, MA, 1985)

Kennet 1984
Kennet, Frances, *Secrets of the Couturiers*
(London, 1984)

Latour 1958
Latour, Anny, *Kings of Fashion*, trans. Mervyn
Savill (London, 1958)

Liaut 2000
Liaut, Jean-Noël, *Hubert de Givenchy* (Paris,
2000)

London 1971
Fashion: An Anthology by Cecil Beaton,
exh. cat., Victoria and Albert Museum, London,
1971

Lynam 1972
Lynam, Ruth (ed.), *Paris Fashion: The Great
Designers and Their Creations* (London, 1972)

Lyons 1985
Hommage à Balenciaga, exh. cat., Musée
Historique des Tissus, Lyons, 1985

McDowell 1989
McDowell, Colin, 'Maestro', *The Guardian*
(24 July 1989)

Madrid 1974
El mundo de Balenciaga, exh. cat., Palacio de
Bellas Artes, Madrid, 1974

Madrid 1991
Berges, Manuel, et al., *Moda en sombras*
(Madrid, 1991)

Madrid 2005
*Genio y figura: la influencia de la cultura
española en la moda*, exh. cat., Museo del Traje,
Madrid, 2005

Martí 2006
Martí, Octavi, 'Maestro Balenciaga', *El País*
(1–2 July 2006)

Martin and Koda 1992
Martin, Richard, and Harold Koda, *Flair: Fashion
Collected by Tina Chow* (New York, 1992)

Mendes 1987
Mendes, Valerie, *Ascher: Art, Fabric, Fashion*
(London, 1987)

Mendes 1999
Mendes, Valerie, *Black in Fashion* (London,
1999)

Menkes 2003
Menkes, Suzy, 'Temple to a Monk of Fashion:
Museum to Open in Basque Designer's
Birthplace', *International Herald Tribune*
(23 May 2000)

Miller 1993
Miller, Lesley Ellis, *Cristóbal Balenciaga*
(London, 1993)

Miller 2007
Miller, Lesley Ellis, *Cristóbal Balenciaga: The
Couturiers' Couturier* (London, 2007)

Miller 2008
Miller, Lesley Ellis, 'EISA: Balenciaga in Spain
and England', *Datatèxtil* (2008), no.18,
pp.4–21

Montesinos 2002
Montesinos, Francis, *Carta de amor a Cristóbal
Balenciaga* (Valencia, 2002)

Mower 2006
Mower, Sarah, 'Balenciaga: The Master Touch',
*The Look: Canada's Fashion and Beauty
Quarterly* (Summer 2006)

Müller 2004
Müller, Florence, *Elégances aériennes: une
histoire des uniformes d'Air France*
(Saint-Herblain, 2004)

New York 1973
The World of Balenciaga, exh. cat., Metropolitan
Museum of Art, New York, 1973

Nicklas 2013
Nicklas, Charlotte, 'Tradition and Innovation:
Recent Balenciaga Exhibitions', *Fashion Theory*
(2013), vol.17, no.4, pp.431–44

Nicolay-Mazery 2010
Nicolay-Mazery, Christiane de, *Cristóbal
Balenciaga, Philippe Venet, Hubert de Givenchy
au Château des princes de Beauvau Craon*
(Paris, 2010)

Oropesa 1999
Oropesa, Marisa, *Pintores románticos ingleses
en la España del XIX* (Zamora, 1999)

Palmer 2001
Palmer, Alexandra, *Couture and Commerce:
The Transatlantic Fashion Trade in the 1950s*
(Vancouver, 2001)

Palmer and Clark 2005
Palmer, Alexandra, and Hazel Clark (eds), *Old
Clothes, New Looks: Second Hand Fashion*
(Oxford, 2005)

Paris 1994
*Mona Bismarck, Cristóbal Balenciaga, Cecil
Beaton*, exh. cat., Mona Bismarck Foundation,
Paris, 1994

Paris 2012
Cristóbal Balenciaga: collectionneur de modes,
exh. cat., Musée Galliera, Paris, 2012

Parsons 2003
Parsons, Deborah, *A Cultural History of Madrid:
Modernism and the Urban Spectacle*
(Oxford, 2003)

Pasalodos Salgado 2001
Pasalodos Salgado, Mercedes, 'Balenciaga en
el Museo Nacional de Antropología', *Anales del
Museo Nacional de Antropología* (2001), no.VIII,
pp.199–216

Porcel Ziarsolo 2012
Porcel Ziarsolo, Alzne, 'Estudio y evaluación
de tratamientos de conservación-restauración
aplicados a los complementos de la colección
de Cristóbal Balenciaga', unpublished doctoral
thesis, Facultad de Bellas Artes-Departamento
de Pintura (Sección Restauración), Universidad
del País Vasco, 2012

Rosina and Chiara 2010
Rosina, Margherita, and Francina Chiara (eds),
*L'età dell'eleganza: le filande e tessiture Costa
nella Como degli anni cinquanta* (Como, 2010)

Rowlands 2005
Rowlands, Penelope, *A Dash of Daring: Carmel*

Snow and Her Life in Fashion, Art and Letters
(New York, 2005)

Saillard et al. 2014
Saillard, Olivier, et al., *Fashion Mix: modes d'ici, créateurs d'ailleurs* (Paris, 2014)

San Sebastian 2001
Cristóbal Balenciaga, exh. cat., Kutxaespacio del Arte, San Sebastian, 2001

Savage 1985
Savage, Percy, 'Balenciaga the Great', *The Observer* (13 October 1985)

Schaeffer 2011
Schaeffer, Claire B., *Couture Sewing Techniques* (Newtown, 2011)

Schaeffer 2013
Schaeffer, Claire B., *Couture Sewing: Tailoring Techniques* (Newtown, 2013)

Sewell 2011
Sewell, Dennita (ed.), *Fashion Independent: The Original Style of Ann Bonfoey Taylor* (Phoenix, 2011)

Shubert 1990
Shubert, Adrian, *A Social History of Modern Spain* (London, 1990)

Shubert 1999
Shubert, Adrian, *A Social History of the Bullfight* (Oxford, 1999)

Smith 2003
Smith, Paul Julian, *Contemporary Spanish Culture: TV, Fashion, Art and Film* (Cambridge, 2003)

Spindler 2002
Spindler, Amy M., 'Keys to the Kingdom: A Fashion Fairy Tale Wherein Nicolas Ghesquière Finally Inherits the Throne', *New Yorker* (14 April 2002), pp.53–8

Steele 1988
Steele, Valerie, *Paris Fashion: A Cultural History* (Oxford, 1988)

Thurman 2006
Thurman, Judith, 'The Absolutist: Cristóbal Balenciaga's Cult of Perfection', *New Yorker* (3 July 2006)

Tokyo 1987
Cristóbal Balenciaga, exh. cat., Fondation de la Mode, Tokyo, 1987

Valladolid, 2000
Cristóbal Balenciaga, exh. cat., Museo Nacional de Escultura Policromada, Valladolid, 2000

Van Godstenhoven et al. 2016
Van Godstenhoven, Karen, Miren Arzalluz and Kaat Debo (eds) *Fashion Game Changers: Reinventing the 20th-century Silhouette* (London, 2016)

Veillon 2002
Veillon, Dominique, *Fashion under the Occupation* (Oxford, 2002)

Walker 2006
Walker, Myra, *Balenciaga and His Legacy* (New Haven and London, 2006)

Walton and Smith 1994
Walton, John, and John Smith, 'The First Spanish

Seaside Resort', *History Today* (August 1994), vol.44

Walton and Smith 1996
Walton, John, and John Smith, 'The First Century of Beach Tourism in Spain: San Sebastian and the "playas del norte", from the 1830s to the 1930s', in *Tourism in Spain: Critical Issues* (Wallingford, 1996)

Wilcox 2007
Wilcox, Claire, ed., *The Golden Age of Couture: Paris and London, 1947–57* (London, 2007)

电影

Oskar Tejedor (dir.), 'Balenciaga: permanecer en lo efímero', IDEM 4, September 2009

网址

The Fédération Française de la Couture, du Prêt-à-Porter des Couturiers et des Créateurs de Mode
www.modeaparis.com/2/federation

The House of Balenciaga, Paris
www.balenciaga.com

Museo Balenciaga, Getaria
www.cristobalbalenciagamuseoa.com

V&A
www.vam.ac.uk

图155 欧根纱（Organza）宽边帽和原始包装盒，巴黎世家，1955年
由奥帕尔·霍尔特夫人穿着，D.M.海恩斯夫人和M.克拉科夫人提供。
V&A博物馆馆藏号：T.169-1982。

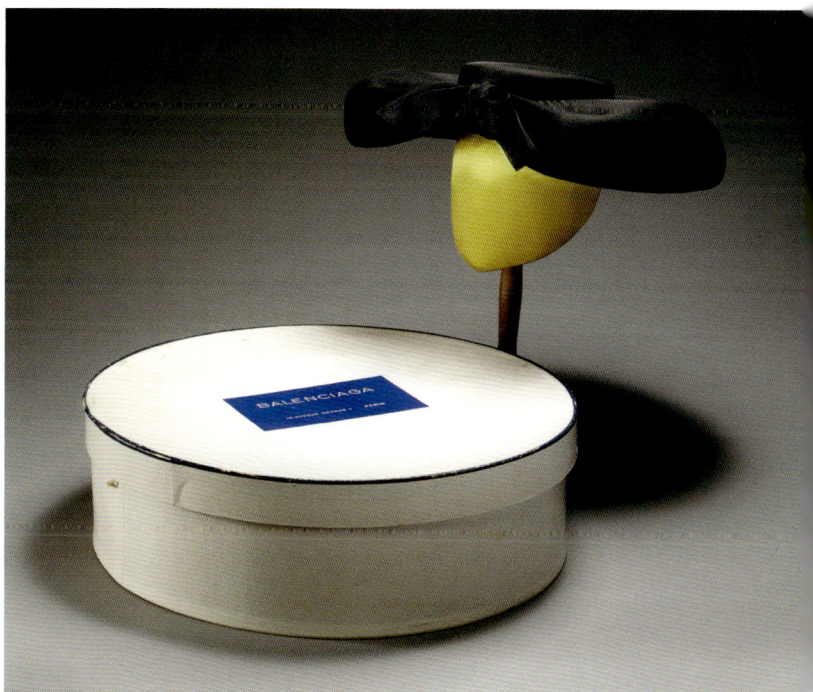

1895 Cristóbal Balenciaga Eisaguirre born on 21 January in Guetaria, Guipúzcoa, northern Spain

1907 Apprenticeship in San Sebastian at Casa Gómez, 13 Alameda del Boulevard

1908 Continues training in San Sebastian probably in newly established tailor's, New England

1911 Enters new branch of the Parisian establishment Les Grands Magasins du Louvre in San Sebastian in the womenswear tailoring workshop

1913 Becomes head of womenswear tailoring workshop; probably around this time begins to go to Paris to buy French couture models to adapt for Spanish clients

1914 Probably spends time in Bordeaux, working in a dressmaking business until 1916

1917 Opens his own business under the name of C. Balenciaga in San Sebastian at 2 Calle Vergara

1919 Registers business formed on 15 January 1918 under the title Balenciaga y compañía in San Sebastian, for six years. Partners: Benita and Daniela Lizaso Landa; capital 67,360 pesetas (£2,929), of which 7,360 pesetas (£320) from Balenciaga

1924 Establishes new company independently, Cristóbal Balenciaga (alta costura y modistería, i.e., haute couture and fashion items) at 2 Avenida de la Libertad (also his place of residence), independent of the Lizaso sisters; Wladzio Zaworowski d'Attainville helps with setting up of house

1925 Shows his first independent collections in spring and secures order from the Spanish crown princess, Isabel Alfonsa, before winter collections and thereafter from Queen María Cristina

1927 Opens second establishment, Eisa Costura, on first floor at 10 Calle Oquendo to capture wider clientele of the local bourgeoisie; high-end dressmaking rather than haute couture

1931 Temporary decline in business caused by the fall of the Spanish monarchy

1932 Opens new business, B.E. Costura, on first floor at 3 Calle Santa Catalina, showing collection on 2 September, without closing his other two businesses

1933 Closes B.E. Costura at Calle Santa Catalina and ceases to show collections at Eisa Costura in Calle Oquendo in order to open EISA B.E. Costura in San Sebastian on first floor of 2 Avenida de la Libertad and in Madrid at 42 Calle Caballero de Gracia, on the first floor; first collections presented in spring

1934 Requests permission to install neon signs on first floor of both these businesses

1935 Opens house in Barcelona in 10 Calle Santa Teresa, announcing first collections in December

1936 Shows last collection in Barcelona in April before outbreak of Civil War; leaves Spain for London

1937 Registers business partnership under the name of Balenciaga SARL at 10 Avenue George V, Paris, in collaboration with d'Attainville and Nicolas Bizcarrondo, a former fellow resident at 2 Avenida de la Libertad; presents first collection in August

1938 Changes name of house in San Sebastian to Eisa Costura (from EISA BE Costura), the name adopted in Madrid and Barcelona in 1941 and 1942 respectively; designs costumes for Hélène Perdrière for the film Trois de Saint-Cyr by J.P. Paulin

1939 End of Spanish Civil War; beginning of Second World War; designs costumes for Marie Déa in the film Pièges by Siodmak, starring Maurice Chevalier; presumably takes over 12 Avenue George V after Mainbocher's departure for USA

1940 Designs costumes for Alice Cocéa and Suzet Maïs in Histoire de rire by Armand Salacrou at the Théâtre des Ambassadeurs

1941 The house in Madrid moves to 9 Avenida José Antonio (Gran Vía); the staff entrance remains on Caballero de Gracia

1942 Constitutes a company – Eisa S.A – with his brother Juan, which encompasses his San Sebastian businesses and two branches in Madrid and Barcelona; in Barcelona makes alterations to the building; shows Paris collection in Lyons, despite the German Occupation

1944 Requests trade mark BALENCIAGA from Registro de Propriedad for products relating to fashion and beauty in May 1944, and in September for EISA, and the following May for Cristóbal Balenciaga; successful in most cases

1945 Contributes to the Théâtre de la Mode, which toured Europe and the USA, showcasing Parisian haute couture

1946 Launches his first perfume, 'Le Dix'

1948 Begins redecoration of the ground floor of Avenue George V, employing the interior decorator Christos Bellos; launches perfume 'La Fuite des Heures' (Fleeting Moment); death of d'Attainville in Madrid in December

1950 Designs costume for Lucienne Bogaert, a regular client, for Pas d'amis, pas d'ennuis by S. Teyrac at the Théâtre de l'Œuvre

1951 Begins to commission pioneering window displays from the sculptor Janine Janet (continues until closure in 1968)

1952 Visits New York to discuss the distribution of his perfumes and the problems of licensing

1953 Designs costumes for Hélène Perdrière and Lise Delamare in Aux innocents les mains pleines by André Marois at the Comédie Française

1955 In France Balenciaga SARL becomes Balenciaga SA; launches a new perfume, 'Quadrille'

1956 Begins to show his collections one month after the official opening of the couture calendar, along with Givenchy; designs costumes for Marie Daems in the film L'air de Paris by Marcel Carné, for Ingrid Bergman and Mao-style tunics for Yul Brynner in the film Anastasia by Anatole Litvak

1958 Awarded the title of Chevalier de la Légion d'honneur by the French government for his services to fashion; designs costumes for Hélène Perdrière and Javotte Lehman in Domino by Marcel Achard at the Comédie Française

1959 Designs costume for Madame Weisweiller in the film Le testament d'Orphée by Jean Cocteau

1960 Designs the wedding dress for Fabiola, granddaughter of the Marquesa de Casa Torres and future queen of Belgium

1962 Over two years designs costume for Marie Daems for Les Foches by F. Marsan at the Théâtre des Nouveautés; designs black sequinned dress and cloak for Christiane Barry, who plays the part of Death in Orphée by Jean Cocteau at the Compagnie des Tréteaux, Paris; designs sports outfit for Annie Ducaux in Comme des Chardons by Armand Salacrou at the Comédie Française; launches 'Eau de Balenciaga' for women

1968 Receives commission to design new uniforms for Air France, the largest airline in the world

1968 Announces his retirement after the summer collections, closing the house in Paris but retaining the perfumes in production; closes the houses in Madrid and San Sebastian

1970 Gustav Zumsteg, textile manufacturer and friend, organizes at the Musée Bellerive in Zurich the first retrospective exhibition of Balenciaga's work

1971 Balenciaga makes his last public appearance, at Chanel's funeral; 'Holang', a fragrance for men, launched

1972 Completes his last commission, the wedding dress of the future Marquesa de Cádiz, granddaughter of Spain's dictator, General Francisco Franco; dies in Jávea (Alicante) on 24 March

1973 Diana Vreeland organizes the retrospective exhibition at the Costume Institute of the Metropolitan Museum of Art, New York, shown in Madrid the following year; fragrances 'Eau de Lavande' for men and 'Cialenga' for women launched

1974 The last reference to Eisa in the *Guía telefónica* of Barcelona, although his nephew M.J. Balenciaga Perez is still listed as living in the city in the following year; first retrospective of his work in Spain, in Madrid at the Palacio de Bibliotecas y Museos

1978 Hoechste buys the house from Balenciaga's nephews and nieces and launches ready-to-wear collections, the first designed by Ramón Esparza, Balenciaga's erstwhile associate

1979 'Michelle' fragrance for women launched

1980 'Portos' fragrance for men launched

1981 Marie-Andrée Jouve begins the task of cataloguing the archive of the house; over the next twenty years she enlarges the collection to 600 garments and curates several exhibitions

1985 The house contributes to the retrospective of Balenciaga's work at the Musée Historique des Tissus (later called Musée des Tissus) in Lyons, with an emphasis on the textiles used in his garments

1986 The perfume group Jacques Bogart buys the house and re-launches it under the management of Jacques and Régine Konckier; 'HoHang Club' fragrance for men launched

1987 Michel Goma presents his first collection under the Balenciaga label; first menswear collection launched and Balenciaga Uniformes; the Spanish Ministry of Industry and Energy launches the Cristóbal Balenciaga National Fashion Prizes

1988 'Rumba' and 'Prelude' fragrances for women launched

1989 Andrée Putman employed to redecorate the salon and shop; *Clothes Show* presents feature with the vice-president of the house; contract signed with Sekitei in Japan for the opening of 15 boutiques within six years, and the Country Club Balenciaga near Tokyo founded

1990 'Balenciaga pour Homme' and 'Balenciaga pour Femme' fragrances launched

1992 Melchior Thimister is appointed head designer

1994 'Talisman' and 'Talisman Eau Transparent' fragrances for women launched

1998 Nicolas Ghesquière is appointed head designer/creative director

1998 Nicolas Ghesquière's debut collection for the Balenciaga label; 'Cristobal' fragrance for women launched

2000 Spanish government establishes the Fundación Balenciaga in Getaria, injecting $3.2 million into the project in order to 'to foster, spread and emphasize the transcendence, importance and prominence that Don Cristóbal Balenciaga has had in the world of fashion' through the construction and development of a museum in Getaria, the establishment of an international centre for design training, the foundation of a research and documentation centre, the publication of a fashion periodical, and the development of touring exhibitions about Balenciaga, fashion design and haute couture; 'Cristobal' for men launched

2001 Gucci Group buys the house, adding it to its portfolio, which includes Yves Saint Laurent, Sergio Rossi, Boucheron, Roger et Gallet, Bottega Veneta, Bédat & Cie, Alexander McQueen, Stella McCartney; Ghesquière enticed to stay via a 9 per cent share in the business; he wins the International Designer of the Year Award from the Council of Fashion Designers of America

2003 Opening of shops in New York (February) and Paris (April), designed by Nicolas Ghesquière and Dominique Gonzales-Foerster

2004 Kering Group raises its stake in Gucci Group to 99.4 per cent following a tender offer

2005 Opening of shop in Hong Kong (October)

2006 Retrospective exhibitions at the Musée de la Mode et du Textile in Paris and the Meadows Museum, Southern Methodist University, Dallas, the former co-curated with Ghesquière

2008 Coty takes over the perfume licence, subsequently launching several new fragrances

2011 Cristóbal Balenciaga Museum opens in Getaria

2012 Alexander Wang is appointed Creative Director

2015 Demna Gvasalia is appointed Creative Director

专业术语

维多利亚·德·洛伦佐·阿尔坎塔拉（Victoria de Lorenzo Alcántara）汇编的注解：

这些简单的定义对于巴黎世家职业生涯的时期（1917～1968年)而言，是合适的，其目的是传达面料的视觉特征而不是技术特征。这些定义不一定涵盖后续阶段的变动。有关更多的技术相关说明，请继续阅读。

Alb

Chris tian vestment; an ample, full-length white tunic, girdled at the waist, sometimes adorned with lace

Basque

short skirt sewn into the bodice of a dress or jacket, sometimes called a peplum

Bengaline

stiff lustrous fabric with a ribbed effect that runs across its width, strong and durable with good drape; similar in appearance to faille but heavier and stiffer

Bouclé

fabric with a looped, textured surface that is woven or knitted using fancy 'bouclé' yarns; the loops protrude from the surface irregularly

Brocade

patterned fabric, woven on a handloom or a jacquard loom; the visual effect is similar to embroidered motifs, though created during weaving rather than applied afterwards

Brummelism

fastidious attention to dress, usually among men; derived from the name of the Regency dandy Beau Brummel (1778–1840); who was one of the first to introduce the notion of elegant simplicity, cleanliness and perfect fit as crucial elements of men's dress

Buckram

coarse fabric made stiff by impregnating a lightweight woven fabric with size or resin; used as interfacing in areas of garments such as collars, facings and hems

Calico

usually an unbleached plain-weave cotton fabric, used to make toiles or dress pattern pieces

Cellophane

strong, flexible, transparent material made from regenerated cellulose; developed by Jacques E. Brandenberg from 1908, and first commercialized in 1912 for wrapping purposes

Cellulose acetate

one of the earliest man-made fibres, based on cotton or tree pulp cellulose to which ascetic acid is applied. It was first developed in 1865 by German chemists, and subsequently used for photographic film in the 1950s. It is also made into fibres that could be used for textile production

Chantilly

type of bobbin lace, made by hand or machine and characterized by a delicate net ground and pattern areas outlined with heavier silk (or acetate) thread, the term deriving from the French city of that name, even though the production may take place elsewhere

Chasuble

Christian ecclesiastical vestment, worn by the officiating priest during the celebration of Mass; often stiffened with an interlining, an opening at the neck allows it to be slipped on over the head; varies in colour according to the liturgical season and rite: black, blue, green, pink, violet, red or white

Chenille

fancy yarn that has small tufts of fibre protruding all around its central core so that it resembles a caterpillar (chenille is the French word for a caterpillar); made from any fibre

Chiné

pattern made in fabric by dyeing or printing the yarn before weaving; the result has an indeterminate or cloudy outline

Cloqué

woven silk or synthetic fabric with a raised pattern, the term derives from the French word for blistered

Cope

Christian ecclesiastical vestment, worn by priests or bishops for processions; worn over the shoulders and full-length, it is semicircular in shape, usually made of silk and richly ornamented; it fastens on the chest with a morse (decorative band); the colour varies according to the festivity being celebrated

Crêpe

a tightly twisted yarn and by extension fabric woven with tightly twisted yarns, usually wool, silk or synthetic; the surface of the fabric has a crinkled effect

Crinoline

stiffened or hooped petticoat worn under a long skirt to make it stand out in a bell shape, particularly fashionable in the mid-nineteenth century

Dalmatic

Christian ecclesiastical vestment, worn during solemn liturgical celebrations by the priest's assistant, the deacon; knee-length T-shaped tunic with wide sleeves, whose colour varies according to the liturgical season.

Damask

Monochrome weave and by extension fabric, in which the pattern is visible as a result of the contrast in the reflection of light on the warp and weft threads

Duvetyn

thick, smooth, woven fabric given a special finish to produce a soft suede-like appearance and handle, first woven in France where duvet

means feather down; made of cotton, wool, silk or manmade fibres

Embroidery

hand or machine stitching used to ornament a fabric or garment, sometimes incorporating beads, sequins or ribbons

Faille

soft glossy silk with cross-wise ribbed effect in the weave structure; it has body and drapes well

Flocked

fabric with a velvet-like relief effect on the surface, achieved by applying finely cut fibre fragments to an adhesive on the surface

Gazar

firm silk fabric created by Abraham of Switzerland for Balenciaga; its successor, Supergazar or Zagar, was an even more sculptural and heavy form of the original fabric

Goyesque motifs

term deriving from the name of the late eighteenth-century Spanish painter Francisco de Goya y Lucientes (1746–1828), usually referring to details and structures that evoke the popular dresses that Goya depicted in his paintings: 'matador-dress' for men and black or white lace, or cloth adorned with pompoms for women

Grosgrain

woven fabric with prominent horizontal ribbed effect on the surface, usually made of silk; the name derives from the French 'gros' (large) and 'grain' (cord)

Infanta

name given to the crown princesses of Spain, used to evoke the styles of dress worn in the many portraits of the daughters of Philip IV of Spain (1605–65), painted by his court painter Diego Rodríguez de Silva y Velázquez (1599–1660) such as Las Meninas (about 1665). In these paintings, full-length, wide skirts were worn with close-fitting bodices, the shoulder line being emphasized through adept use of trimmings

Interlining

fabric used between the inner and the outer layer of a garment to ensure retention of shape, or to add volume or warmth

Lace

delicate mesh fabric made of fine yarns twisted or knotted together, usually the ground is net-like and embellished with decorative patterns interlaced in thread; time-consuming to produce, the most expensive is made by hand; machine-made lace has been available since the nineteenth century

Lamé

thin fabric containing metal yarns, which may be added as decoration or woven in as the warp or weft thread

Lurex

tradename for a metalized yarn, usually woven or knitted in combination with cotton, nylon, silk or wool fibres; developed in Germany from the

1930s, it was first commercialized by Dobeckum Company of Cleveland (USA) in 1947 and gained its trademark status in 1960

Magyar sleeve

type of sleeve ('batwing') with a deep armhole, wide around the top of the sleeve and tapering into the wrist; the term derives from Hungarian folk dress

Matelassé

fabric with a pouched or quilted effect

Mohair

long, white, lustrous hair obtained from the Angora goat, and also by extension the fabric into which it is woven

Moiré

finishing technique that creates a wavy, watered effect on the surface of the fabric; mostly used on plain or brocaded woven silk

Muslin

generic term for any fine, soft, lightweight, plain open-weave fabric made from cotton

Neoprene

generic name for a lightweight synthetic rubber material, developed in the 1930s as an oil-resistant substitute for natural rubber; available in sheet form; may also be applied as a coating to woven or knitted fabrics; waterproof and buoyant

Nylon

first fully synthetic fibre, made from petroleum, natural gas, air and water; developed in 1935 by the US chemist W.H. Carothers and his associates at Du Pont, Delaware (USA); used increasingly for clothing from the 1940s onwards, nylon stocking being the major use

Organza

fine, lightweight plain-weave sheer fabric made of silk or man-made fibre yarns, crisp and lustrous

Poult

medium-weight lustrous, crisp, closely woven fabric with smooth ribs

Ramie

A strong natural fibre made from the plant of the same name, one of the nettle family; stiff and brittle so usually blended with other fibres such as cotton and wool; similar to linen in its appearance

Rayon

man-made fibre made of regenerated cellulose; sold as 'artificial silk' until the name 'rayon' was adopted in 1924; now known in Europe as viscose

Satin

weave structure and, by extension, a fabric with a smooth shiny surface and close texture in which the warp threads cover the wefts completely

Sparterie

stiffening (millinery) fabric made of esparto, a species of grass from Africa and

southern Europe

Suede

inner layer of the natural skin or hide of an animal, for example, cowhide, goatskin, pigskin or sheep/lambskin

Taffeta

plain-weave silk fabric made with highly twisted yarns; shiny and opaque, with body; crisp yet flexible

Terylene

trade name for a synthetic polyester fibre produced by the chemicals company ICI; the first wholly synthetic fibre invented in Britain by chemist J.R. Whinfield of Accrington in 1941; bulk production began in 1955; Terylene fabrics keep their shape after washing and are hard-wearing

Toile

French word for cloth or fabric, sailcloth or canvas; in fashion, garment prototypes used to try out patterns are referred to by this term, probably because they are usually made of a cheap cotton

Tulle

very fine, lightweight net fabric, characterized by a hexagonal mesh structure, made on a lace machine or warp-knitted; naturally fine, sheer, soft and transparent, it is also stiffened with starch for use in millinery

Tweed

sturdy woven woollen fabric with wiry, hairy surface and soft, flexible texture, made self-coloured, checked and slubbed

Velours au sabre

thick satin, whose surface is cut with a scalpel to make a velvet-effect pattern, a most prestigious and now rare method of making velvet by hand

Velvet

weave structure and, by extension, fabric woven with a short, cut pile on the right side, which gives soft texture and lustrous depth; usually made of cotton or silk

Ziberline

a term used for two types of fabric, both lustrous: a heavy coating fabric made from wool, and a stiff medium to heavy-weight silk

FURTHER READING

Browne, Clare W., *Lace: From the Victoria and Albert Museum* (London, 2004)

Burnham, Dorothy K., *Warp and Weft: A Textile Terminology* (London, 1981)

Miller, Edward, *Textiles: Properties and Behaviour in Clothing Use* (London, 1992)

Taylor, Marjorie A., *Technology of Textile Properties* (London, 1991)

Wilson, Janet, *Classic and Modern Fabrics* (London, 2010)

图156　一顶黑色缎带蝴蝶结在前中的黑色帽子

巴黎世家，1962年

帽子戴在一个较小的人头模具上。由丽塔·沃伯格－里斯（Rita Wolberg-Reiss）戴过。帽子是由侯爵大人兰佐尔提供的。

V&A博物馆馆藏号：T.19:1 to 3-2006。

维多利亚·德·洛伦佐·阿尔坎塔拉编写本附录

汇编材料源自公司档案和当代杂志广告，记录了巴黎世家纺织品和辅料供应商的名字，这些信息来自巴黎世家（House of Balenciaga）前储藏室管理员西蒙尼夫人（Mme Simonne）和 M. Raphaël 阿迪蒂（M. Raphaël Arditti）为1985年在里昂举行的重大展览准备的名单。时至今日，多数的供应商仍然很活跃，其中一些至今依然保持供应。供应商分为两类：纺织品的供应商（制造商和批发商）和装饰品的供应商（工匠）。批发商和工匠往往在巴黎工作，制造商则在工业城市工作，但有些制造商也在巴黎设有销售室。名单按企业名称的字母顺序排列，然后是企业的成立日期（最早知名的时间）、地点和专业。巴黎世家购买面料的类型或商品名称在这里逐项列出，供应商用纺织品制造或装饰的物品也会逐一列出来。维多利亚和艾尔伯特博物馆网站可能会提供这些作品的照片。

1. 纺织品供应商：制造商和批发商

Abraham

Founded in Zurich, Switzerland, in 1878 when Jacob Abraham became a partner in Königsberg and Rüdenberg; the name later became Abraham Ltd; manufactured silks
For Balenciaga: gazar, Supergazar or Zagar, watered and printed silk
V&A: T.26-1974, T.31-1974, T.292-1990, T.435-1985, T.43-1974 (pp.12, 44-6, 72-3, 150-53, 170)

Agnona

Founded in Biella, Italy, in 1953 by Francesco Ilorini Mo with the support of Aldo and Angelo Zegna and still active; manufactured alpaca, camel hair, vicuna, wool, blended silk and wool textiles
For Balenciaga: camel hair, checked and plain wool, wool and alpaca mixes, FIRENZE, SOLEIL D'ITALIE
V&A: T.45-1974, possibly

Ancienne Maison Anfrie

Wholesaler in Paris by 1922; opened branches in Brussels and London; bought textiles in different fibres from Lyons and Zurich
For Balenciaga: woollen fabrics

Ascher

Founded in 1942 in London by the Czech textile converter Zika Ascher and his wife Lida; specialized in commissioning screen-printed designs on silk or rayon crêpe, plastic-coated textiles, wool, and wool and synthetic mixes
For Balenciaga: chenille, mohair, printed cotton, tweed

V&A: T.219–1988 (p.58)
Associated Haute Couture Fabrics
Formed in 1950 to supply couture fabrics, an association of five British textile manufacturers: Shielana Ltd, Otterburn, Jerseycraft, Wain Shiell and Sekers; specialized in knitted and woven silk and wool textiles designed and produced in Great Britain
For Balenciaga: mohair mixes, wool and silk

Besson
Wholesaler, probably founded in the early 1920s in Paris; sold textiles made in all fibres
For Balenciaga: plain and mottled woollens, organza and shantung, LIONAMIL
V&A: T.139–1982

Bianchini-Férier
Founded in Lyons in 1886 by François Atuyer, Charles Bianchini and François Férier; became Bianchini-Férier in 1912; from 1941 also sold and manufactured in the USA; specialized in silks but also wove wool and man-made fibres such as viscose
For Balenciaga: brocaded and printed crêpe, faille, ottoman, shantung, taffeta, *velours au sabre*, warp-printed silk, synthetic fibres
V&A: T.759–1972, possibly

Blackwell (Michelle)
Wholesaler based in Paris, working with manufacturers such as Forster-Willi
For Balenciaga: guipure

Blum Frères (SFRS)
Wholesaler, founded in 1875 in Jussey, France; established in Paris by 1931; specialized in plain silks, silk velvet and silk ribbons
For Balenciaga: NEIGE D'ETE, organdie

L. Bodin
Wholesaler
For Balenciaga: corduroy, silk and synthetic ottoman

Brivet (Pierre)
Wholesaler supported by his fashion designer wife Cathérine Sauve; worked with manufacturers Nylfrance in France, Forster-Willi & Co. and the Swiss Union S.A. of St Gallen in Switzerland; specialized in lace and tulle in different fibres
For Balenciaga: lace, lace embroidered in rayon and nylon tulle (pp.120–21)

Brossin de Méré (Andrée)
Swiss-born textile designer, and wholesaler in Paris by 1956 for companies such as Forster-Willi, later with a branch in Zurich; specialized in prints for silk and rayon textiles. See Filande below
For Balenciaga: figurative and abstract prints on silk gauze, taffeta

A. Buche
Wholesaler, Paris; specialized in silks and cottons
For Balenciaga: VELPLAGUE and lining fabrics

Bucol
Since 1920 manufacturer of fabrics for couture, based in Lyons; specialized in waterproof artificial silks
For Balenciaga: synthetic waterproof fabrics: CRACKNYL, CIGALINE, LIZARD, VELCOREX
V&A: T.116–1970, possibly

Burg
Wholesaler; sold Italian silks for Seterie Cugnasca SpA of Como, Italy
For Balenciaga: wool

Carlotto
Representative of Italian manufacturers in Paris
For Balenciaga: printed silks and woollens

Charles Etienne
Wholesaler; sold cotton, linen, silk, shantung
For Balenciaga: corduroy

Chatillon-Mouly-Roussel
Established in Lyons by 1916 by Francisque Chatillon (1870–1943); manufactured in nylon, silk and wool
For Balenciaga: reversible woollen ottoman, synthetic woollens, shantung, silk tabby for linings (p.132)

Colcombet
Founded in the 19th century by Alexandre Colcombet in St Etienne; from 1935 Buchet fils et Charles Colcombet based in Lyons; from 1960 Bucol-Buchet, Colcombet S.A.; specialized in man-made fibres and silks.
For Balenciaga: knitted silk fabrics, printed crêpes, TRIOMPHE.

Combier & Cie
Established in Lyons around 1889 as Maison Maurice Combier et Cie; manufactured silks
For Balenciaga: printed faille and crêpe, DONNATIENNE and INTERIM

Coudurier-Fructus-Descher
Founded in Lyons in 1896 as Ollagnier, Fructus et Descher; merged with Coudurier (formerly Maison Delaître) of Paris in 1905; manufactured silks
For Balenciaga: printed silks, satin duchesse, velvet

Daure
Wholesaler
For Balenciaga: wool

Di Nota
Wholesaler; subsequently in 1956 co-founded a menswear fashion line, 'Le Groupe des 5' with André Bardot, Camps, Socrate and Waltener
For Balenciaga: faille

Dognin
Founded in 1805 in Lyons; from 1883 sold in London and Spain; opened branches in Calais and Condrieu and salesrooms in Paris in 1932, selling Tissus Dognin and also Dognin-Racine; from 1941 manufactured in USA; specialized in tulle, lace, embroidery and passementerie
For Balenciaga: lace (including Chantilly), tulle

Dormeuil Frères
Founded in 1842 by Jules Dormeuil in Paris importing British woollen fabrics; opened branches in London and New York in 1871 and 1905, respectively; worked closely with haute couture from 1950; still active today; specialized in woollen fabrics
For Balenciaga: woollen textiles

Ducharne
Founded in the early 1920s by François Ducharne in Lyons; manufactured silks and, from 1935, also woollen textiles; opened a branch in the USA in 1941, manufacturing and selling
For Balenciaga: crêpe, satin, silk velvet, taffeta and woollens, ARAMIS, FARBIOLE IMPRIMÉ, SANSOIE, and IROQUOIS (pp.32, 34)

Dumas-Maury
Wholesaler, founded in 1920 by Dumas and Maury with the support of Ducasse; employed in-house textile designers, and ordered up fabrics from manufacturing houses in Elbeuf, such as Blin-Blin and Lesur
For Balenciaga: woollen textiles

Etling Fils
Wholesaler active in Paris from 1907; specialised in woollens and lining fabrics
For Balenciaga: SKIWINN, a woollen suit fabric

Filande e Tessiture Costa
Founded in Como, Italy, in 1943; manufactured both yarns and textiles; specialized in printed silks and to a lesser degree plain and figured silks; supplied French haute couture from the 1950s; collaborated with Andrée Brossin de Méré (see above) from 1951 until the late 1950s; wholesaled through Fred Carlin
For Balenciaga: printed chiné satins (p.68)
V&A: T.124–1982, possibly

C. Flachard et Fils
Founded in Lyons by 1899; manufactured silks
For Balenciaga: dupion silk

Forneris Carding-Tex
Founded in Biella, Italy and managed by textile designer Gianni Carpo; specialized in fine woollen textiles and silks
For Balenciaga: woollens

Forster-Willi & Co.
Founded in St Gallen, Switzerland, in 1904 by Conrad Forster-Willi; sold in Paris through wholesalers Pierre Brivet, Andrée Brossin de Méré and in Madrid through Pedro García; still active today as Rohmer-Forster AG; specialized in guipure lace and embroidery
For Balenciaga: lace and St Gallen embroidery

Garigue
Founded in London in 1947 by Edmund Garigue; specialized in woollen fabrics; still supplying the House of Balenciaga in 2016
For Balenciaga: flannel, DIABLE, PECADILLE, SHAKESPEARE

Gaston Adolphe-Raysa
Wholesaler, founded in Paris before 1935; specialized in printed silk twill and tulle
For Balenciaga: tulle, moiré

Gérando/Gérandeau
Wholesaler
For Balenciaga: crêpe, linen (toile), silk velvet, woollen fabric

Guillemin (Marcel Guillemin et Cie)
Wholesaler established in Paris in 1930; manufactured silk and synthetic fabrics; still active today
For Balenciaga: ribbons, silk and velvet

Hurel
Wholesaler founded in Paris in 1879; in 1946 took title of Société Hurel Textiles et Broderies under which it still works today, run by the same family; stocked a variety of textiles
For Balenciaga: cloqué, lamé, matelassé and embroidered fabrics

Johs. Girmes et Cie
German textile manufacturer founded in 1879, sold in Paris through wholesaler Fred Carlin; currently active under the Divisione Velluti Group; specialized in fake furs
For Balenciaga: URSA (velvet?)

Labbey
Founded as wholesaler Labbey et Cie in Paris in 1877; began manufacturing in Lyons in 1913; specialized in silk and wool textiles
For Balenciaga: cloqué, matelassé, silk and wool, SATINELLA
V&A: T.90–1973, possibly

Lahondès
Wholesaler, accepted as member of Chambre Syndicale de la Passementerie et des Fournitures pour la Couture in 1933; specialized in woollen textiles
For Balenciaga: woollen houndstooth and plain woollen
V&A: T.131–1982, possibly

Lajoinie
Wholesaler in partnership as Veron et Lajoinie in Paris from 1919, and from 1940s under own name; supplied silk and wool fabrics
For Balenciaga: corduroy, faille, taffeta, woollen fabric (p.34)

Lalonde
Wholesaler
For Balenciaga: woollens

Lamarre
Wholesaler in partnership as Lamarre et Bertrand in the 1930s; operated under this single name in the 1950s; specialized in wool
For Balenciaga: LAMLAINE, lightweight and combed wool

Laurendeau
Wholesaler
For Balenciaga: cloqué, linen

A. Leleu et cie
Wholesaler in Paris, by 1948.
For Balenciaga: jersey, synthetics and woollens

J.Léonard et cie
Wholesaler in Paris, by 1946 selling a variety of fabrics; by 1962 selling printed sweaters
For Balenciaga: silks, tartan and woollens

Lesur
Founded in Roubaix, near Lille, in the nineteenth century, and directed by Ernest Lesur from 1909; specialized in woollen fabrics
For Balenciaga: checked, houndstooth, plain, striped woollens, synthetic woollens, SPAD, YOGO

Marescot
Founded about 1880 in Calais and active until 1997; specialized in lace, but also produced knitwear at the end of the 1960s; opened a branch in the USA under the name of Whelan Lace Corporation
For Balenciaga: different types of heavy and lighter lace, including Chantilly

J.-B. Martin
Founded in Lyons in 1832, when Jean-Baptiste Martin invented a loom capable of weaving double-faced velvet; by 1898 collaborating with specialist velvet manufacturers based in Lyons and surrounding area, and between 1893 and 1977 with American, Brazilian, Canadian, Italian, Mexican, Swiss and Venezuelan manufacturers
For Balenciaga: velvet

Maxime
Wholesaler
For Balenciaga: lace guipure

E. Meyer et Cie
Founded before 1914 in Rouen; its director, E. Meyer, was president of the Chambre Syndicale des Tissus Spéciaux à la Couture in 1918; specialized in wool
For Balenciaga: woollen textiles, wool velvet, scarves

Montagnac
Established in Sedan, France in 1826 by André Joseph Elizé de Montagnac; specialized in woollen fabrics
For Balenciaga: DUNDEE

H. Moreau
Wholesaler, founded before 1863; specialized in woollen textiles, including jacquard weaves
For Balenciaga: linen, plain and striped wool (p.52)

Nattier
Founded in 1959–60 by Brenda and Vittorio Azario in Turin, under the umbrella of his family firm, active since the 1920s; manufactured fabrics for couture; initially sold in Paris through (Pierre) Besson (see above), then opened their own salesroom there and in New York
For Balenciaga: checked wool for suits

J. Page
Wholesaler
For Balenciaga: crêpe, faille, georgette, twill, printed linen, cotton, cloqué

Perceval-Sekers (previously Cendron-Perceval)
Wholesale business founded in 1960 in Paris. See Sekers below
For Balenciaga: cloqué, chenille-velvet, plain silk and wool, shantung

Perrier
Founded in Switzerland in 1851; made famous by art collector and songwriter Robert Perrier (1898–1987), who hired artists such as Sonia Delaunay to design textiles; specialized in acetate mixes with natural fibres, and different silk fabrics
For Balenciaga: faille

E. Perrot et Cie
Founded by Edmond Perrot in 1912 in Lyons; manufactured silk and woollen fabrics
For Balenciaga: jersey and plain wool

Pétillault
Wholesaler founded by Georges Pétillaut and based from 1938 in Paris; specialized in silks and woollens
For Balenciaga: brocade, cloqué, gabardine, printed taffetas, silk muslin, twill, woollen ratine

Porter, Bennet-Gaucherand
Wholesaler established in Paris in 1928 as Bennet-Gaucherand, and renamed in 1935; specialized in jersey and wool
For Balenciaga: jersey and wool

Prudhomme Frères
Founded before 1870; branches in Paris, Lyons and Lima, Peru; specialized in woollen fabrics
For Balenciaga: gabardine, raw silk (bure)

Racine
Wholesaler, operated as Dognin-Racine in 1930s
For Balenciaga: cotton piqué, jersey, JERSEY AIR FRANCE, wool and silk mixes; ARC-EN-CIEL, a reversible textile

Raimon
Wholesaler, founded in 1923; stocked ribbons, silks and cottons
For Balenciaga: cotton piqué, wool

Raymond Castelain
Wholesaler, active from 1936 to 1971 as R. Castelain, Raymond Castelain or Castelain; sold linen, silk and woollen fabrics
For Balenciaga: corduroy

Rodier
Founded in Bohain, in the Aisne region of France, in 1853 by Eugène Rodier; passed down through three generations of the family; specialized in woollen textiles and rose to fame because of production of jersey for Chanel during the First World War (1914–19)
For Balenciaga: angora jersey, printed woven cashmere, LININFORY and STRUCCA

Sache
Textile designer and manufacturer?
For Balenciaga: printed silks, scarves

Sadéa, Etablissements Jacques Guitton et Cie
Wholesaler founded in Paris in 1931;
specialized in various types of textiles, including
silks and lace
For Balenciaga: silks

Sekers, then Perceval-Sekers
Founded in Whitehaven, Cumberland, in 1938
by Hungarians Nicholas Sekers and Tomi de
Gara; from 1947 broke into selling to French
couture; specialized in silk and synthetic. See
above: Associated Haute Couture Fabrics and
Perceval-Sekers
For Balenciaga: cloqué, chenille-velvet, plain silk
and wool, and shantung

Simonnot-Godard
Founded in 1787 in Paris; manufacturer and
wholesaler in the nineteenth and twentieth
centuries; still active today; specialized in linen
For Balenciaga: linen

Soray
Wholesaler founded in Paris in 1938.
For Balenciaga: crêpe, COLLIER DE JADE,
YOTA 216

Staron
Founded in 1867 in Saint-Etienne as a ribbon
manufacturer; diversified into wide silks in 1928;
opened a branch in Paris in 1938, in New York
before the Second World War and in Milan in
1964; represented in London by Garigue and
then Meyer (see above); specialized in silk and
synthetic fibres
For Balenciaga: plain and printed silk gauze,
organdie, plain and printed taffeta, STARELLA ,
ROYAL, ZIBERLINE
V&A: T.39–1974 (pp.13, 29).

Tissus Chanel
Founded by Gabrielle Chanel in the early
1920s to produce knitwear and textiles for
her own couture house, manufacturing in
Asnières-sur-Seine; from 1928 specialized
in woven textiles with lavish prints on silk,
wool and silk and wool mixes
For Balenciaga: woollen textiles

Velours de Lyon
Association of velvet manufacturers, active in
Lyons by 1919, including J.-B. Martin above;
specialized in velvet
For Balenciaga: silk velvet

Vermont et cie
Wholesaler founded in Paris in 1932;
specialized in fashion fabrics and lace
For Balenciaga: twill

Véron
Wholesaler in partnership with Lajoinie from
1919 until the 1930s; became manufacturer
of silk in 1930s; still active under the name of
Guigou René Véron
For Balenciaga: printed and brocaded
fabrics, jersey

2. 巴黎的工艺工作室:刺绣工、缝缀饰者、羽毛和花卉制造者

Albert
Feather-maker

Bataille
Embroiderer
For Balenciaga: embroidered tulle and organza

Ginisty-Quenolle
Embroiderer

Goby
Embroiderer

Judith Barbier
Feathers and flower-maker, founded in 1895

Lanel
Embroiderer

Lemarié
Feather-maker

Lesage
Embroiderer
Founded in in Paris in 1924, when Albert Lesage
and his wife took over the embroidery workshops
run by Michonnet; subsequently run by their
son François Lesage (1929–2011) until bought
by Chanel in 2002; still active today; specialized
in embroidery
For Balenciaga: embroidered gazar, lace,
organza, satin, shantung, taffetas, with glass,
sequins, pearls and plastic
V&A: T.348–1997, T.24–1974, T.17–2006,
T.38–1974 (pp.38, 42–3, 80, 84, 122–3, 149)

Lisbeth
Embroiderer

Mesrine
Embroiderer

Métral
Embroiderer and passementier

Rébé
Réné Bégué (1887–1987)
Embroiderer for haute couture 1907–67
V&A: T.27 to C–1977, probably; T.758–1972
(pp.15, 78–9)

Roy Poulet
Embroiderer and passementier
V&A: T.15–1974

Vergnes-Barland
Passementier

Vermont
Embroiderer

Vincent
Embroiderer

索引

Page numbers in *italic* refer to the captions

莱斯利·埃利斯·米勒，V&A 纺织和时尚方面的资深馆长，格拉斯哥大学纺织服装史教授。她是18世纪里昂丝绸业研究的权威专家，关于丝绸方面论著颇丰。她著有《丝绸销售》(Selling Silks)，是《1764年商人样本手册》(V&A，2014) 的作者，这本书是她关于巴黎世家的专著的第三版。

致谢

在第一版本和第二版本的基础上，现在终于完成了第三版。在此过程中，我得到很多同事、朋友、学者、档案管理员和馆长的帮助，感谢他们在过去的 25 年来，一如既往的支持与鼎力相助，我在这里对他们的付出深表谢意。

第三版复燃了我们彼此之间深厚的友谊，促成了令人兴奋的新发现。感恩大家付出的宝贵的时间和精力，开阔了我的思路，使这本新版的《巴黎世家》彻底实现了"现代化"。诸位的帮助绝非仅限于该书的出版，还包括于此相配的展览——巴黎世家：新锐时尚（V&A，2017年5月~2018年2月），该展览由凯西·戴维斯-斯托德策划，斯蒂芬妮·伍德协助。在重新审定文本过程中，卡西和斯蒂芬提供了智力和实施方面的支持，针对莎士比亚的十四行诗，请教博物馆馆长，这些都大大提高了我对巴黎世家服饰对于当代时尚影响的认识。

在助理馆长佐里安·克莱顿（Zorian Clayton）的大力协助下，汉娜·法尔比（Hanne Faurby），克斯蒂·哈萨德（Kirsty Hassard）和威尔·牛顿（Will Newton），埃斯梅·霍斯（Esme Hawes），海伦·斯宾塞（Helen Spencer）和艾玛·特雷文（Emma Treleaven）担任长期的志愿者服务。

我还要感谢参加早期展览研讨会的与会者，以及伦敦时装学院的工作人员和学生，他们在第二次研讨会上介绍了他们围绕一些关键的维多利亚和艾尔伯特博物馆藏品进行的合作与项目分工。是他们使我意识到，这本书从上一个版本问世至今，世界发生了多大的变化，而大多数人对时装的了解却很少。他们包括：来自维多利亚和艾尔伯特博物馆的科琳娜·加德纳（Corinna Gardner）、安娜·杰克逊（Anna Jackson）和苏珊·诺斯（Susan North）；卡罗琳·埃文斯（Caroline Evans），伦敦艺术大学中央圣马丁分校的帕特里克·李耀（Patrick Lee Yow），伦敦皇家艺术学院的凯伦·尼科尔（Karen Nicol），时装记者苏西·门克斯（Suzy Menkes），康泰纳仕集团和卢·斯托帕德（Lou Stoppard），演播室编辑；伦敦时装学院的苏珊娜·鲍德温（Susanne Baldwin）、阿什莉·邓肯（Ashley Duncan）、高梦卓（Menghzho Gao）、克莱尔·路易丝·哈迪（Claire-Louise Hardie）、伊丽莎白·恩苏巴（Elizabeth Ngsuba）、娜丁·萨布拉（Nahdin Sabla）和英万（Ying Wang）。

玛丽-安德拉·乔夫（Marie-Andrée Jouve）与瓦莱丽·门德斯在维多利亚和艾尔伯特博物馆，针对巴黎世家展览在1986年见过一面，1990年又见了第二面。她和我的第一次见面，应该是2年前，早在我来博物馆之前。令人高兴的是她渊博的知识，考虑到了维多利亚和艾尔伯特博物馆具体陈列哪些重要的展品。她最近的继任者是巴黎世家的房屋档案管理员加斯帕德·德·马瑟（Gaspard de Massé）和他的同事索菲·帕里卡（Sophie Parikka），他们非常客气地为我们提供了急需的信息。而格塔利亚巴黎世家博物馆馆长米伦·维维斯·阿尔曼多兹（Miren Vives Almandoz）为我们的研究提供了便利，馆藏主管伊戈尔·祖巴里塔·乌里亚（Igor Zubarrieta Uria）也为巴黎世家的削减和重构提供了大师级别的课程，其中包括一些未发表的参考资料。馆长维罗妮卡·贝洛尔（Véronique Belloir）很热情地欢迎我们去巴黎的加利亚博物馆，而在科莫的玛格丽塔（Margherita Rosina）拉蒂（Ratti）基金会提供了有关意大利丝绸供应商的信息。除了档案馆和博物馆，法国、西班牙和英国也都慷慨地分享了他们的研究成果、创意、网络和档案，特别是：米伦·阿尔扎卢兹、安娜·巴尔达（Ana Balda）、玛丽·布鲁姆、安娜·卡布雷拉（Ana Cabrera）、帕特·弗罗斯特（Pat Frost）、苏珊·欧文（Susan Irvine）、帕兹·洛伦佐（Paz Lorenzo）、阿尔兹·波塞尔（Alzne Porcel）和奥斯卡·特雷多尔。我感谢他们他们的无私投入。马吕·艾米拉斯和麦蒂·吉尔邀请我在西班牙吃了耗时最长、迄今为止也是最激动人心的早餐，并在一起分享与胡安·马里·埃米拉斯（Juan Mari Emilas.）交往过程中的点滴回忆。多亏他们，才使西班牙时装贸易的一些工具有史以来第一次呈现在读者和参观者面前。纺织是巴黎世家服装的起步产品，在与维多利亚·德·洛伦佐·阿尔坎塔拉（Victoria de Lorenzo Alcántara）的相互合作中，令人欣慰。她不愧是时尚史上对于面料给予足够关注的一位倡导者。

她还是一个孜孜不倦的志愿研究者，能根据附录中简要列出的内容就选定面料供应商，这实际是一个颇具诱惑力的过程。我

们都特别感谢桑德琳·巴切利尔（Sandrine Bachelier），卡萨杰尼亚（Casa Zegna）的多纳拉泰拉（Donatella Basla），福斯特罗纳公司（Forster Rohner AG）的汉斯·施赖伯（Hans Schreiber）创意总监，以及劳伦特·加里古（Laurent Garigue）给与的帮助。

最后，家具、纺织品的同事们时装部帮忙参与，克莱尔·威尔科克斯（Claire Wilcox）倡议举办巴黎世家展览，克莱尔·布朗（Clare Browne）从一位刻苦勤奋、目光敏锐的读者角度参与其中，而当埃德温娜·埃尔曼（Edwina Ehrman）则就相关概念定义提出不同建议。在纺织业文物保护方面，劳拉·弗莱克（Lara Flecker），乔安妮·哈克特（Joanne Hackett），伊丽莎白·安妮·霍尔丹（Elizabeth-Anne Haldane）、弗朗西斯·哈托（Frances Hartog）和罗辛·莫里斯（Roisin Morris），先后针对服装的调研、保存和安排都提出了一些尖锐的问题，帮助理查德·戴维斯（Richard Davis）和罗布（Rob）通过自动摄影，完成有关穿着得体的人体模型的拍摄。理查德对细节的耐心和敏锐的洞察力，成就了一系列令人赞叹的照片，其中的一些出现在世界顶级的艺术与设计V&A网站上，虽然在这本书中实际体现得并不多。在展览部，琳达·劳德乔斯（Linda LloydJones）、斯蒂芬妮·克里普斯（Stephanie Cripps）、布里丁·凯利（Bridin Kelly）、安娜·贝伦·马丁内斯（Ana Belen Martinez）和瑞秋墨菲（Rachel Murphy）以极大的热情，从始到终都给与了我极大的支持。在V&A艺术与设计出版社，我很幸运与汤姆·温德罗斯（Tom Windross）、扎拉·安努里（Zara Anvari）和简·艾斯（Jane Ace）一起工作，他们对主仆之间的各自要求和标准非常敏感，特别是对于审美，能给与精准的建议与判断。迪莉娅（Delia Gaze）不止一次编辑和校对了我的文章，查理·史密斯设计室（Charlie Smith Design）的设计则非常符合布局巴黎世家的精神内涵。我还要感谢利兹·埃德蒙兹（Liz Edmunds）、弗雷德·考斯（Fred Caws），在图片研究方面的不懈努力，以及艾玛·伍迪维斯（Emma Woodiwiss）和索菲·谢尔德雷克（Sophie Sheldrake）在生产环节的贡献。

多年来，我的家人和朋友一直紧紧"盯住"巴黎世家，我要感谢他们一直以来的幽默、耐心和鼓励。

谨以此书献给我亲爱的妹妹，从童年时代其就是勇敢的时尚先锋。

莱斯利·米勒
伦敦，2016年9月

图片版权

Courtesy of the Air France Museum, Paris: 116, 117; © Ana de Pombo: 11; © 1989 Arizona Board of Regents, University of Arizona: 18, 83; Balenciaga Archives Paris: 21, 54, 85, 87-8, 98, 99, 134-5, 141; © Bernard Allemane / INA / Getty Images: 145; © Carl Erickson: 89; © Catwalking: 151; Paris, 1950 / © Condé Nast / Photograph by Irving Penn: 40; © Elizabeth Handley-Seymour: 111; © Fashion and Fabrics: 115; © Félix Valiente: 140; firstVIEW: 152; Francois Gragnon / Paris Match / Getty Images: 148; © Gjon Mili / The LIFE Picture Collection / Getty Images: 8; Courtesy of Harrods Archive, London: 112; © The Helmut Newton Estate / Maconochie Photography: 43; © Henri Cartier-Bresson / Magnum Photos: 34; © Henry Clarke / Condé Nast / Getty Images: 144; © Henry Clarke, Coll. Musée Galliera, Paris / ADAGP, Paris and DACS, London 2019: 37, 39, 47; From the Collections of The Henry Ford: 94; © Hiro 1967: 55; © Hispanic Society of America, New York, USA / Bridgeman Images: 25; Horst P. Horst / Vogue © Condé Nast Publications Ltd: 127; © Illustrated London News Ltd / Mary Evans: 113; © John Rawlings / Condé Nast / Getty Images: 120; © Juan Gyenes. Fundacion Cristobal Balenciaga Fundazioa: 103, 119; © Keystone-France / Gamma-Keystone / Getty Images: 90, 108, 139; © Manuel Outumuro Fundacion Cristobal Balenciaga: 23, 35, 36, 50; © Marcel Fromenti: 38; © Mariu Emlias: 81-2; © Mark Shaw / mptvimages.com: 91; © Martín Ricardo / Kutxa Fototeka: 16, 17; Photo © Ministère de la Culture – Médiathèque du Patrimoine, Dist. RMN-Grand Palais / François Kollar: 7; © Nat Farbman / The LIFE Picture Collection / Getty Images: 95; © 2016. The National Gallery, London / Scala, Florence: 15, 28; © National Portrait Gallery, London: 51; Courtesy of L'Officiel: 114; Photograph by Oldrich Karasek, Camera Press London: 130; © PA Images: 107; © Philippe Pottier: 20; Private Collection: 10, 93; © The Richard Avedon Foundation: 44, 100; © Robert Doisneau / GAMMA-RAPHO: 102; © Seeberger Frères: 41, 86; © The Cecil Beaton Studio Archive at Sotheby's: 1-3, 30, 109, 110, 138; Courtesy of the Texas Fashion Collection, School of Visual Arts, University of North Texas: 118; Image © Victoria and Albert Museum, London: 4-6, 9, 12-14, 19, 22, 24, 26-7, 29, 31-3, 42, 45-6, 48-9, 52-53, 56-80, 104-6, 121-6, 128-9, 131-3, 136-7, 142-3, 146-7, 149-50, 153-7; © Vogue Paris: 84, 92; © Walter Sanders / The LIFE Picture Collection / Getty Images: 96, 97, 101

译者的话

全书翻译和整理工作由张慧琴、马誉铭负责完成，研究生杨霄、唐玮婷、朱玉娟、龚在天、苏敏、孙月、刘露、付雅楠参与翻译工作，曹荷红、沈阳义老师与李春奕副编审多次提出宝贵的意见与建议，研究得到项目基金（B2019-02）资助，在此一并致谢！